问 道

中国现代学者藏书与治学

张鸿声等 著

生活·讀書·新知 三联书店

Copyright © 2024 by SDX Joint Publishing Company.
All Rights Reserved.
本作品版权由生活・读书・新知三联书店所有。
未经许可，不得翻印。

图书在版编目（CIP）数据

问道：中国现代学者藏书与治学 / 张鸿声等著 . —北京：生活・读书・新知三联书店 , 2024.6
ISBN 978-7-108-07566-6

Ⅰ.①问… Ⅱ.①张… Ⅲ.①藏书－图书史－中国－近现代 Ⅳ.① G259.295

中国版本图书馆 CIP 数据核字 (2022) 第 233854 号

责任编辑	柯琳芳
装帧设计	薛　宇
责任校对	曹秋月
责任印制	李思佳
出版发行	生活・讀書・新知 三联书店
	（北京市东城区美术馆东街 22 号 100010）
网　　址	www.sdxjpc.com
经　　销	新华书店
印　　刷	山东新华印务有限公司
版　　次	2024 年 6 月北京第 1 版
	2024 年 6 月北京第 1 次印刷
开　　本	635 毫米 × 965 毫米　1/16　印张 20.75
字　　数	288 千字
印　　数	0,001－2,000 册
定　　价	79.00 元

（印装查询：01064002715；邮购查询：01084010542）

目 录

1　代序　中国现代作家、学者藏书概说

康有为

1　万木草堂藏书的聚与散
10　先时之人物开先时之风气
26　藏以致用
46　转变与更新

梁启超

54　饮冰室藏书
60　多变的时代造就多变的思想
69　眼中有书，手中有笔
102　梁启超的藏书与创作

王国维

116　藏书、阅读与悲观主义
123　曲学的不祧之祖

134　由新发现而入史学

陈寅恪

148　读书、藏书、教书
162　一生为学术

齐如山

176　藏书之聚散
185　藏书与齐如山的剧学思想
212　戏本中的趣味

胡　适

232　平生有书癖
247　题记和批注
257　胡适藏书有特点
266　借书与搜书

郑振铎

272　西谛藏书
281　古典文学研究与藏书
314　写尽藏书的悲欢

320　后　记

代　序

中国现代作家、学者藏书概说

目前呈现在读者面前的书，其渊源是国家社科基金项目"中国现代作家藏书文化研究"。①这个项目在2015年立项，并于2019年完成结项。

一

有关中国现代作家与学者藏书的研究，源于20世纪50年代作家所捐献或转让藏书的收藏单位对其藏书的初步研究。主要有三个方面：一是对藏书目录、版本进行整理；二是对藏书中的批语进行整理；三是对藏书聚散进行考证。

关于藏书目录、版本整理。从图书馆学来看，其成果的主要形式是藏书书本式目录（可对外流通）或卡片式目录（只供现场查阅）。比

---

① 该项目的另一个成果是关于中国现代作家藏书研究的著作，也将由生活·读书·新知三联书店出版。两书都来自张鸿声主持的国家社科基金项目"中国现代作家藏书文化研究"。其实，在现代中国，作家与学者，在许多人那里，往往二者兼于一身。在出版的时候，考虑到篇幅不宜太大，故将偏重于创作的归于"作家"部分，将偏重于学术研究的放进"学者"部分。

如北京图书馆编《西谛书目》三册，还有中国传媒大学编《何其芳古籍藏书目录》、北京鲁迅博物馆编《鲁迅手迹和藏书目录》三册、中国现代文学馆编《唐弢藏书目录》等。图书馆为读者查询方便，还会配备卡片式目录。此项工作在于让读者了解作家藏书的内容，便于图书的管理和利用。对作家藏书版本进行整理，则主要以图录形式，对藏书装帧形式、内容梗概、版本源流等做简单介绍。如于润琦《唐弢藏书》《唐弢藏书：签名本风景》、赵丽霞《鲁迅藏书签名本》、韦力《鲁迅古籍藏书漫谈》等。此项工作也只能由有条件接触原书的工作人员来做。由于这些工作人员大多不是相关领域的专家，故存在相当的不足。

关于藏书中的批语整理。能够对现代作家、学者藏书中的批语进行整理和研究的，或是藏书家本人，或是有条件接触原书的工作人员。如李俊的文章《论郑振铎藏书题跋的独特个性》、祝而顺的文章《鲁迅藏书研究札记》（一、二）、黄裳《劫余古艳：来燕榭书跋手迹辑存》（上、下）、北京图书馆《西谛题跋》一卷（编在《西谛书目》中）等。这些研究文献，基本是对批语的辑录，并没有深入研究。

对于藏书聚散的考证。对作家、学者购书、藏书及藏书归宿进行史料考证，这方面的研究文献比较充分。比如马嘶《学人藏书聚散录》、冯佳的文章《何其芳藏书考》、张学军的文章《鲁迅藏书轶事》等。

总体看来，对于现代作家、学者藏书的研究仍处在图书馆学意义上，属于初步的图书整理及史料考证的基础阶段，并未进入藏书形态的主体研究，更缺乏在此基础上的作家、学者藏书文化研究。明显的缺项包括：一是藏书形态方面的研究，包括制度性的现代藏书形态与作家、学者藏书的关系，以及作家、学者藏书的具体形态与特征。二是对于藏书与作家的文学创作和学者的学术研究之间的互动关系的研究。虽然学术界对于作家、学者藏书与其文学创作、学术研究之间的互动关系的研究也有部分成果，但规模既小，也不成系统。目前见到的只有几篇个案研究的成果，如关于鲁迅藏书与其创作及学术关系的研究，但对于郑振铎、黄裳、何其芳、唐弢、孙犁、阿英、郁达夫、梁实秋、叶灵凤、王国维、陈寅恪等其他作家、学者研究不多。三是对于藏书的各种相关形态，如书话创作、书籍出版、研究状况等，明显研究不足。书话研究近年来开始出现，但属于文学创作研究，不属于藏书研究，也没有将其纳入对作家、学者藏书的整体研究之中。

基于上述藏书研究方面的缺项，本研究成果的价值在于着力补缺，具体来说，包括：其一，首次将中国现代作家、学者藏书群体作为整体研究对象。从图书馆学来看，本研究弥补了中国现代藏书研究的薄弱环节，充实了现代藏书研究体系。其二，藏书是作家、学者创作与学术研究的资源和基础，对作家、学者藏书与其文学创作、学术研究之间的互动关系进行研究，是中国现代文学研究和现代学术史研究的重要方面。其三，作家、学者藏书，作为一种连接中国古典藏书传统和近现代文化事业的文化现象，也构成了人文生态的一部分，包括作家和学者的人格构成、知识系统、思想形态、创作来源，本研究可以说补充了中国现代知识分子研究的一个重要方面。关于应用价值，一方面，作家、学者的藏书精神（比如珍爱文献，专博并收；藏以致用，明心治学；嘉惠读者，知识流布）对后世学人有启迪意义，对于当下学术界的学风建设也有一定作用；另一方面，对于国家与各个地方的作家、学者的纪念馆、博物馆、文学馆的建设具有一定的指导作用。

二

这两本书内容所涉，包括了作家、学者藏书的种类与内容，藏书聚散，藏书目录、批注、题跋、笔记、书话、购书单、购书日记，及与藏书相关的文学创作、学术研究等。

现代作家、学者藏书研究是一个复杂系统，包括其藏书形态、藏书基本特征，重要作家、学者兼藏书家个案研究，藏书与其思想、创作、学术的关系，以及藏书与其他亚文化形态（书话创作、书籍出版与研究）的关系。

（一）近现代藏书文化的变迁

在近代，原来的皇家藏书、政府藏书、世家大户藏书逐渐衰落，政府开始出资兴办各种学校图书馆和公共图书馆。同时，新的私家藏书逐渐兴起。如清朝贵族国英，将自己的全部藏书对世人开放，创建共读楼；梁启超和友人各出藏书，在广州创办万木草堂书楼。是否大范围服务社会，是我国古代的官私藏书与近现代藏书的根本区别。从古代"藏而不用"的藏书思想发展为服务社会的开放思想，公私创办的各种新式藏书楼（西式图书馆）代替旧藏书楼成为社会潮流。

近现代工商业家（绅商）和现代作家、学者成为私人藏书的主体。从藏书类别上说，也从线装古籍为主转向兼收铅印、西装书。从地域上说，私家藏书中心从江浙一带转向全国各大经济文化中心城市。

（二）中国现代作家、学者藏书的特点

分析历代私人藏书家与现代作家、学者藏书之间的区别，能更好地把握现代文人的藏书形态。历代私人藏书家与现代作家、学者藏书之间有几个区别：

一是藏书目的的差异，由考订、校雠、收藏、赏鉴和掠贩到专业化、学术化的实用。郑振铎在《劫中得书记·新序》中就明确表示，收藏古书是为了自己研究的方便和手头应用所需，实用的藏书思想在郑振铎购书经历中多有反映。比如20世纪20年代，因为手头资金有限，郑振铎放弃世所罕见的明代蓝印本《清明集》，而购买和自己所从事的中国戏曲史研究相关的清道光刊本《小四梦》。

二是聚书过程的差异，由资财雄厚成批购书到以薪俸购书。作家、学者以教书薪俸、稿费为收入，只能常到古旧书店淘书。《鲁迅日记》

1912年的"书账"中就曾对古旧书店淘书多有感慨。

三是藏书保存方式的差异，由专建藏书楼阁到家庭居室藏书。

四是藏书内容的差异，由专藏中国传统文献（经、史、子、集）到兼藏现代中外文献。民国以来，铅印西装书渐多，抄、刻的线装书逐渐减少。藏书内容除传统国学外，天文、地理、数学、声、光、电、化等西方现代科技和现代诗文、小说、戏曲等的图书日益增多。另外，从藏书语种来说，现代作家、学者大多数人有海外留学的经历，其藏书当然就不限于中文文献。鲁迅的藏书至今保存下来的共4000余种14000余册。其中中文线装书946种7579册，中文平装书866种1112册，中文报刊353种2069册（页），西文书778种1182册，日文书995种1889册。

五是藏书重点的差异，由注重版本到注重专业类别。明清以来，因为乾嘉考据学的兴起，也因宋元版本存世少，藏书家以收藏宋元版为荣。现代作家、学者大多术业有专攻，一般有自己的研究领域，其藏书的专业性、研究性很强。如吴梅等人收藏的词学书籍，宋春舫、齐如山等人收藏的戏曲资料，柳亚子收藏的南明史料，唐弢收藏的近现代文学书籍等。

六是家藏书目编写内容的差异，由编写综合性家藏书目到编写专科专藏书目。学者通常根据自己的研究专题购买相关图书，其藏书通常具有专题性的特点，并针对同一专题的藏书编写了相关书目。如王国维《曲录》、齐如山《齐氏百舍斋戏曲存书目》、傅惜华《缀玉轩藏曲志》、郑振铎《西谛所藏善本戏曲目录》等。

七是藏书归宿的差异，从身后散佚到捐赠给各图书馆或研究机构（也有散佚，如曹聚仁、陆澹安藏书）。一般来说，现代学者的藏书多进入国家文化事业单位。民国时期，梁启超的藏书就由其家属送给了北京图书馆（今国家图书馆）。20世纪50年代后，柳亚子藏书捐赠给北京图书馆，鲁迅藏书则分藏北京鲁迅博物馆和上海鲁迅纪念馆。郑振铎的藏书几经战火后，1959年捐献给国家，计2万余种91700余册。唐弢藏书共有5万余册,其中图书3万余册,期刊1万余册,专业特征鲜明,种类版本齐全,存在中国现代文学馆。以致巴金曾说:"有了唐弢文库,中国现代文学馆的藏书就有了一半。"[①]何其芳有37000册中西藏书,身后捐给中国传媒大学。

八是藏书编目与管理的差异,由传统四部分类法到现代中国图书馆分类法(简称"中图法")的编目体系。现代作家、学者藏书进入图书馆或者研究机构后,西装书都按中图法进行了分类编目,其中古籍也按四部分类法与中图法对照表,对其用中图法进行了分类编目。作家、学者捐赠藏书作为特色资源,也作为馆藏资源进行流通,或开设特藏阅览室供广大读者查阅,如中国传媒大学图书馆的何其芳藏书阅览室等。

(三)现代作家、学者藏书与其思想形成、文学创作、学术研究的关系

其一,藏书与作家、学者思想形成的关系。主要通过藏书书目、批注、购书日记、书话、论文、题跋等,考察梁启超、王国维、鲁迅、胡适、郑振铎、何其芳等学者、作家藏书、阅读的基本情况,分析藏书对其思想形成的影响。如通过考察鲁迅购买、阅读尼采的《查拉图斯特拉如是说》与其创作《野草》的关系,可以从侧面看到鲁迅受唯意志论和超人哲学的影响,以及这些哲学思想如何影响到他的文学创作活动。

其二,作家藏书与其文学创作的关系。分析作家藏书特点,并对照作家创作,探讨作家的藏书与阅读、批注对其作品主题形态、创作方法形成的影响。作家购买书籍,已经表明对于特定作品内容与艺术特色的喜好,在阅读中还会进一步受到藏书影响,并体现在自己的创作中。从郑振铎、黄裳、何其芳、唐弢、鲁迅、郁达夫、胡适等藏书与其创作活动来看,都有类似情况。比如可以考察鲁迅所藏高尔基作品与鲁迅创作

[①] 张洁宇:《文边小语》,新世界出版社2002年版,第30页。

之间的关系。面对不断变化的国内外社会形势，鲁迅在反复思考，不断修正自己认识的过程中受到高尔基的作品及其思想的影响，并体现于创作实践之中。前期鲁迅发表《论照相之类》等杂文表明了对高尔基作品与思想较为谨慎的接受，后来，随着局势变化和认识深化，他逐渐意识到高尔基的创作对无产阶级革命以及建设革命文学的指导作用，并试图与友人合作翻译高尔基全集。

其三，学者藏书与其学术研究的关系。在现代中国，学者藏书具有专题性、研究型的特点。学者往往根据自己的学术研究需要访书、淘书，因此，从藏书角度考察学者的学术研究活动，特别是通过藏书中学者的亲笔批注、题跋、题记等，与其学术研究进行对照，可以探究学者藏书与其学术研究的关系。比如，何其芳藏书中收有古今19种《红楼梦》相关版本，其中5种版本有他本人2万多字的批语，主要涉及六个方面：版本考证、故事情节介绍、人物分析、作品思想性分析、作品艺术性评价和后四十回写作手法评价。何其芳《红楼梦》各版本批注的特点是，注重思想性与艺术性的共同发掘，重视版本考证与脂批利用，突出小说内容的提纲挈领，采取"知之为知之，不知为不知"的评点态度。何其芳是新中国用马克思主义美学和文艺思想评点《红楼梦》的开创性学者，"何批"是研究何其芳红学思想的第一手重要材料。

（四）作家、学者藏书文化中的相关形态研究

其一，书话创作研究。不同于一般的藏书家，书话创作是作家、学者藏书文化的独特形态。书话从诗话、词话、曲话演化而来，从20世纪30年代开始行世。古人书跋和书事笔记，注重介绍书刊的内容、版本、流布和递传状况，是掌故类、文献性的。书话则不同。中国现代书话创作由周越然最早开始，并在郑振铎、阿英手中成熟。1929年，郑振铎在《小说月报》连续发表《读书杂记》19则，是早期典型的书话。他有题跋文字结集的两册《西谛题跋》与两册《郑振铎书话》。曹聚仁1931年

有《书话四节》等文章，生活·读书·新知三联书店也出版过其书话集《书林新话》。著名的书话著作还有唐弢书话集《书话》（生活·读书·新知三联书店版题为《晦庵书话》），阿英《夜航集》《海市集》《剑腥集》等，叶灵凤的《读书随笔》，孙犁的《耕堂读书记》，还有姜德明、胡从经等人的著作，周作人、黄裳等人亦有大量关于古籍的书话。另外，还包括后人辑录出版的作家、学者书话集，如朱正编的《鲁迅书话》，钟叔河编周作人的《知堂书话》《知堂序跋》。

其二，藏书的随笔作品研究。包括陈子善的《捞针集》、倪墨炎的《现代文坛偶拾》、李庆西的《书话与闲话》、陈平原的《书里书外》和《大书小书》等，还有在《文汇报》《文汇读书周报》《读书》《万象》《书屋》《中华读书报》《藏书家》等报刊上发表的书话文章。

三

在研究方法上，中国现代作家、学者藏书文化研究属于跨学科研究，综合了图书馆学、文学史研究、作家学者个案研究（包括购书日记、批语辑录等）和书话文体研究等学术研究范式。具体而言，包括文献研究、专家访谈、实地调研、批语辑录、重点个案研究等。

应该说，在学术思想和研究方法方面，将中国现代作家、学者私人藏书形态作为一种文化，并深入到其思想、创作、学术以及出版等方面进行系统研究，在学术界尚不多见。这不仅是新的研究领域的开拓，也是一种综合文化与文学研究的学术创新，也将产生新的学术观点。

张鸿声　冯　佳
2023年12月8日北京

康有为

万木草堂藏书的聚与散

康有为（1858—1927），原名祖诒，字广厦，号长素，又号更生、明夷、西樵山人、天游化人……广东南海丹灶人，世称康南海、南海先生。祖父康赞修，又名康以乾，字以行，号述之。道光年间举人，历任钦州学正，合浦、灵州、连州训导。光绪三年（1877）为抢救学宫祭器溺水，以身殉职。祖母陈氏，封太夫人。父亲康达初，字植谋，号少农，曾任江西候补知县。母亲劳氏，封宜人。按《康南海自编年谱》记载，在康有为出生前劳氏已经生育了两个女儿，但"长者殇矣，祖父母望孙切矣"①，故康有为既是劳氏长子，又是家族长孙。康家是岭南一带颇具名望的书香世家，自其九世祖康惟卿起，到康有为时已"凡为士人十三世矣"。康家还是岭南地区颇负盛名的藏书世家，康有为《延香老屋率幼博弟曝书》诗序即有"延香老屋，为先曾祖通奉公云衢府君遗宅，自高祖荣禄公炳堂府君及先祖连州公、先考知县公少农府君，四世

---

① 康有为：《我史》，中国人民大学出版社2011年版，第4页。

书藏于是"①的记述，足见其家族聚书、藏书的传统源远流长。康有为的叔祖康国器早年仕途得意，官至广西巡抚，晚年归乡后建有澹如楼和二万卷书楼，"两楼对峙，中间亭沼，花木颇盛，有古桧七株……幽室曰七松轩，导以飞桥为虹福台。种芝公书最多，庋藏其间"。②

按康有为自述所言，他少年时即流连于家族中的藏书之所，"久好涉猎，读书甚多"。由于父亲康达初早亡，祖父康赞修对其寄予厚望，不仅"多提携教诵唐诗"，将其时时带在身边读书，还让他跟从番禺名师简凤仪，"读《大学》《中庸》《论语》，并朱注《孝经》"，希望他能够继承家族"书香延世"的传统，培养其对书籍的兴趣。得益于良好的家族教育和家族世代藏书传统的影响，康有为一生所藏图书颇为丰富，据《万木草堂书目》记载，其藏书中以宋元旧刊、佛典精刻、孔氏岳雪楼旧藏为最，共5000余册，另有清初刻印本若干。此外，其藏书中多有康氏及硕儒名彦之题跋，具有较高的文献价值。

通过梳理相关资料发现，与其人生分界点一样，康有为的藏书亦可以戊戌变法为界，分为前后两期。前期是从青年时期到戊戌变法失败。这一时期康有为的藏书主要有三个来源：一是继承康家的累世藏书。这部分资源以古籍为主，但其中亦不乏如徐继畲《瀛环志略》、魏源《海国图志》等介绍西方地理知识，促使中国人"开眼看世界"的图书。通过《康南海自编年谱》可知，少年时期的康有为除几次短暂的应试外，其余时间基本是在家乡藏书楼中读书度日。他"好览经说、史学、考据书"，不好八股科举之学，而丰富的家族藏书资源不仅给了他"披阅群书"的机会，打下坚实的旧学根基，更为其日后进一步接触并研究西方政治文化、收集西学书籍埋下了求知的种子。据康有为日后回忆，自

---

① 康有为撰，姜义华、张荣华编校：《康有为全集》第12集，中国人民大学出版社2007年版，第142页。
② 康有为：《我史》，中国人民大学出版社2011年版，第7—8页。

己十七岁时"从从叔竹孙先生学,于时好为纵横之文,时时作诗,与兄弟、乡先辈倡和,又好摹仿古文,然涉猎群书为多。始见《瀛环志略》、地球图,知万国之故、地球之理"①,这也是少年时期的康有为第一次接触到涉及西方地理的书籍。光绪五年(1879)秋,因叔父"督责至甚,令就乡试,乃至断其资粮"②,二十二岁的康有为在经历了外出求学三载的生活后回到家乡,"居于二万卷书楼及澹如楼中,或养心读书,超然物表",于读书静思中寻找自己未来的方向。结合《康南海自编年谱》可知,此后数年,康有为曾多次外出,每次归乡后必居于澹如楼,"读书乡园,跬步不出","专精问学,新识深思,妙悟精理,俯读仰思",所读之书兼及经史、乐律、韵学、佛学等。总之,家族累世藏书既是康有为前期藏书的重要组成部分,又是促使其在此基础上继续收书、聚书的动力来源。随着知识的不断积累和人生阅历的逐渐增加,这些康家世代积累的藏书资源已经无法满足其探求济世救民之道的需要,增添、购置新的书籍便成为康有为藏书活动势在必行之事。

二是康有为本人增添、购置的书籍。康有为增添、购置的书籍主要包括两部分:一部分为善本古籍、金石碑刻的购置和收藏。如他曾在光绪八年(1882)参加乡试,"借此游京师,谒太学,叩石鼓,瞻宫阙,购碑刻讲金石之学"③;也曾在光绪年间收购陆续散出的广东南海孔氏岳雪楼藏书。另一部分为中译西学新书,这部分资源在康有为增添、购置的藏书中占有相当大的比重。光绪五年秋归乡之后,经过一段时间的读书思考,康有为开始"舍弃考据帖括之学……既念民生艰难,天与我聪明才力拯救之,乃哀物悼世,以经营天下为志"④,在

---

① 康有为:《我史》,中国人民大学出版社2011年版,第9页。
② 康有为:《我史》,中国人民大学出版社2011年版,第12页。
③ 康有为撰,楼宇烈整理:《康南海自编年谱》(外二种),中华书局1992年版,第10—11页。
④ 康有为:《我史》,中国人民大学出版社2011年版,第12页。

阅读"《西国近事汇编》、李圭《环游地球新录》及西书数种"等介绍西方风土人情的书籍、游记的同时于年底环游香港，"览西人宫室之瑰丽，道路之整洁，巡捕之严密，乃始知西人治国有法度，不得以古旧之夷狄视之"①。这次香港之行进一步激发了康有为接触西方资本主义文化的决心，他开始大量求购、收藏西学书籍，为日后讲求西学打下基础。光绪八年自京还乡途中，他特意去了上海。"十里洋场"的繁华之盛，洋人横行租界的趾高气扬都使康有为痛感国家丧失主权之耻，亦由此而激起了进一步探求西学的愿望，于是"舟车行路，大购西书以归讲求"。据相关资料记载，康有为这次购买了3000余册江南制造局译印的西学书籍②，足见其了解、研究西学的欲望之强烈。这次大规模购书、藏书之后，西学书籍遂成为康有为藏书资源中不可或缺的组成部分。光绪十四年（1888）夏，康有为以荫监生的身份再次赴京参加乡试。当时正值中法战争之后，康有为痛感国势日蹙，认为"中国发愤，只有此数年闲暇，及时变法，犹可支持，过此不治，后欲为之，外患日逼，势无及矣"③。于是奋笔疾书，写下了5000余字的《上皇帝书》（《上清帝第一书》），提出"变成法、通下情、慎左右"等具体措施，极力陈述自己变法改革、救亡图存的主张。由于顽固派的阻挠中伤，这次上书未能呈送光绪皇帝御览。光绪十五年（1889）秋，再次落第的康有为怀着壮志未酬的愤懑回到家乡，决心兴办教育，希望从人才培养入手，实现自己变法救亡，"任天下之事，开中国之新世界"的理想。光绪十七年（1891）设万木草堂于广州长兴里后，基于人才培养和著书立说的需要，康有为又一次着手进行大规模的访书、聚书活动。他不仅将个人藏书中的绝大部分存于万木草堂，还在1893年斥

---

① 康有为撰，楼宇烈整理：《康南海自编年谱》（外二种），中华书局1992年版，第9页。
② 栾梅健、张霞：《近代出版与文学的现代化》，复旦大学出版社2015年版，第62页。
③ 康有为撰，楼宇烈整理：《康南海自编年谱》（外二种），中华书局1992年版，第15页。

资"千二百金"大购群书,以扩充万木草堂的藏书规模。

三是万木草堂学生以及友人、社会捐赠的书籍。学生、友人捐赠亦是康有为前期藏书重要来源之一。从1891年兴办学校到1898年戊戌变法失败前,万木草堂亦因其别具一格的办学方针、颇具特色的办学理念而吸引了越来越多的青年学子"千里负笈,闻风相从,前后达三千人"[①]。其中亦不乏如陈千秋、徐勤、梁启超、龙泽厚等家境较为殷实或家有藏书的弟子,他们或捐助银两,用于万木草堂藏书的购置,或直接将家中藏书捐于草堂,供师友阅览分享。据弟子梁启勋回忆:"万木草堂的图书阅览室叫书藏,是以康先生所藏书为基础,同学们家藏的书,则自由捐献。"[②]万木草堂藏书中有不少书籍上留有学生家藏之印。如康熙年间刻本《苏州府志》共32册,每册的首页均有"中川家藏书印";《胡海文传》共10册,每册首页均有"应氏家藏"等。除学生捐赠外,万木草堂的藏书亦有部分来源于康有为的友人或社会贤达的捐赠。光绪二十四年(1898)二月,梁启超与麦孟华、徐勤、康广仁等人联名在《知新报》上刊登《万木草堂书藏征捐图书启》,面向社会贤达广求赠书,希望"海内耆硕方闻好义之士,或生长此地,率维桑之敬;或曾官斯士(土),推甘棠之泽;爱其士气之可用,加以奖藉。或怜其濒海之颠危,垂赐扶恤;盛意提倡,慨赠百城,阐扬风流,沾溉末学"[③]。值得注意的是,这些收藏于万木草堂的书籍不止供康有为一人讲学著述之用,更是将所有藏书聚集一处,供所有弟子自由阅览,并由弟子们轮流值班,负责整个草堂藏书的日常维护和管理工作。此外,为了培养"救中国"之人才,转变整个社会"祖宗之法不可变"的固有观念,康有为在其创办的其他学会中亦"备置图书仪器,邀人来观,冀输入世界之知识

[①] 康有为撰,陈汉才校注:《长兴学记》,广东高等教育出版社1991年版,第91页。
[②] 夏晓虹编:《追忆康有为》(增订本),生活·读书·新知三联书店2009年版,第191页。
[③] 《梁启超全集》第1册,北京出版社1999年版,第164—165页。

与我国民"。由此可见,万木草堂这种相互协作、共同分享的管理模式已经初步具备了现代图书馆的性质;较之于同时代的多数学者而言,康有为这种提倡藏书应为广大学子所共享,而非只为一人之喜好或著述需要所独占的藏书思想无疑具有一定的先进意义。①

综上所述,从藏书来源看,康有为的前期藏书主要包括累世家藏、个人购置、学生及友人捐赠等三种途径。其中累世家藏是康有为前期藏书的重要基础,个人购置、学生及友人捐赠则是其藏书资源得以不断扩充的重要支持。就其藏书种类而论,除了善本古籍、金石碑帖、西学书籍外,康有为前期藏书中亦包括大量的手稿、自刻书籍和弟子功课簿。康有为在万木草堂讲学期间即"常供养朋友之贤才者,以及刻书移草之赀任焉";草堂弟子人手一册的功课簿则在写满之后归入万木草堂之"书藏",以供后来学生阅览学习。康有为还曾在撰写《孔子改制考》期间查阅这些稿件,以利研究。若结合其创作情况来看,这一时段的康有为撰写了《人类公理》《康子内外篇》《广艺舟双楫》《毛诗伪证》《周礼伪证》等一大批关于中国上古史、金石学、经学等方面的论著,并已在著作中兼涉西学。特别是在光绪十六年(1890)到光绪二十三年(1897)的七年里,康有为在聚徒讲学、培养人才的同时专意于理论研究,特别是完成了对戊戌变法影响最大的两部书——《新学伪经考》和《孔子改制考》,给当时的思想界以极大的震动。②

光绪二十一年(1895)三月,康有为偕弟子梁启超等人入京参加会试。时值中日甲午战争清政府战败后,与日本签订《马关条约》,割让辽东半岛、台湾及澎湖列岛给日本,赔款两亿两白银。消息传到京城后,应试举子们群情激愤。同年五月,康有为联合各省举子1300多人联名上书,要求朝廷"拒和、迁都、练兵、变法",即历史上著名的公车

---

① 王琼:《康有为藏书聚散考》,《山东图书馆学刊》2014年第3期。
② 马洪林:《康有为评传》,南京大学出版社2009年版,第66页。

上书。也就是在这一年，康有为中进士，得到光绪帝的召见，上奏"富国、养民、教士、练兵"等四条"自强雪耻之策"（《上清帝第三书》）。光绪帝御览后非常赞赏，授其工部主事衔。光绪二十四年一月，康有为连续上奏了《上清帝第五书》和《上清帝第六书》，极陈变法之策。同年六月，光绪帝颁布《明定国是诏》，决心变法图强，"百日维新"开始。由于变法的种种措施极大触及了以慈禧太后为首的顽固派的利益，慈禧太后于同年九月发动政变，囚禁光绪帝，"百日维新"失败。康有为亦被清廷通缉，不得不逃离京城，开始了漫长的海外流亡生活。由于变法失败，康有为的家产遭到清廷抄没，其前期藏书亦多在抄没或禁毁之列，"所藏之书，及所著之稿尽失矣"①；其中5000余册书籍被安置在广雅书院，直至中华民国成立后的1913年方得以归还本人。

在变法失败，被迫流亡海外的日子里，康有为一方面密切关注着政治时局的变化，另一方面亦充分利用闲暇时间继续开展藏书活动。光绪二十五年（1899），他在加拿大温哥华组织保皇会，获得了较为充足的资金支持。他决心利用这一机会广泛求访、搜集各种文物（包括珍贵书籍），希望能够在自己归国之后创办一个旨在沟通中西文化的博物馆。据康同璧《南海康先生年谱续编》记载，光绪二十八年（1902）春，康有为留居印度，"携同璧乘马游须弥山，行九日，深入至哲孟雄国之江督都城，英吏率国王迎于车站，至王宫……（国王）并以贝叶经、酒莆相赠，先君解带答之"②；光绪三十年（1904）游览意大利罗马王宫时"并购罗马瓦石数十物，及安敦像寄还中国"；光绪三十二年（1906）五月至墨西哥胡克家时，当地负责管理古籍的官员来访，"赠墨古迹书七本"。值得一提的是，在这段流亡海外的日子里，康有为曾数次途经或短暂留居日本，其间不仅获得了日本政界、学界友人赠书，更带回了大

---

① 康有为：《我史》，中国人民大学出版社2011年版，第102页。
② 康有为撰，楼宇烈整理：《康南海自编年谱》（外二种），中华书局1992年版，第94页。

量的古籍文献，这些书籍"文字和图案都极为精美"。从海外受赠带回的珍贵典籍不仅是康有为后期藏书中的精品，更为其回国后重聚藏书打下了坚实基础；而这些不断积聚的藏书资源亦成为其笔耕不辍的重要助力——在这一时段内，他不仅撰写《中庸注》《孟子微》《春秋笔削大义微言考》《大学注》《论语注》《大同书》等经学、政治学方面的论著，还创作了大量的海外游记和记行诗。

随着辛亥革命开始和中华民国建立，党禁解除，康有为终于结束了为期十六年的海外流亡生活，从日本转道香港，于1913年11月扶母亲劳太夫人灵柩归国。晚年的康有为除偶尔参加政治活动外，其余时间均致力于讲学著述及藏书活动。此时他依旧能够得到保皇党人的资助，民国政府亦赔偿了戊戌变法后其因家产被查封而遭受的损失，加之康有为晚年定居上海，置业获利亦颇为丰厚，这些都为其重整旗鼓，积累大量藏书提供了充足的物质保障。晚年的康有为主要有上海愚园路住宅内的延香堂、杭州西湖一天园内的天游堂、青岛福山路的天游园等三大藏书处，并以上海延香堂为主。据前辈学者统计，这三处藏书总量约为十几万册，数十万卷，其中宋元明善本古籍共6000多册，元刻梵荚本《普宁藏》佛经1200本。[①]在这些宋元明善本古籍中，北宋本《资治通鉴》、明版《燕翼诒谋录》《氏族博考》以及大部头的武英殿聚珍版《古今图书集成》等都是颇具特色的珍品。此外，这些珍本古籍中有一些出自著名藏书家，如康氏所藏《古今图书集成》即几经易主，"自吾邑叶氏领运自京而来粤，费万金，后归吾邑孔氏。昔先师朱九江先生语我尝假读，馆孔氏三月焉。今归于我，一万卷皆完好，诚中国之瑰宝也"[②]；另据康有为《北宋本〈资治通鉴〉跋》所言，其所藏北宋本《资治通鉴》中

---

① 李耀彬、蔡公天：《康有为藏书考》，《图书馆学研究》1987年第5期。
② 康有为撰，姜义华、张荣华编校：《康有为全集》第10集，中国人民大学出版社2007年版，第185页。

不仅有孔氏岳雪楼藏本，还有罗萝村侍郎丈藏本，"纸墨完好，清洁如新"，皆为稀世珍宝①。

佛经收藏是康有为后期藏书的另一个亮点。除最具特色的元版《普宁藏》外，还有北宋开宝年间金银书《法华经》以及多部明刊本佛经等。晚年的康有为还曾因佛经收藏而引起一场"舆论风波"。1923年西安讲学期间，他在西安卧龙寺看到了孤本南宋《碛砂大藏经》后颇有爱不释手之感，于是便与住持商量，欲以一部新书交换。后来事情暴露，舆论哗然，最终未能如愿。②此事虽深为时人所诟病，但可见康有为本人对佛经收藏的热衷。

康有为的后期藏书同样存在着散佚问题。与其前期藏书多因戊戌变法失败而被毁或失散不同，个人管理不善和家庭经济困难是其后期藏书散佚的主要原因。康有为本人生性疏阔，不善藏书管理。据弟子任启圣回忆，康氏晚年"手稿计有五六箱，零星散乱"，已出版与未出版者混杂一处，并无专门的助手收拾整理。③晚年的康有为妻妾子女众多，却没有固定的生活来源，仅依靠部分宪政党人或军阀政客的资助度日。为维持原有的生活水平，康有为多次出售部分藏书抵债，《古今图书集成》即在售出之列。可见藏书散佚是其后期藏书生涯中的常态，且这种情况一直持续到康有为去世之后。

1927年康有为去世，家里竟连买棺木入殓的钱都拿不出来，负债达六七万元之多。家人不得不变卖其部分藏书及字画碑帖，以偿还债务。此外，康氏虽子女众多，但无人将康家的藏书传统继承下去，故其身后藏书流散实属意料之中。据说斋（即陆象贤）1943年发表于《万象》杂志上的《槎溪说林：康有为藏书》一文记述，康有为的藏书当时早已四处流散，

---

① 康有为撰，姜义华、张荣华编校：《康有为全集》第10集，中国人民大学出版社2007年版，第184页。
② 王琼：《康有为藏书聚散考》，《山东图书馆学刊》2014年第3期。
③ 夏晓虹编：《追忆康有为》（增订本），生活·读书·新知三联书店2009年版，第387页。

陆氏本人即"在卡德路又收万木草堂所藏数种。有天竺字原、悉昙字记、啸亭杂录、魏默深文集、秋蟪吟馆诗钞等,都是康有为的遗物。其书之散逸(佚),早在二年前,于善钟路一西书肆中见康氏署名关于埃及的书二厚册。……今据书贾言,其佳藏,已于去年由康氏学生经手售于南京某氏。又曾以每本一元,分售于上海之各旧书店"[①],足见其身后藏书散佚之严重。据前辈学者考述,其中有约两万余册图书为时任国立广西大学校长的马君武购得,现保存于广西师范大学。其中最早的本子是明本,书中多有"南海康氏万木草堂藏""南海康有为更生藏"等藏书印鉴。其生前珍藏的元版《普宁藏》佛经中的大部分被售予浙江王绥山,仅有小部分存于其子女处。现江苏镇江绍宗国学楼、北京大学图书馆、台北图书馆等处亦零星收藏了部分康氏藏书。关于康有为藏书的藏书目录,目前传世者主要包括《万木草堂书目》(上海长兴书局民国七年影印)、《南海珍藏宋元版书目》(民国廿一年铅印)和《康氏藏善本书目》抄本等。[②]

先时之人物开先时之风气

作为中国近代史上从西学中寻求真理以挽救国家危局的代表人物,康有为可谓近代中国思想家中"先时之人物"的典型。他的思想中既有深厚的中国传统文化的底色,又包含着如进化论、君主立宪等西方思想,具有鲜明的时代特征和一定的进步意义。关于康有为的思想研究,目前已有较为丰富的成果,这些论著多是围绕康有为的哲学思想、政治思想、社会思想、教育思想等方面进行论析,对康有为藏书与其思想的关系却甚少探讨。以下将从哲学思想、政治思想、教育思想三个方面探讨康有为思想与其藏书的关系。

---

① 说斋:《槎溪说林:康有为藏书》,《万象》1943年第3卷第2期。
② 范凤书:《中国私家藏书史》,大象出版社2001年版,第418页。

一、康有为的哲学思想与藏书

关于康有为哲学思想的著述颇丰。萧公权的《康有为思想研究》一书，从"儒学新诂""以儒变法与以儒为教""哲学的整合"三个方面进行分析，并将康有为的哲学思想分为两期。认为康有为的哲学是"以儒学为变法之哲学"，是"近代中国思想转变的缩影"。汪荣祖的《康有为论》则从"思想雏形""一元思维""哲学诠释和政治改革"等多个角度展开讨论，认为康氏"虽非书斋中的哲学家，然而他有宽阔的哲学家胸襟，以及敏锐的思辨才情"，虽然难以判断其"思维到底是唯心还是唯物……但他的一元思维，应无可疑"。① 李泽厚《论康有为的哲学思想》一文从"自然观""意识论和'博爱哲学'""人性论""历史观"四个方面探讨康有为的哲学思想，认为康氏的哲学思想既是"中国古典哲学的继承和终结"，同时亦显示了"中国近代哲学将要真正开始"。② 通过梳理相关资料发现，康有为的哲学思想之所以能够形成一个比较完整的体系，并得到后世学者较高的评价，除时代背景的推动以外，其丰富的藏书资源亦起着关键的作用。若从康有为哲学思想的发展历程这一角度加以考察，则其藏书资源的"关键作用"主要体现在以下几个方面：

首先，丰富的藏书资源是康有为哲学思想得以萌芽的主要动力。汪荣祖在《康有为论》一书中指出，康氏哲学思想的胚胎"确结于三十岁之前"，一些"重要学说的雏形"亦出现在三十岁之前。由《康南海自编年谱》可知，三十岁之前的康有为除短暂的外出求学或应试外，其余时间大多居于家乡澹如楼读书。丰富的家族藏书资源不仅培养了其"好读书"的习惯，亦促成了其哲学思想的最初萌芽。如其哲学本体论是以"元"为世间万物的本质和起源，"天地阴阳，四时鬼神，皆元之分转

---

① 汪荣祖：《康有为论》，中华书局2006年版，第41页。
② 李泽厚：《论康有为的哲学思想》，《哲学研究》1957年第1期。

变化，万物资始也"。①这一观点源自董仲舒的哲学思想。在进一步解释"'元'究竟代表着什么"这一问题时，他又认为"元者，气也。无形以起，有形以分，造起天地，天地之始也"②（《春秋董氏学》），"凡物皆始于气，既有气，然后有理。生人生物者，气也"③（《万木草堂口说》），可见他在"气""理"之争这一中国传统哲学问题上是不赞同宋明理学的。此外，对于"太极""无极"等问题的论争，康有为同样持与宋明理学家不同的观点，否定"无极"的存在，认为"太一者，太极也，即元也"，"太极以前，无得而言"。这些观点和主张在其早年读书求学中皆可寻得最初萌芽的痕迹。据《康南海自编年谱》记载，康有为在十岁时已学完了《易》，十二岁从祖父于连州官舍时便"杂览群书"，十四岁还乡后更是经常流连于家族世代藏书的澹如楼，"纵观说部、集部"。十九岁从学朱次琦，"未明而起，夜分而寝，日读宋儒书及经说、小学、史学、掌故词章，兼综而并骛，日读书以寸记"④。二十四岁"读书乡园"时更着意关注宋明理学，"读宋儒之书，若《正谊堂集》《朱子全集》尤多。苦身力行，以明儒吴康斋之坚苦为法，以白沙之潇洒自命，以亭林之经济为学"⑤。二十七岁还乡澹如楼后"读宋元明学案、《朱子语类》"⑥。正是如此丰富而大量的阅读，才使得康有为对中国古代哲学，特别是董仲舒哲学思想和宋明理学思想中关于宇宙本质与起源的相关论述有了全面深入的理解，并在此基础上加以思考判断，提出自己的见解。恰如萧公权在《康有为思想研究》一书中所言，上述这些流连于故乡藏书楼和

---

① 康有为著，楼宇烈整理：《孟子微 中庸注 礼运注》，中华书局1987年版，第259页。
② 康有为撰，姜义华、张荣华编校：《康有为全集》第2集，中国人民大学出版社2007年版，第362页。
③ 康有为撰，姜义华、张荣华编校：《康有为全集》第2集，中国人民大学出版社2007年版，第133页。
④ 康有为：《我史》，中国人民大学出版社2011年版，第10页。
⑤ 康有为：《我史》，中国人民大学出版社2011年版，第13页。
⑥ 康有为：《我史》，中国人民大学出版社2011年版，第15页。

从学于朱次琦的经历"虽未给康有为任何哲学训练,但引导他超越理学的传统"①,成为直接触发其"对世界之本质与生命之意义"进行深入思考的原动力。试想没有这段居乡苦读的启蒙之功,康有为恐怕很难在日后论及这些中国传统的哲学问题时做出如此明确的论析和判断,直至形成自己的哲学本体论思想。从这一角度来看,丰富的家族藏书资源在其哲学思想的启蒙阶段功莫大焉。

其次,在康有为哲学思想的发展阶段,藏书资源同样扮演着不可或缺的重要角色。随着年龄的增长和社会阅历的增加,康有为早已不再满足于从家族藏书的相关资源中获取知识。据《康南海自编年谱》记载,光绪八年自京还乡途中,他从上海等地购买了3000多册江南制造局翻译的西学书籍,希望以此补充原有藏书之不足,通过"大讲西学"来实现自己对西学"治术之本"的探索。进一步结合康有为哲学思想的发展轨迹加以考察就会发现,这些西学译本中的相关知识几乎是康有为哲学思想中"西学因子"的全部来源。关于"气生万物"的问题,康有为在早年所著《康子内外篇》中有如下论述:

> 夫天之始,吾不得而知也。若积气而成为天,摩励之久,热、重之力生矣,光、电生矣,原质变化而成焉,于是生日,日生地,地生物。物质有相生之性,在于人则曰仁;充其力所能至,有限制矣,在于人则曰义。②

如果说"气为天地之本"的主张体现了康有为哲学思想受家族藏书启蒙,继承中国传统哲学"气本论"的一面,那么其在《康子内外篇》

---

① 萧公权:《康有为思想研究》,汪荣祖译,新星出版社2005年版,第93页。
② 康有为撰,姜义华、张荣华编校:《康有为全集》第1集,中国人民大学出版社2007年版,第110—111页。

中关于"气生万物"的论述则更多地体现了西方近代科学知识对其哲学思想的影响。特别是在描述"气生万物"的具体演化过程时，他直接引入了西方近代科学中关于"热""重力""光""电"等方面的知识来解释"气化论"这一中国古代哲学的传统命题；而这一点在康有为日后的回忆中亦有较为明确的体现。在回忆自己如何思考并最终提出"元"的概念时，《康南海自编年谱》中这样记述：

> （光绪十年）秋冬，独居一楼，万缘澄绝，俯读仰思。至十二月，所悟日深。因显微镜之万数千倍者，视虱如轮，见蚁如象，而悟大小齐同之理。因电机光线一秒数十万里，而悟久速齐同之理。知至大之外，尚有大者，至小之内，尚包小者，剖一而无尽，吹万而不同，根元气之混仑，推太平之世。既知无来去，则专以现在为总持。既知无无，则专以生有为存存；……其道以元为体，以阴阳为用，理皆有阴阳，则气之有冷热，力之有拒吸，质之有凝流，形之有方圆，光之有白黑，声之有清浊，体之有雌雄，神之有魂魄。①

由此可见，这些西学书籍中关于"显微镜""电机光线"等西方近代科学知识在康有为认识和领悟"大小齐同之理""久速同齐之理"的过程中起到了非常关键的作用。较之同时代依旧沿袭传统话语范畴来解释上述问题的学者而言，康有为的阐释方式和话语显然更具有"开先时之风气"的意味。在康有为的变易进化论中，这种援引西学知识解释中国古代传统哲学命题的思路有更加典型的表现。作为其哲学思想中最具活力的部分，康有为的变易进化观继承了中国古代朴素辩证法的思想成果，同时积极吸收西方近代科学知识，体现了康有为哲学

---

① 康有为撰，楼宇烈整理：《康南海自编年谱》（外二种），中华书局1992年版，第12页。

思想中糅合古今中西的特点。①在宣传和解释这种变易思想的过程中，康有为常从其西学藏书中寻找依据，通过近代自然科学知识的引述来充实其论证。如他曾根据康德的星云说和达尔文的进化论说明天地万物之变乃"寻常之理"，正所谓"物新则壮，旧则老；新则鲜，旧则腐；新则活，旧则板；新则通，旧则滞：物之理也"。②这样的诠释使康有为的哲学思想在变易观的问题上突破了中国古代朴素辩证法的局限，发展成为一种更富有近代科学的实证精神的观念。汪荣祖在《康有为论》中指出，这些能够帮助康有为理解哲学问题、拓宽思路的西学资源"几全部来自江南制造局出版的译本……极大部分属于数理工程等自然科学书籍，在康之心目中，无疑是西学的精华"③。虽然康氏这样的阐释方式在今天看来不无偏差甚至误读之处，但不能否认西学藏书资源在其哲学思想形成过程中所起到的重要作用。

再次，在康有为哲学思想成熟之后，康氏个人的藏书资源依旧是其思考和论述相关问题的重要助力，这在康有为晚年的哲学思想上有尤为明显的体现。萧公权《康有为思想研究》指出，康氏晚年的哲学思想"已变得'出世'了，指向超乎人与物的现象世界的境域。一方面，他超脱地球的限制，从事他所谓的天游之学。另一方面，他的眼光从人事投向超自然物，悄悄地放弃了他早期的不可知论和无神论"④。以康有为的"天游"说为例，这一主张始见于《大同书》末尾"大同之后，始为仙学，后为佛学，下智为仙学，上智为佛学。仙、佛之后，则为天游之学矣"的论述，在其《诸天讲》中得以进一步发展。从整体来看，康

---

① 李明友：《康有为哲学思想探析》，国际儒学联合会：《国际儒学研究》第9辑，国际文化出版公司2000年版。
② 康有为撰，姜义华、张荣华编校：《康有为全集》第4集，中国人民大学出版社2007年版，第17页。
③ 汪荣祖：《康有为论》，中华书局2006年版，第19—20页。
④ 萧公权：《康有为思想研究》，汪荣祖译，新星出版社2005年版，第113页。

有为这一主张的提出受到了理学中陆王学派,特别是陆九渊宇宙观的影响,又时时可见佛、道之理,甚至近代西方天文学知识的影子,如《诸天讲·自序》中所述:

> 然则,欲至人道之极乐,其为天人乎?庄子曰:人之生也,与忧俱来。况其寿至短,其知有涯。以至短之寿,有限之知,穷愁苦悲,日夕之劳困不释。……故诸教主哀而拯救之,矫托上天,神道设教,怵以末日地狱,引以极乐天国,导以六道轮回,诱以净土天堂,皆以抚慰众生之心,振拔群萌之魂。显密并用,权实双行,皆所以去其烦恼,除其苦患,以至极乐而已。然裹饭以待饿夫,施药以救病者,终未得当焉。以诸教主未知吾地为天上之星,吾人为天上之人,则所发之药,未必对症也。①

结合引文,在论及"人道之极乐"这一问题时,康有为首先借用《庄子·养生主》"吾生也有涯,而知也无涯"的主张说明"人生之苦短",因此才有了"故诸教主哀而拯救之","以抚慰众生之心,振拔群萌之魂"。同时,他又认为"诸教主"引导世间大众"去其烦恼,除其苦患,以至极乐"的方式方法尚存在一定的局限性,其原因在于"诸教主未知吾地为天上之星,吾人为天上之人";可见其在思考这一问题时亦吸收了西方近代科学中关于天体理论的知识。在此基础上联系康有为后期的藏书情况会发现,流亡海外的漫长岁月里,西学和佛、道两家的书籍始终是其求访书籍的重点,加之变法失败带来的精神苦闷,这促使晚年的康有为在思考相关哲学问题时多从佛、道两家及西学书籍中寻找依据和支撑,以阐释并不断完善其哲学理论体系。

---

① 康有为撰,姜义华、张荣华编校:《康有为全集》第12集,中国人民大学出版社2007年版,第12页。

二、康有为的政治思想和藏书

作为近代思想变革的"导夫先路"者，康有为的政治思想同样是学界关注和研究的重点。萧公权在《康有为思想研究》中指出："康有为在历史上占一席之地，部分（也可能主要）是因他在戊戌变法中扮演了主导的角色"，其政治思想的核心在于"改革"，而其"改革"的最终目标则在于"以西方为主要模式以求中国政治、经济以及学术思想的改变"[①]。汪荣祖《康有为论》认为，古今中外的思想家中，康有为是少数"能有机会实践其思想者"之一。虽然百日维新只是昙花一现，但其政治思想的影响力却一直深入到民国，"无疑是极可称述的思想家与活动家"[②]。联系其藏书情况可知，与其哲学思想的萌芽、发展和成熟一样，丰富的藏书资源在康有为政治思想的发展过程中同样扮演着重要角色。结合其政治思想的具体内容可知，二者之间的密切关联主要体现在以下几个方面：

首先，丰富的藏书资源是康有为政治思想得以萌芽、发展的基础。特别是在一些重要概念和理论提出的过程中，藏书资源常常会起到非常关键的助力作用。

以康有为历史进化观的提出为例。早在1885年居乡读书期间，康有为就撰写了《实理公法全书》。该书的最大特色就在于"以科学原则为实理公法，并将其应用到人事，诠释人文思想"[③]。康有为指出，人类历史的发展与自然界一样，都是有规律（即书中所谓"人类公理"）可循的；且"超越种姓国界，放诸四海而皆准"。从这一点来看，各国历史的不同其实"乃发展阶段的不同"[④]。联系《康南海自编年谱》中的相关记载可知，这一时期正是康有为"舍弃考据帖括之学"，"既念民生艰

---

① 萧公权：《康有为思想研究》，汪荣祖译，新星出版社2005年版，第131页。
② 汪荣祖：《康有为论》，中华书局2006年版，第65页。
③ 汪荣祖：《康有为论》，中华书局2006年版，第21页。
④ 汪荣祖：《康有为论》，中华书局2006年版，第21页。

难,天与我聪明才力拯救之,乃哀物悼世,以经营天下为志"之时,特别是光绪八年乡试下第之后,他开始"大购西书以归讲求",其后两年更"旁收四教,兼为算学,涉猎西学书"。①此外,据陈文《康有为藏书的来源及其特点》一文所述,在广西师范大学所收藏康有为的39种241册西学书籍中,数学书籍有20种,是整个广西师范大学"康藏"西学书籍中种类最多的。②这也从一个侧面说明康有为确实曾在算学上下过一番苦功,《实理公法全书》就是其"从事算学",将几何学原理应用于人文思想的研究成果之一。从康有为在书中的具体推理和论述过程来看,西方近代几何学知识时时贯穿其中。比如,书中常常以"是否合乎几何公理"作为判断标准,对"父母之命,媒妁之言""三纲五常"等封建传统思想和制度进行强烈批判,认为这些思想"大背几何公理",是对人类历史发展规律的违背。《实理公法全书》中的这些观点不仅"已发公羊三世说之先声",更成为其大同理想的雏形。

其次,丰富的藏书资源是康有为政治思想最为重要的理论支点。这一点在其维新变法的思想中有着非常典型的体现。倡导变法图强的过程中,康有为特别采取了"尊孔改制"的办法,将孔子作为自己政治言论的"保护伞"。如在撰写《孔子改制考》时,他利用万木草堂"书藏",采用清代盛行的学术考据形式,将孔子奉为"托古改制"以求天下大同的圣人。董士伟《康有为评传》中指出,这样的著述方式一方面使"两千多年前的孔子"与"两千多年后的康有为"合二为一,实际上是康有为将孔子思想作为自己变法改革的理论支点,借孔子之名抒写自己的变法理想。另一方面是利用"孔子及儒家已经形成的至尊地位,以减少改革的阻碍,争取更多的支持者"③。最终归旨依旧指向对现实社会的改造。

---

① 康有为撰,楼宇烈整理:《康南海自编年谱》(外二种),中华书局1992年版,第12页。
② 虞浩旭主编:《天一阁论丛》,宁波出版社1996年版,第364页。
③ 董士伟:《康有为评传》,百花洲文艺出版社2010年版,第66页。

此外，在阐述自己的政治思想时，康有为还常常利用相关儒家经典特别是孔子的言论，来实现自己"偷运西方文明入境的企图"①。如在解释《论语·八佾》"夷狄之有君，不如诸夏之亡也"一句时，认为其体现了"君主民主进化之理"，"盖孔子之言夷狄、中国，即今野蛮、文明之谓。野蛮团体太散，当立君主专制以聚之，据乱世所宜有也；文明世人权昌明，同受治于公法之下，但有公议民主，而无君主。二者之治，皆世界所不可少，互有得失"②。而在解释"君子无所争，必也射乎！揖让而升，下而饮，其争也君子"一句时，则与近代西方社会的两党议院制相联系，认为"议院以立两党而成法治，真孔子治法意哉……凡礼，皆立两党，则又不止为射起。即万国全和太平大同，而两党互争之义施之于政教艺业，皆不可废者"③。就个人藏书资源的利用而论，"借孔子之名"的部分主要来源于《论语》等儒家经典的善本古籍，"偷运入境的西方文明"则主要源自其从上海、香港、日本等地求访购得的西学书籍。可见康有为在提出政治主张或阐述政治思想时，丰富的个人藏书资源是其寻找理论支点的最大宝库。

再次，丰富的藏书资源为康有为政治思想的实施提供了可供参考的蓝本。这一点同样在其维新变法的思想上有着最为明确的体现。康有为的维新变法思想以实行君主立宪制为纲领，而要想实现君主立宪制，就必须采取措施对现行的封建专制制度进行改革。鉴于此，康有为提出了涉及政治、经济、文化、军事等各个方面的改革方案，藏书资源则为这一系列改革方案提供了重要的理论支持。如光绪二十三年，康有为作《上清帝第五书》，向光绪帝提出了"采法俄、日以定国是"，"以日本明

---

① 汪荣祖：《康有为论》，中华书局2006年版，第55页。
② 康有为撰，姜义华、张荣华编校：《康有为全集》第6集，中国人民大学出版社2007年版，第395页。
③ 康有为撰，姜义华、张荣华编校：《康有为全集》第6集，中国人民大学出版社2007年版，第396页。

治之政为政法"①的建议,同时申明提出这一建议的原因在于"日本地势近我,政俗同我,成效最速,条理尤详,取而用之,尤易措手"②。1898年所作《外衅危迫分割洊至急宜及时发愤大誓臣工开制度新政局折》中,更加明确地指出了日本明治维新可供学习的三点经验:"一曰大誓群臣以革旧维新,而采天下之舆论,取万国之良法;二曰开制度局于宫中,征天下通才二十人为参与,将一切政事制度重新商定;三曰设待诏所许天下人上书,日主以时见之,称旨则隶入制度局。"③按《康南海自编年谱》所言,康有为曾在光绪二十二年(1896)"所得日本书甚多,乃令长女同薇译之"④。可见康氏本人关于日本明治维新及其各方面制度革新的深入了解均来源于其藏书资源,较之于之前所得江南制造局中译本西学书籍,这些新近补充的藏书多为日文原版,故需要精通日语的长女从旁协助。此外,康有为还在这封奏疏中特别提到了自己新近撰写的《日本变政考》一书可供皇帝参阅,这亦是藏书资源为其政治改革方案提供理论支持的明证。又如康有为在光绪二十四年所作《为译纂〈俄彼得变政记〉成书可考由弱致强之故呈请代奏折》中曾专门提到《俄彼得变政记》的成书经过:"惟俄国其君权最尊,体制崇严,与中国同;其始为瑞典削弱,为泰西摈鄙,亦与中国同。……故中国变法,莫如法俄;以君权变法,莫如采法彼得。职前言至近之谱迹,可临摹者也。职搜采彼得变政之事,苦中国群书皆未译出,无从考其崖略。职披考西书,得彼得本传,即为译出,旁搜记乘,稍益加详,于是彼得行事粗见本末

---

① 康有为撰,姜义华、张荣华编校:《康有为全集》第4集,中国人民大学出版社2007年版,第6页。
② 康有为撰,姜义华、张荣华编校:《康有为全集》第4集,中国人民大学出版社2007年版,第6页。
③ 康有为撰,姜义华、张荣华编校:《康有为全集》第4集,中国人民大学出版社2007年版,第14页。
④ 康有为:《我史》,中国人民大学出版社2011年版,第66页。

矣。"①可见其对彼得大帝生平事迹的整理和考察多来源于个人藏书资源中的西学书籍。

三、康有为的教育思想和藏书

作为中国近代史上著名的教育家，教育改革是康有为终其一生都在思考的问题。他不仅创办万木草堂，赴桂林、上海等地讲学，教授学生，培养人才，还撰写了《教学通议》《长兴学记》《桂学答问》等一系列著作，系统阐述其教育思想。对于康有为的教育思想，前辈学者多将其视作"康氏变革思想的有机组成部分"，"体现了教育思想家与教育实践家的完美结合"，②认为其"不仅在教育史上占有重要地位，而且对今天的教育改革乃至将来教育事业的发展，都具有积极的借鉴意义"③。与其哲学、政治思想一样，康有为的教育思想亦具有中西糅合的特点；而这一特点同样体现在与其藏书的密切关联中。

首先，康有为的教育思想中有很多继承或发展中国古代传统教育观特别是儒家教育观的部分。这些思想既来源于其早年的就学经历，亦源自于其个人藏书中丰富的善本古籍资源。如前文所论，康有为六岁即"从番禺简侣琴先生凤仪读《大学》《中庸》《论语》，并朱注《孝经》"④。十九岁时就学于广东大儒朱次琦，其余时间则居乡读书，尤以经史类书籍用力颇多。这样的求学和读书经历不仅为康有为打下了坚实的旧学基础，也极大地影响了他日后办学理念及教育思想的最终形成。如康有为1885年撰写的《教学通议》，其中可以找到很多继承传统儒家教育思想的例子：

---

① 康有为撰，姜义华、张荣华编校：《康有为全集》第4集，中国人民大学出版社2007年版，第26页。
② 马洪林：《康有为评传》，南京大学出版社2009年版，第105页。
③ 于智华：《康有为教育思想略论》，《山西师大学报（社会科学版）》2005年第4期。
④ 康有为撰，楼宇烈整理：《康南海自编年谱》（外二种），中华书局1992年版，第3页。

舜命契为司徒，敬敷五教，使民父子有亲，君臣有义，夫妇有别，长幼有序，朋友有信，是为崇行之教。……命夔典乐，教胄子直而温，宽而栗，刚而无虐，简而无傲。诗言志，歌咏言，八音克谐，无相夺伦，神人以和。所谓乐德乐语，是为德艺之教。……盖司徒教民，故以兴行为先；典乐教胄，又以德艺为重。……立教设学，自此始也。

今推虞制，别而分之，有教、有学、有官。教，言德行遍天下之民者也；学，兼道艺登于士者也；官，以任职专于吏者也。……后世不知其分擘之精，于是合教于学，教士而不及民；合官学于士学，教士而不及吏；于是三者合而为一。而所谓教士者，又以章句词章当之，于是一者亦亡，而古者教学之法扫地尽矣。①

凡教于典乐者，皆修于行，通于艺，英敏特达之人，将备公卿庶官之选，为国政民命之所托者也。凡天下贵人才士，皆有蹞踔过人之质，多豪宕、偏激、矜岸之气者也。……夫以国政民命所托之重如彼，矫激傲慢之偏如此，此先圣之所深患也。思矫其患，防其偏，计无有出于乐也。安之弦缦，作之金石，动之干羽，以和其血气，动其筋骸，固其肌肤，肃其容节。②

由以上引文可知，对于"崇行""重德""尚艺""以乐感人"等传统儒家教化观特别提倡的思想，康有为不仅是接受的，也是赞成的。在他看来，时下那种"章句词章当之"的"教士"之法之所以弊端丛生，其主要原因恰在于这种教育方式其实是对传统儒家教化观的背离。若想

---

① 康有为撰，姜义华、张荣华编校：《康有为全集》第1集，中国人民大学出版社2007年版，第20—21页。
② 康有为撰，姜义华、张荣华编校：《康有为全集》第1集，中国人民大学出版社2007年版，第29—30页。

匡正这些弊端，就必须使时人逐步树立"据虞制别教学，钊擘条理，推求变坏"的变革观念，并在往后的教育中努力实现对传统儒家教育观所提倡的"兴行为先""德艺为重"等教育理念的继承和复归。就如何通过教育来促使"矫激傲慢"而"英敏特达"之人转变性格或行为方式的问题，康有为特别赞成传统儒家"乐之动人"的教化观。认为通过这种"安之弦缦，作之金石，动之干羽"的教育方式可以使人"和其血气，动其筋骸，固其肌肤，肃其容节"，最终达到矫正其个性和行为方式的目的。《康氏藏善本书目》中不乏充分呈现这些传统儒家教育观的珍贵书籍，其中一些书籍还有多个版本的收藏。可见康有为教育论著中的传统因素并不是无源之水，而是根植于其丰富的个人藏书资源。

另一个典型的例子是康有为《长兴学记》，谈及办学宗旨时康有为特别提到对孔子《论语》"志于道，据于德，依于仁，游于艺"的认同。此外还"举四言为纲，分注条目"[①]，提出自己对学生的具体要求，处处显现传统儒家教化观的深刻影响：

> 志于道，……志者，志于为仁义之道。《孟子》曰："居恶在，仁是也；路恶在，义是也"，指点最为直捷。凡有四目：……四曰慎独。克己修愿，学之要也。然克修于已发之后，不若戒慎于未发之前，不费搜捕，自能惺惺。《中庸》首陈天性之本，极位育之能，而下手专在慎独。《大学》同之。此子思独传之心法。……吾党得子思传授，欣喜顺受，当何如耶![②]

> 据于德，……则德者，得也，即《大学》定静安虑而后能得

---

① 康有为撰，姜义华、张荣华编校：《康有为全集》第1集，中国人民大学出版社2007年版，第342页。
② 康有为撰，姜义华、张荣华编校：《康有为全集》第1集，中国人民大学出版社2007年版，第342—343页。

也。得一善,则拳拳服膺,可谓据矣。所以据之,其目有四:……三曰变化气质。学既成矣,及其发用,犹有气质之偏,亟当磨砻浸润,底于纯和。昔朱子论谢上蔡,陆子静谓:无欲之上,尚隔气质一层。吕东莱少时气质极粗,及读《论语》,至"躬自厚而薄责于人",于是痛自变改。故朱子曰:学如伯恭,始得谓之变化气质。①

康有为在文中提倡的"慎独""变化气质"等要求与朱熹等南宋大儒创办书院、订立学规时提出的"言忠信,行笃敬,惩忿窒欲,迁善改过""庄敬诚实,立其基本"②等要求有颇多一致之处,可见宋儒的教育思想对其教育思想的最终形成产生了深刻影响。对于宋儒之书,康有为一向用力颇勤。《康南海自编年谱》记载,他在少年居乡读书期间即"读宋儒之书,若《正谊堂集》《朱子全集》尤多","读宋元明学案、《朱子语类》"。在康有为《澹如楼日记》中,也记录了其光绪十二年(1886)"读宋儒之书"后对于如何引导学生"变化气质"的思考。

其次,康有为的教育思想还有许多间接汲取和直接吸纳近代西方教育思想的部分。作为一个志在"经营世界"、改变国弱民困状况的有识之士,康有为深刻地认识到教育和人才培养对于国家强盛的重要性,因此,其教育理念始终抱持着"育才"与"救世"的双重目的。③正所谓"泰西之所以富强,不在炮械军兵,而在穷理劝学"④。特别是通过对甲午战败的反思,他体会到"日本之骤强,由兴学之极盛",也更加坚定了通过教育改革以"开启民智"的决心。从康氏藏书与其教育思想的关系

---

① 康有为撰,姜义华、张荣华编校:《康有为全集》第1集,中国人民大学出版社2007年版,第343—344页。
② 陈宏谋:《五种遗规》,凤凰出版社2016年版,第55页。
③ 马洪林:《康有为评传》,南京大学出版社2009年版,第81页。
④ 康有为撰,姜义华、张荣华编校:《康有为全集》第2集,中国人民大学出版社2007年版,第47页。

而论，这些汲取或吸纳的近代西方教育思想的部分直接来源于其个人藏书中的西学类书籍。如光绪十四年康有为居乡读书期间所作《澹如楼日记》中即有关于西洋的学堂、学制的记载：

> □国城乡皆有学堂，无论贫富男女，自七八岁皆须入学。……乡塾上有郡学院，专教格致、重学、史鉴、他国语言文字、算历各学。再上有实学院，院有上下。上院与仕学院略似，分十三班，师二十人，业正音、写字、数学、本国暨拉丁文字、地理、格物、国史、珍画、英法文字、化学等类。①

康有为戊戌变法期间关于教育制度、教学内容、人才培养等方面改革倡议的来源，均可追溯到其居乡读书期间对于西洋学堂、学制的了解。如其在《请废八股试帖楷法试士改用策论折》中奏请皇帝废弃八股取士之制，"从此内讲中国文学，以研经义、国闻、掌故、名物，则为有用之才；外求各国科学，以研工艺、物理、政教、法律，则为通方之学。以中国之大，求人才之多，在反掌间耳"②。在《请广译日本书派游学折》中则以日本"早变法，早派游学"的成功经验为榜样，建议皇帝"亟变法，亟派游学，以学欧美之政治、工艺、文学、知识，大译其书以善其治"③。这种关于教育和人才选拔方式的改革意见显然借鉴了近代西方学制和人才选拔方式的理念，而这些理念的提出和阐释又多源自其日常读书所得，足见康氏个人藏书资源在其教育思想的形成过程中确实起到了非常关键的作用。

---

① 康有为：《我史》，中国人民大学出版社2011年版，第38—39页。
② 康有为撰，姜义华、张荣华编校：《康有为全集》第4集，中国人民大学出版社2007年版，第79—80页。
③ 康有为撰，姜义华、张荣华编校：《康有为全集》第4集，中国人民大学出版社2007年版，第67页。

藏以致用

梁启超《南海康先生传》云:"今日中国所需最相殷者,惟先时之人物而已……若其岿然亘于前者,吾欲以南海先生当之。"①诚如梁氏所言,作为身处近代中国西学东渐时代背景下的著名学者,康有为以其政治思想和学术理论影响了整个中国的历史进程。②纵观康有为一生的藏书活动,通过藏书来促进其学术研究,实现"藏以致用、学以致用"的目标,是其藏书的重要特点。康有为学术研究的成就主要集中于经学、文学以及书画三个方面。下面从这三方面着手,详细论析康有为藏书与其学术研究的关系。

一、康有为藏书与经学研究

康有为是晚清时期今文经学的代表人物,经学研究是其学术研究中最具代表性的部分。对于康有为的经学研究,历代学者不乏相关述评。学者们或将其研究思路、方法与传统的经学研究相对比,视其为"经学之异端和今文经学的终结者"③,"近代今文经学的最后一位大师","明末清初到清末民初近三百年学术的'殿军'"④;或从梳理中国古代历次今古文经学之争入手,以康有为对今文经学的全新阐释为切入点,将其称作"近代中国今文经学集大成式的大师"⑤,"貌孔心夷"的"今文学家"⑥。在近代经学家中,康有为的经学研究之路是比较独特的:他从少年时崇拜经典、研究理学,逐步走向怀疑经典、抛弃古文经学而向今文经学靠

---

① 《梁启超全集》第1册,北京出版社1999年版,第481—482页。
② 王琼:《康有为藏书聚散考》,《山东图书馆学刊》2014年第3期。
③ 吴燕南主编:《清代经学史通论》,云南大学出版社2001年版,第223页。
④ 万平:《康有为与梁启超的学术研究》,《文史杂志》1999年第1期,第58页。
⑤ 马洪林:《康有为评传》,南京大学出版社2009年版,第128页。
⑥ 董士伟:《康有为评传》,百花洲文艺出版社2010年版,第39页。

拢；又从单纯研究今文经学转向"大讲西学"，以近代西学中的科学精神重新阐释今文经学，最终成为学贯中西的经学大家。就其经学类藏书而言，广西师范大学馆藏的两万多册康有为藏书中经部书籍多达239种2489册，约占整个"康藏"的20%；其中又以"四书五经"为最多（共164种2131册）①。诚如前文所论，康有为藏书素以"藏以致用、学以致用"为特点，如此数量庞大、种类繁多的经部藏书，足见其日常学术研究的重心所在。丰富的藏书资源在其经学研究道路上始终扮演着重要角色。具体体现在以下几个方面：

首先，丰富的家族藏书资源既是康有为踏入经学研究领域的重要"向导"，又为其开展经学研究打下了坚实基础。按《康南海自编年谱》记载，康有为六岁时即"从番禺简侣琴先生凤仪读《大学》《中庸》《论语》，并朱注《孝经》"②，十岁"学《诗》《礼》"③，十六岁自灵洲山返乡读书时"好览经书、史学、考据书"④，十九岁从学朱次琦后更是秉承其"扫去汉、宋门户，而归宗于孔子"的治学路数，"大肆力于群书，攻《周礼》《仪礼》《尔雅》《说文》《水经》之学"⑤，二十四岁"读书乡园"时着意于宋儒之书，"若《正谊堂集》《朱子全集》尤多……专精涉猎，兼而行之"⑥，二十七岁居澹如楼时"读宋元明学案、《朱子语类》"⑦……此外，从康有为这一时期的日记中亦时时可见其边读边思的学术方法：

（光绪十二年）九月五日，看《朱子语类》"训门人"及"吕东莱"二卷，……朱子谓见伯恭门徒气宇厌厌，四分五

---

① 虞浩旭主编：《天一阁论丛》，宁波出版社1996年版，第362页。
② 康有为：《我史》，中国人民大学出版社2011年版，第5页。
③ 康有为：《我史》，中国人民大学出版社2011年版，第6页。
④ 康有为：《我史》，中国人民大学出版社2011年版，第8页。
⑤ 康有为：《我史》，中国人民大学出版社2011年版，第11页。
⑥ 康有为：《我史》，中国人民大学出版社2011年版，第13—14页。
⑦ 康有为：《我史》，中国人民大学出版社2011年版，第15页。

裂，久之〇〇〇〇，子敬精神紧俏，使人〇〇而哺不同。苏子曰〇〇〇〇〇〇之为善，如火之必热，水之必寒，此由其气质自然是善。盖天下事理无论如何，皆是气质为主也。①

（光绪十三年七月）十六日，看《周礼》"大学""明堂""学校""郊禘问"毕，其论"大学"之古本，而归本于诚意者，能用量度字义，言禘为祭名，袷不为祭名，辨甚。②

综合康有为三十岁之前的读书经历可见，严格的正统教育和丰富的家族藏书为其深入开展经学研究奠定了良好基础。此时的康有为虽然受到恩师朱次琦"扫去汉、宋门户"思路的影响，开始尝试不再严格遵守历代经学家未曾逾越的"家法"藩篱，秉承"为我所用"的原则开展相关研究，但整体上还是倾向于古文经学的。另据梁启超《清代学术概论》所言，此时的康有为"酷好《周礼》"，他曾于光绪六年（1880）作《何氏纠缪》，驳斥东汉今文经学家何休的相关学说。

其次，在康有为由"崇拜经典"、潜心理学转向逐步怀疑经典、抛弃古文经学的过程中，除光绪十五年拜会廖平对其思想转变产生的影响外，丰富的个人藏书资源亦成为推动其走向今文经学研究的重要助力。早在光绪二年（1876）从学朱次琦之时，康有为受到朱氏"主济人经世，不为无用之高谈空论"及"扫去汉、宋门户，而归宗于孔子"等治学观念的影响，力求打破传统经学家不可逾越的"家法门径"，以经世致用为志，本着"六经皆为我所用"的原则探讨经学的相关问题。然而，在"群经"读尽之后，他并没有如原先预想的那样寻找到解决"苍生困苦"的良方。1878年冬与恩师朱次琦因治学理念不合决裂后，康有

---

① 康有为：《我史》，中国人民大学出版社2011年版，第20页。
② 康有为：《我史》，中国人民大学出版社2011年版，第25页。

为在西樵山度过了一段"专讲道、佛之书,养神明,弃渣滓……常夜坐弥月不睡,恣意游思"①的日子。这样的日子看似逍遥自在,实则"苦闷多于清净";直到他从友人张延秋处咨访到"京朝风气、近朝人物及各种新书"后,才再次找到了前行的方向。此时的康有为决心彻底与古文经学决裂,"舍弃考据帖括之学",而"以经营天下为志",开始涉足公羊学研究。此时的康有为除攻读《周礼》外,还特别着意于《王制》等今文经学典籍。此外,在光绪十三年(1887)的读书日记中,保留了他对古文经学家毛奇龄《仲氏易》的批评之辞。在他看来,毛著的优点在于"言诸卦相变,及上下经卦反对,颇有条理",缺点则是过分专注于文辞考证,"至于卦义则无所阐发","于理道本无断得"。②可见此时的康有为已经接受了今文经学家从"微言大义"中寻求"理道"之真谛的思路,并以此对古文经学家重视考据的特点进行相应的批判。在其后的一年里,康有为在经历了第一次上书皇帝要求变法而未获回应后,痛感变法不易,于是"不谈政事,复事经说,发古文经之伪,明今学之正"③,力求在学术上创立自己的经学理论体系。这一年的读书日记中,亦留下了康有为读《春秋》后的思考:

> 春秋之时,大国求合,诸侯小国奔命。郤克以一笑兴师,卫文以不礼几亡。其国君率相皆报己之怨,以劳师丧民。不独政非及民,其知王室有几,人民之罹兵燹,可伤也。其公卿大夫之得考终能保首领者,亦良不易睹。此乃知后世郡县之制,大一统以尊天子,其利民之政虽不举,然所以君民相保、天下安乐者,视封建远矣。④

---

① 康有为:《我史》,中国人民大学出版社2011年版,第12页。
② 康有为:《我史》,中国人民大学出版社2011年版,第30—31页。
③ 康有为:《我史》,中国人民大学出版社2011年版,第33页。
④ 康有为:《我史》,中国人民大学出版社2011年版,第36页。

由上文所引康有为读书日记中的片段可见，康有为此时再读《春秋》，已经完全是今文经学家从《春秋》本经出发来寻求"微言大义"的思路了。他由春秋之时"大国求合，诸侯小国奔命""人民罹兵燹"的种种乱象中看到了后世施行郡县制，要求"大一统"的合理性和优越性，认为这样的制度虽有"利民之政不举"的问题，却能够最大程度地避免群雄并起的战乱和纷争，从整体上确保百姓安居乐业。可见康有为通过治经以"发古文经之伪，明今学之正"的目的仍在于对济世安民之策的追求。除苦读《春秋》外，"专意著述"的康有为还在光绪十六年先后撰写了《王制义证》《毛诗伪证》《周礼伪证》《说文伪证》《尔雅伪证》等证伪之作，①对尧舜三代文明的真实性表示怀疑。根据《康南海自编年谱》中的相关记载，康有为每次"居乡读书"必然选择拥有康家累世藏书资源的澹如楼，此次上书失败后亦不例外。因此，康有为"发古文经之伪，明今学之正"的过程亦是其以自身及家族丰富的藏书资源为依托，逐步构建其经学理论体系的过程。从这一点上来说，藏书在康有为今文经学研究道路上的助力作用可谓显而易见。

最后，在康有为从单纯研究今文经学转向"大讲西学"，以近代西学的科学精神重新阐释今文经学的过程中，其个人藏书资源（特别是西学类藏书）起到了举足轻重的作用。根据目前学界已有的相关考述，康有为对西学的认识"从感性到理性两个方面都达到了新的层次"②是在光绪八年顺天乡试下第，自沪返乡之后。这一阶段的康有为不仅"大购西书以归讲求焉"，还订阅了《万国公报》，"大攻西学，声、光、化、电、重学及各国史志，诸人游记，皆涉焉"③。对西学文献大规模地接触和阅读使得康有为开始以一种批判与继承并存的视角进行经学研究，逐

---

① 康有为：《我史》，中国人民大学出版社2011年版，第51页。
② 董士伟：《康有为评传》，百花洲文艺出版社2010年版，第9页。
③ 康有为：《我史》，中国人民大学出版社2011年版，第14页。

步建立起颇具特色的经学理论体系。前辈学者在论及这一点时多将这种以科学精神重新阐释今文经学的过程视为一个中西参照、中西对比和中西结合的过程，康有为对"汉宋调合论"的解释就是一典型例证。

明末清初，王夫之等一批经学家即有汉宋调合的治经主张，要求学者治经时既要像宋儒那样注重义理之阐发，又要尊重经书的原貌，体现汉学家征实求是的治学精神。清乾嘉时期虽考据之学大盛，汉宋之争日趋激烈，但亦不乏章学诚、邵晋涵、许宗彦等一批学者从"治学"和"致用"的角度出发，要求学者在治学过程中注意避免汉学考据琐屑、"征实太多，发挥太少"的不足，吸收宋学中"有裨教化""切于人伦日用"的优势，将形而下的考据实学与形而上的义理思辨相结合，"以萃聚之力，补遥溯之功"，实现汉、宋二学的兼采。道光之后，"汉宋调合论"为更多经学家所提倡，如康有为的老师朱次琦痛感清代学术"尊汉而退宋"的现实状况，要求破解汉、宋二学的门户之见，提出"孔子之学，无汉学宋学"的主张。需要指出的是，这些主张"汉宋调合"的经学家们虽然在具体主张上互有龃龉，但在"何为汉学""何为宋学"这两个问题上却表现出高度一致——以辞章考据之学为"汉学"，以阐发义理、涵养心性为"宋学"。对于"汉宋调合论"的问题，康有为一方面继承了其师朱次琦的治学路数，提倡扫除汉、宋之藩篱；另一方面又在具体解释"汉宋调合"的过程中引入近代西方思想，以历史观念和人道主义对"汉学"和"宋学"的基本含义进行重新阐释：

> 孔子之学，有义理，有经世。"宋学"本于《论语》，而《小戴》之《大学》《中庸》及《孟子》佐之，朱子为之嫡嗣，凡宋、明以来之学，皆其所统。宋、元、明及国朝《学案》，其众子孙也，多于义理者也。"汉学"则本于春秋之《公羊》《穀梁》，而《小戴》之《王制》及《荀子》辅之，而以董仲舒为《公羊》嫡嗣，刘向为《穀梁》嫡嗣，凡"汉学"皆其所统，《史记》、两汉君臣政

议，其支派也，近于经世者也。……夫义理即德行也，经世即政事也。……本原既举，则历朝经世之学，自廿四史外，《通鉴》著治乱之统，《通考》详沿革之故，及夫国朝掌故、外夷政俗皆宜考焉。宋、明义理之学，自朱子书外，陆、王心学为其别派，《四朝学案》为荟萃，至于诸子学术，异教学派，亦当审焉。①

(《长兴学记》)

光绪十七年，康有为"始开堂于长兴里讲学，著《长兴学记》，以为学规。与诸子日夕讲业，大发求仁之义，而讲中外之故，救中国之法"。②在康有为看来，所谓"汉学"已不再局限于"名物训诂"的考据之学，而是将汉学归复到"汉代的官学"这一原始义，以"春秋之《公羊》《穀梁》"为其主体，"《小戴》之《王制》及《荀子》"为其羽翼，并指出其最终归旨在于"经世"；其所谓"宋学"亦跳出了时人多"视'宋学'为'心学'"的误区——以《论语》为其根本，"《小戴》之《大学》《中庸》及《孟子》"为其羽翼，"宋、元、明及国朝《学案》"为其衍生，最终归旨在于"义理"。就其具体的治学理念和路径而言，梁启超在《论中国学术思想变迁之大势》中指出："康先生之治《公羊》，治今文也。其渊源颇出自井研（按：廖平），不可诬也。然所治同，而所以治之者不同。畴昔言《公羊》皆言例，南海则言义……以改制言《春秋》，以三世言《春秋》者，自南海始也。改制之义立，则以为《春秋》者，绌君威而申人权，夷贵族而尚平等，去内竞而归统一，革习惯而尊法治，此南海之言也。……三世之义立，则以进化之理，释经世之志……而导人以向后之希望，现在之义务。"③可见康有为所

---

① 康有为撰，姜义华、张荣华编校：《康有为全集》第1集，中国人民大学出版社2007年版，第347—349页。
② 康有为：《我史》，中国人民大学出版社2011年版，第52页。
③ 梁启超：《论中国学术思想变迁之大势》，上海古籍出版社2001年版，第128—129页。

谓"汉学"已经包含了西方近代社会历史观中的"进化之理"以及"人权""平等""法制"等重要概念；其"宋学"观念亦摒弃了宋儒"存天理，灭人欲"的主张，提倡"大明天赋人权之义"，可见近代西方人道主义思想之迹。以时人眼光观之，这些观点和主张均可谓"前无古人"。而康有为之所以能够突破传统经学家的藩篱，在自己的经学研究中融入近代西方社会历史观念和科学精神，与其1882年顺天府乡试下第后积极扩充个人藏书资源（特别是积极求访、购买西学类书籍）有着密切关联。这样的购书、访书活动在办学于长兴里后得到了进一步的重视。按《康南海自编年谱》记载，自创办之学堂迁至万木草堂后，康有为曾数次委托学生或友人求访、购买西学图书，如其曾在1895年与几位志同道合者商议"开'书藏'于琉璃厂，乃择地购书，先嘱孺博出上海办焉"，并得到英、美公使捐赠的大批西书及图器。①光绪二十二年，他曾"为同人购书千余金略备"，并得到大批日本书籍，"令长女同薇译之"。②此外，康有为在具体的教学实践中始终坚持"以孔学、佛学、宋明学为体，以史学、西学为用"③的教学理念。他还根据自己多年治经心得和藏书资源，为学生列出若干种必读的经学和西学类书籍，④要求学生在日常学习中做到"中国古今"与"外国古今"兼通，"圣学"与"外学"并重。⑤此外，他还常常将自己的购书、藏书经验倾囊相授：

> 当知目录之学，俾知天下书目甚多，无以兔园册子、高头讲章、时样制艺自足。书目博深，莫如《钦定四库提要》。一百二十本，

---

① 康有为：《我史》，中国人民大学出版社2011年版，第63页。
② 康有为：《我史》，中国人民大学出版社2011年版，第66页。
③ 康有为：《我史》，中国人民大学出版社2011年版，第112页。
④ 康有为撰，姜义华、张荣华编校：《康有为全集》第2集，中国人民大学出版社2007年版，第18页。
⑤ 康有为撰，姜义华、张荣华编校：《康有为全集》第2集，中国人民大学出版社2007年版，第18—23页。

价二三金,必应购买,每日随意涉猎,数月可毕。精要且详,莫如《书目答问》,板本最佳。每部值银数分,可常置怀袖熟记,学问自进。其检丛书之目,有《汇刻书目》,皆学者必应查考之书。①

丛书宜多购,得一书,有百数十种之用。如《粤雅堂》《知不足斋》之类最博,可涉猎。其专门之丛书,如《经学汇函》《小学汇函》之类,尤宜多购。②

由此可见,在具体的治学过程中,康有为特别提示后学者在"《五经》《四书》固所自熟"③的同时"无以兔园册子、高头讲章、时样制艺自足",鼓励学生以书目为向导,博览群书,开阔眼界,多读多思,足见丰富的藏书资源在其治经之路上发挥的独特作用。

二、康有为藏书与文学研究

康有为不仅专注于经学研究,在文学研究上亦多有建树。由于身处东西方文化交汇与碰撞的时代,康有为的文学研究以"中西交融"为特色,既保留了中国传统文学批评中注重创作经验总结、征引广博、夹叙夹议的特点,又不乏对西方近代科学研究方法及作品的译介和接受。前辈学者在论及康有为文学研究的成就时,或以方法论的视角为切入点,关注其在中国古代文学研究方法上所具有的变革与先导意义,或从文体观念变化的角度出发,关注其对于通俗文学的提倡。从康有为个人藏书

---

① 康有为撰,姜义华、张荣华编校:《康有为全集》第2集,中国人民大学出版社2007年版,第22—23页。
② 康有为撰,姜义华、张荣华编校:《康有为全集》第2集,中国人民大学出版社2007年版,第23页。
③ 康有为撰,姜义华、张荣华编校:《康有为全集》第2集,中国人民大学出版社2007年版,第24页。

情况来看，文学类藏书是其中的重要组成部分。广西师范大学馆藏康有为藏书中，集部书籍共690种4651册，包括100余种中国历代诗、词、赋、骈散文总集以及500余种历代文学家、史学家之文集、诗集、杂集，堪称博广。① 康有为的文学研究与个人藏书之间的关联，主要体现在以下几个方面：

首先，文学类藏书资源是康有为文学研究得以开展的重要基础。对中国古典文学作品和文学理论批评类书籍的关注和阅读贯穿了康有为整个治学生涯。《康南海自编年谱》记述：康有为五岁时便得族中长辈教授，"能诵唐诗数百首"②；十四岁流连于家中藏书楼，"读书园中，纵观说部、集部"③；十五岁时"慕为袁子才诗文，时文亦仿焉"④；十九岁始得朱次琦指点，"涣然融释贯串，而畴昔杂博之学，皆为有用"，于是"大肆力于群书"，"《楚词》、《汉书》、《文选》、杜诗、徐庾文，皆能背诵"⑤；二十四岁"读书乡园"时，"诵《招隐》之诗，惟忧句尽"。⑥ 此外，从其光绪十二年到十五年所作《澹如楼日记》中亦多有阅读前人诗文集的记载。丰富的家族藏书资源对康有为文学造诣的提高大有裨益，为其日后进行文学研究打下了坚实基础。就其创作论而言，由于康有为的藏书以儒家经典为最多，因此，其诗文创作论多受到中国古代儒家创作论的影响，如康有为在《日本杂事诗序》中对黄遵宪诗作的赞赏。在他看来，"窈窕其思，娟嫭其辞，条枒繁敷，华叶舒铺，文用互殊，纲目列胪，可诵可娱"⑦ 是黄遵宪《日本杂事诗》的最大特点，而这正是对《诗

---

① 虞浩旭主编：《天一阁论丛》，宁波出版社1996年版，第363页。
② 康有为：《我史》，中国人民大学出版社2011年版，第5页。
③ 康有为：《我史》，中国人民大学出版社2011年版，第8页。
④ 康有为：《我史》，中国人民大学出版社2011年版，第8页。
⑤ 康有为：《我史》，中国人民大学出版社2011年版，第10—11页。
⑥ 康有为：《我史》，中国人民大学出版社2011年版，第13—14页。
⑦ 康有为撰，姜义华、张荣华编校：《康有为全集》第4集，中国人民大学出版社2007年版，第1页。

经》"述国政,陈风俗","一章一句之所涵托,义旨无穷"①之传统的继承。这种"济人经世"的创作观既是对传统儒家诗论中以"厚人伦,美教化,易风俗"为诗歌创作归旨的继承和延续,又与康有为"经世致用"的治经思路一脉相承。又如他在谈到韩愈文章时首推其宗经之义,将"约'六经'之旨以成文"视为韩愈文章的最大特点,盛赞其"一人倡于前,李习之等合于后……昌黎后而其道大行,学者仰之如泰山北斗"②。这一观点显然是在继承中国古代儒家文学思想中"原道""宗经"主张的基础上加以阐发所得。

值得注意的是,前辈及同时代批评家对诗文创作的相关论述对康有为的文学思想特别是创作论的影响亦不容忽视。如在论及文章创作方法时,康有为对桐城派刻板的理论框架提出质疑,指出"文章家犹兵法家,运用之妙存乎一心,固不为法度所困。……文章之道至大,精骛八极,心游万仞,笼天地于形内,挫万物于毫端"③。"夫文法,犹兵法也,变化不测。程不识广,均是名将,因时制宜,相机应变,奇正相生而已。"④这些观点显然受到了陆机的《文赋》、刘勰的《文心雕龙》等论著中相关主张(包括论诗文创作的构思、"守正"与"新变"等问题)的影响。光绪十四年的《澹如楼日记》中有康有为夜读曾国藩《求阙斋日记》的记载,由其中"文正论文,谓用意宜敛多而侈少,行气宜缩多而伸少。古人为文,但求气之缩。气恒缩则○○多○。○于文者当从此

---

① 康有为撰,姜义华、张荣华编校:《康有为全集》第4集,中国人民大学出版社2007年版,第1页。
② 康有为撰,康同璧、任启圣编校:《万木草堂遗稿》卷六(下),成文出版社1978年版,第38页。
③ 康有为撰,康同璧、任启圣编校:《万木草堂遗稿》卷六(下),成文出版社1978年版,第35页。
④ 康有为撰,康同璧、任启圣编校:《万木草堂遗稿》卷六(下),成文出版社1978年版,第30页。

过。昔潘伯寅尚书谓余文塞，余行文，颇同此意。潘尚书知言也"[1]的记述，可见康氏藏书对其诗文创作理论的深刻影响。

另一个典型的例子是康有为关于诗文创作中师法选择问题的论述。康有为特别提倡后学者对梁萧统《昭明文选》的学习。《昭明文选》也是其案头必备的书籍之一，如光绪十五年的《澹如楼日记》中即有其"自嘉兴至吴江……雨入船窗，被褥为湿，船中看文选"[2]的记载。在他看来，"昭明之为《文选》，其别裁最精。梁武帝三度舍身同泰寺，于时佛教最重，而《文选》不登佛碑一字，惟登一《弥勒寺碑》，止取其人最微而轻者，以示佛教之不足重，其识高矣"[3]。后学者在学习过程中不仅应该通读全书，还应该按照"先书，次笺，次赋"的顺序，"学其笔法、调法、字法"，于循序渐进中逐步体会构思运笔的妙处所在。此外，康有为还特别提示后学者应该做到善择其师与明辨源流兼顾。关于这一点在其《桂学答问》中多有论及：

> 辞章之学。先读《楚辞集注》，次读《文选》，武昌胡克家翻宋本为佳，次则叶树藩朱墨本亦可。……《文选》当全读，学其笔法、调法、字法。兼读《骈体文钞》，则能文矣。作骈体，兼看《徐庾集》及《四六丛话》。国朝骈体中兴，以胡、洪为最，有《骈体正宗》及《八家四六》正、续可观。散文读《古文辞类纂》、韩柳集，则有法度矣。若能读《全上古三国六朝文》《唐文粹》《宋文鉴》《元文类》《明文海》，则源流毕贯。若欲成家数，当浸淫秦、汉子史，

---

[1] 康有为：《我史》，中国人民大学出版社2011年版，第38页。
[2] 康有为撰，康同璧、任启圣编校：《万木草堂遗稿》卷六（下），成文出版社1978年版，第49页。
[3] 康有为撰，康同璧、任启圣编校：《万木草堂遗稿》卷六（下），成文出版社1978年版，第32页。

乃有得处。①

结合前述，康有为在《桂学答问》中对后学者在学习过程中必须注意将博览群书与善择师法有机结合，"浸淫秦、汉子史，乃有得处"的提示恰是其多年读书学文的经验之谈。而从《南海珍藏宋元明版书目》的相关记载来看，他能够如此详尽地罗列出后学者"善择师法"与"明辨源流"时的必读书目，部分书籍甚至能够精确到版本选择，完全有赖于其个人藏书资源中数量庞大、种类繁多的善本古籍。

其次，藏书资源（特别是西学类藏书）也是康有为在文学研究方法上实现转变和更新的重要助力。郭英德的《中国古典文学研究史》指出："中国古代文学的研究方法，有三种传承久远的基本类型：一是'知人论世'的史学研究方法，二是'述而不作'的经学研究方法，三是考据索隐的文献学研究方法。"②具体到康有为的文学研究而言，这三种方法皆有所运用；但较之于继承这些传统研究方法的同时代学者，对近代西方科学研究方法的引入和接受是康有为文学研究中最为突出的特点。这一特点亦使得康有为成为推动20世纪初中国古典文学研究在方法论上实现转型与新变的标志性人物。具体来说，这种转型和新变主要体现在对近代西方科学归纳研究法的引入和文体观念的转变两个方面。

据《康南海自编年谱》记载，顺天乡试失利后，康有为从上海等地购买大量西学书籍，订阅了《万国公报》，着意攻读"声、光、化、电、重学及各国史志，诸人游记……并及乐律、韵学、地图学"，③从中了解了大量西方科学知识，并逐步掌握了一些西方近代自然科学常用的研究

---

① 康有为撰，姜义华、张荣华编校：《康有为全集》第2集，中国人民大学出版社2007年版，第23—24页。
② 郭英德：《中国古典文学研究史》，中华书局1995年版，第659页。
③ 康有为：《我史》，中国人民大学出版社2011年版，第14页。

方法。以英国著名哲学家培根提出的归纳实证法为例。这一研究方法在光绪三年（1877）出版的《格致汇编》及次年（1878）出版的《万国公报》中均有较为详尽的介绍，而康有为在《桂学答问》中谈到后学者应该阅读的西学书籍时，即有"《格致汇编》最佳，农桑百学皆有"[①]之说。可见这两种全面介绍西学知识的书和刊物不仅是康有为的案头必备，更是其教学时要求学生认真阅读，以"通知西学"的重要参考资料。值得注意的是，与同时代那些一味强调"讲求西学"的学者相比，康有为并非仅仅满足于对西方近代科学知识及其研究方法的简单推介，而是将其与乾嘉以来盛行于学界的考据索隐之学结合，"合经子之奥言，探儒佛之微旨，参中西之新理，穷天人之赜变"[②]。这就从根本上实现了20世纪中国古典文学研究在研究方法上的转变。康有为以万木草堂"书藏"为依托所作的《新学伪经考》和《孔子改制考》，就是体现这一转变的典型例证。

康有为在《新学伪经考》中曾有"《左传》系刘歆将《国语》改写而成"的说法，根据前辈学者的相关论述，若单从学理上讲，这一观点其实是很难成立的。但若从学术研究方法转变的角度而论，这一论点亦有其值得肯定的一面——它打破了此前古典文学研究中唯经学权威马首是瞻的局面，对当时及后来的研究者具有解放思想的特殊意义。

关于文体观念的转变，康有为对通俗小说的提倡和重视是其文学研究中颇值得称道的一点。中国古代的文体观中素有通俗小说为"稗官野史"的传统，历代批评家们多将这类作品视为"不登大雅之堂"的鄙俗之作，对这类作品的意义和价值亦缺乏客观的认识。作为清末学界颇具影响力的学者之一，康有为之所以特别重视和提倡通俗小说，与其受到

[①] 康有为撰，姜义华、张荣华编校：《康有为全集》第2集，中国人民大学出版社2007年版，第23页。
[②] 康有为：《我史》，中国人民大学出版社2011年版，第16页。

近代西方"天赋人权""自由平等"等思想的影响有很大关联。在他看来,"孔子立教,一切以仁为本","孔子之道,皆近取诸身,故能合乎人性,协乎人情";①既然"仁者,……在人为博爱之德",而"人身本有好货、好色、好乐之欲,圣人不禁",②那么人们喜闻乐见的戏曲和小说亦不应被打入另册,一概以"鄙俗"视之。另据《康南海自编年谱》记载,康有为曾于光绪二十二年得到了一批日本书籍,并在长女同薇的翻译下了解其中之概要,最终将这些书籍编入其所著的《日本书目志》中。《日本书目志》中专列"小说门"一类,其中收录了1650余种日本通俗小说,足见通俗小说是康有为开展访书、藏书活动时关注的重点之一。在"小说门"后所附志识中,康有为明确表达了自己关注和重视通俗小说的原因:

> 易逮于民治,善入于愚俗,……今日急务,其小说乎?仅识字之人,有不读经,无有不读小说者。故《六经》不能教,当以小说教之;正史不能入,当以小说入之;语录不能谕,当以小说谕之;律例不能治,当以小说治之。天下通人少,而愚人多,深于文学之人少,而粗识之无之人多。《六经》虽美,不通其义,不识其字,则如明珠夜投,按剑而怒矣。……今中国识字人寡,深通文学之人尤寡,经义史故亟宜译小说而讲通之。泰西尤隆小说学哉!③

由前述可知,西学书籍中某国"无论贫富男女,自七八岁皆须入学"④的记载对于康有为教育思想的形成有很大影响。通过创办教育、"开

---

① 康有为著,楼宇烈整理:《孟子微 礼运注 中庸注》,中华书局1987年版,第189页。
② 康有为著,楼宇烈整理:《孟子微 礼运注 中庸注》,中华书局1987年版,第98页。
③ 康有为撰,姜义华、张荣华编校:《康有为全集》第3集,中国人民大学出版社2007年版,第522页。
④ 康有为:《我史》,中国人民大学出版社2011年版,第38页。

启民智"以实现国富民强亦成为康有为教育思想中最为核心的部分。因此，康有为对于通俗小说的关注和重视，亦是基于其改变当时中国"识字人寡，深通文学之人尤寡"这一现状的主张，即"经义史故亟宜译小说而讲通之"。既然小说同样能够起到教化世人、导其向善的作用，那么学界就应该破除此前将小说、戏曲等通俗文学视为"鄙俗"文体的陈旧观念，学习和借鉴西方诸国"尤隆小说学"的理念，对小说等通俗文学进行全面而深入的研究。总之，梳理康有为文体观念的转变心路，无论从重视民情的角度提倡通俗小说，还是从"教育救国"的角度提倡研究小说，藏书在其中的推动作用都是显而易见的。

三、康有为藏书与书画研究

康有为不仅在经学和文学研究上具有承上启下、"导夫先路"的地位，在书画研究领域亦取得了令人瞩目的成就。康有为的书学研究著作以其光绪十四年所作《广艺舟双楫》为代表。这部耗时两年完成的书学研究著作一经问世便在当时学界引起了强烈反响，甚至有"搅动碑学一世新"之誉，康有为亦因此被誉为"书法史上改变方向的第一人"。以此为基础进行探讨可知，康有为的书学研究成就与其个人丰富的藏书资源有着密不可分的联系。

承载着前人书法技艺的"碑帖诗文"一直是少年康有为的案头必备。据《康南海自编年谱》记载，他十二岁随祖父赴连州公学并得其教导，"凡两庑之贤哲，寺观之祖师，儒流之大贤，以若碑帖诗文中才名之士，皆随时指告"。十七岁"从从叔竹孙先生学，……涉猎群书为多"。二十三岁居乡教诸弟读经之余"用力《说文》，兼作篆、隶"。二十四岁"读书日以寸记，专精涉猎，兼而行之。是年读书最多"……康有为青少年时期读书的经历中虽然有时并未明确提及书法碑帖，但从康家书香传世的底蕴可以推断，书法碑帖必然是其累世家藏中不可或缺的组成部分。这些书法碑帖在成为康有为涉猎书学的"启蒙教材"的同时，亦为其日后大规模地求访、收购金石碑帖，开展相关研究打下了良好的基础。

光绪八年五月，康有为赴京参加顺天府乡试，"借此游京师，谒太学，叩石鼓，瞻宫阙"，同时开始着手求访收集金石碑刻，尝试"大讲金石之学"。这次乡试虽以康有为的再次落第告终，无形中却促使其完成了扩充、完善家族藏书资源的工作。这些购自京师的金石碑刻亦成为康有为拓展和深化其书学研究的有力保障。

光绪十四年，深感"自马江败后，国势日蹙。中国发愤，只有此数年闲暇"[①]的康有为上书朝廷（《上清帝第一书》），痛陈"外夷交迫，自琉球灭、安南失、缅甸亡，羽翼尽剪，将及腹心"[②]的危急局面和"兵弱财穷，节颓俗败，纲纪散乱，人情偷惰"[③]的社会现状。由于此书不乏言辞激烈之处，在当时以"守成"为能事的广大朝臣中引起了极大的争议，最终以大臣阻难，未能上达。在这种情况下，康有为不得不暂避锋芒，"徙居馆之汗漫舫，老树蔽天，日以读碑为事，尽观京师藏家之金石凡数千种，自光绪十三年以前，略尽睹矣"。这段"以金石陶遣"[④]的时光不仅使康有为藏书资源中的金石碑刻作品得到极大的扩充，更成为其撰写《广艺舟双楫》的直接动力。

康有为决心"著一金石书"后，"以人多为之者，乃续包慎伯为《广艺舟双楫》焉"[⑤]。在《广艺舟双楫·自叙》中，康有为称自己"摊碑摘书，弄翰飞素。千碑百记，钩午是富。发先识之覆疑，窍后生之宦

---

① 康有为：《我史》，中国人民大学出版社2011年版，第32页。
② 康有为撰，姜义华、张荣华编校：《康有为全集》第1集，中国人民大学出版社2007年版，第180页。
③ 康有为撰，姜义华、张荣华编校：《康有为全集》第1集，中国人民大学出版社2007年版，第180页。
④ 康有为：《我史》，中国人民大学出版社2011年版，第33页。
⑤ 康有为：《我史》，中国人民大学出版社2011年版，第33页。

奥"①。可见前人书学类著作（如包世臣《艺舟双楫》等）是康有为写作此书的重要参考。《广艺舟双楫》共计6卷27篇，是体现康有为书学理论的代表性著作。书中既对阮元开创、包世臣进一步发展的"尊碑抑帖"的书学思想予以全面总结，又在前人基础上继续阐发"尊碑"之说，强调书法创作应该随时代变化而不断创新，"其灵而不能自已，则必变数焉"，后学者在学习书法的过程中做到转益多师而自成一格，方能有所成就。书中极力推崇汉魏六朝碑刻，并专门总结了北碑书法之"十美"，充分体现了崇尚"雄拙粗强"的审美理想。联系康有为的藏书情况来看，无论是书中对于前人书学观点的吸收借鉴，还是对自身审美理想的阐释张扬，无不是以康有为个人藏书资源中的金石碑帖和前人书学论著为基础的。

此外，康有为还在书中专列《购碑》一篇，在系统梳理自身多年求访、收购金石碑文经验的基础上说明"购碑之握要"，认为购碑当以南北朝之碑为先，唐碑则可以缓购，可见其对六朝碑帖艺术价值的看重。在康有为看来，"南北朝之碑，无体不备，唐人名家，皆从此出，得其本矣，不必复求其末"②。且"今世所用号称真楷者，六朝人最工。盖承汉分之余，古意未变，质实厚重，宕逸神隽，又下开唐人法度，草情隶韵，无所不有"③。从这一点来看，六朝碑帖无疑是习书者最佳的师法对象。与此同时，康有为还特别提示后学者"自魏、晋至隋，其碑不多，可以按《金石萃编》《金石补编》《金石索》《金石聚》而求之，可以分

---

① 康有为撰，姜义华、张荣华编校：《康有为全集》第1集，中国人民大学出版社2007年版，第251页。
② 康有为撰，姜义华、张荣华编校：《康有为全集》第1集，中国人民大学出版社2007年版，第251页。
③ 康有为撰，姜义华、张荣华编校：《康有为全集》第1集，中国人民大学出版社2007年版，第257页。

各省存碑而求之"①。可见在日常求访、搜购金石碑帖时，康有为常以藏书资源中的相关书籍为向导，按图索骥，加以补充和拓展。试想如果康有为没有此前大量求购、收集金石碑帖的揣摩临写之功，又如何能在《购碑》篇中言简意赅地总结六朝碑帖的艺术特色，详细说明"购碑之握要"呢？

康有为藏书与其绘画研究的关系主要以《万木草堂所藏中国画目》为代表。在戊戌变法失败前，康有为曾收藏了许多历代名画。变法失败后，"兵役来大掠"②，这些藏品被尽数抄没，不知所踪。在此后"中外环游"、流亡海外的十六年里，他重整旗鼓，复"搜得欧美各国及突厥、波斯、印度画数百，中国唐、宋、元、明以来画亦数百"③。《万木草堂所藏中国画目》就是其总结和整理这一时期收藏成果的代表。马洪林的《康有为评传》指出，这部《画目》看似是对康氏所藏历代名画的详尽梳理，实则"评论文字占了很大篇幅"，可视为康有为本人绘画理论的总结。④从《万木草堂所藏中国画目·序》的内容来看，康有为将"中国近世之画衰败极矣"的原因归结为"画论之谬"，而其创作《画目》的目的便在于以其家藏画作为例，"正其本，探其始，明其训"，通过倡导"以复古为更新"来振兴衰败已久的中国画学。在他看来，绘画的特点在于能够"以象形类物"，其功能则在于保存事物的形象，弥补史书及诗词歌赋无法直观反映事物形象之不足。那些优秀的绘画作品之所以能够起到"见善足以劝，见恶足以诫"⑤的作用，正是缘于画家能够做到

---

① 康有为撰，姜义华、张荣华编校：《康有为全集》第1集，中国人民大学出版社2007年版，第257页。
② 康有为：《我史》，中国人民大学出版社2011年版，第101页。
③ 康有为撰，姜义华、张荣华编校：《康有为全集》第10集，中国人民大学出版社2007年版，第455页。
④ 马洪林：《康有为评传》，南京大学出版社2009年版，第482页。
⑤ 康有为撰，姜义华、张荣华编校：《康有为全集》第10集，中国人民大学出版社2007年版，第441页。

"传神阿堵,象形之迫肖"①。这一观点显然受到中国古代儒家画论中强调绘画社会功能的影响。值得注意的是,康有为对于历朝绘画之特点、变化兴衰的评价亦多以其收藏或所见的历代名画为依据。以其对宋人画的评价为例:

> 吾遍游欧美各国,频观于其画院,考其十五纪前之画,皆为神画,无少变化。若印度、突厥、波斯之画,尤板滞无味,自桧以下矣。故论大地万国之画,当西十五纪前无有我中国若。……鄙意以为中国之画,亦至宋而后变化至极,非六朝、唐所能及,……故敢谓宋人画为西十五纪前大地万国之最。后有知者,当能证明之。②
> (《万木草堂所藏中国画目·序》)

结合引文内容可知,康有为从有无变化的角度出发,通过15世纪以前的中西画作特点的比较,认为"宋人画为西十五纪前大地万国之最",对宋人画可谓推崇备至;而丰富的藏书资源恰是其得出这一结论的重要依据:

> 张择端《清明上河图》长卷四丈、绢本。精细如发,人物数万,精妙入神。有十洲印在卷末,当是十洲藏。即谓非真,亦十洲以前物。③

> 宋无名氏《雪景图》大立轴、绢本,秋深精妙,宋人之近唐者,

---

① 康有为撰,姜义华、张荣华编校:《康有为全集》第10集,中国人民大学出版社2007年版,第441页。
② 康有为撰,姜义华、张荣华编校:《康有为全集》第10集,中国人民大学出版社2007年版,第442—443页。
③ 康有为撰,姜义华、张荣华编校:《康有为全集》第10集,中国人民大学出版社2007年版,第444页。

吾最宝之。①

钱舜举《灵芝献寿图》屏十二幅、绢本。

百花百鸟皆备，花鸟有中国所无，而南美洲乃有者。其着色亦有今所无者，若所布置色采神态，秾妙华深，冠精后世。吾以比内府及日本东西京所藏大观，若此者皆无之，为玉潭生神品，而希世之瑰宝也。内府及东西京皆据画院所陈列。②

足见康氏个人藏书资源在其画论形成的过程中亦颇为关键。

转变与更新

作为20世纪初"开先时之风气"的代表人物，康有为不仅在政治改革、学术研究上颇具影响力，在文学创作上亦有不俗的表现。除大量诗歌、政论散文外，他还在戊戌变法失败、流亡海外之时集中创作了一批介绍异域风情的游记散文。康有为的诗文创作以激情澎湃、动人心魄著称，善于将生动形象的描写与抽象的说理结合，情中寓理而理中含情，使人读之悦目。

康有为藏书与其诗文创作的关系可以概括为以下几个方面：

从创作题材来看，藏书、书籍是康有为文学作品的重要主题。以藏书和书籍为主题的作品既包括其对自身藏书、读书经历的叙述，对友人赠书的感激和欣喜，又不乏对传统古籍保护问题的呼吁和思考。以其诗歌创作为例，《康有为全集》中收录了众多以藏书、读书或书籍为主题

---

① 康有为撰，姜义华、张荣华编校：《康有为全集》第10集，中国人民大学出版社2007年版，第445页。
② 康有为撰，姜义华、张荣华编校：《康有为全集》第10集，中国人民大学出版社2007年版，第445页。

的诗作,其中又以对康氏家族藏书、自身读书经历的抒写最为突出。在这些诗作中,作者或追忆家族藏书之盛,或回忆幼年读书之事,落脚点亦往往侧重于对爱书之心、惜书之情和读书之乐的抒写:

  百年旧宅剩楹书,旧史曾伤付蠹鱼。一树梅花清影下,焚香晒帙午晴初。①

(《延香老屋率幼弟博曝书》)

  三年不读南朝史,琐艳浓香久懒熏。偶有遁逃聊学佛,伤于哀乐遂能文。
  忏除绮语从居易,悔作雕虫似子云。忧患百经未闻道,空阶细雨送斜曛。②

(《澹如楼读书》)

  康有为叙述自身藏书、读书经历的诗作可分为两类。一是追忆和缅怀旧日家中的藏书盛况,表达自己对家族藏书的珍视、对故乡旧宅的眷恋。引文所举《延香老屋率幼弟博曝书》即是这类作品的代表。按诗前序言记载,这座延香老宅"为先曾祖通奉公云衢府君遗宅,自高祖荣禄公炳堂府君及先祖连州公、先考知县公少农府君,四世书藏于是"③,其中不乏"先师朱九江先生代购全史、杜诗"这样的珍本善本。它不仅是康家"累世藏书"传统的无声见证,更是康氏历代先祖"传之子孙"的

---

① 康有为撰,姜义华、张荣华编校:《康有为全集》第12集,中国人民大学出版社2007年版,第142页。
② 康有为撰,姜义华、张荣华编校:《康有为全集》第12集,中国人民大学出版社2007年版,第143页。
③ 康有为撰,姜义华、张荣华编校:《康有为全集》第12集,中国人民大学出版社2007年版,第142页。

精神食粮。作者因痛惜老宅经年无人照管，故选择在初晴午后于梅花树下曝书除蠹。寥寥数笔，对老屋藏书的珍视已尽在其中。二是对于自己读书、藏书所思所感的叙述，如前引《澹如楼读书》一诗。写此诗时，康有为正过着"读书园中，纵观说部、集部"的日子。澹如楼中种类丰富、数量众多的藏书不仅大大拓展了少年康有为的阅读范围，更成为促成其文学创作风格转变的"催化剂"——通过对前辈作家作品的阅读和揣摩，康有为逐渐摆脱了之前诗文创作以寻章摘句、绮丽靡艳为能事的"琐艳浓香"之风，逐渐学会像白居易作诗那样"感于哀乐，缘事而发"，更加注重对自身真情的抒写。在他看来，自己这样的转变恰如少年以作赋为能事，中年却"悔作雕虫"的扬雄；而康氏家族历代积累的丰富藏书正是康有为实现这一转变的重要助力。

值得注意的是，这种对于自己藏书、读书所思所感的叙述在康有为流亡国外的诗作中亦时有体现。对于经历了幼弟殉难，举家仓皇出逃，"患难惊忧，凄惶万状"的康有为而言，无论是出逃之时仓促携带的几本书，还是流亡期间友人相赠的若干新书，都成为漫长流亡生活中触动其胸中诗思的重要源泉：

老夫倚剑西北征，挥割紫云上青冥。披艰扫秽震海灵，鲛鳄呼号神鬼惊。重捧玉镜整金经，重为言曰张公高文鸿烈馨。①

（《桂湖村以日本刀及〈张非文集〉见赠，赋谢》）

每读杜陵诗，感慨更摩挲。上念君国危，下忧黎元疴。中间痛身世，慷慨伤蹉跎。千篇仁人言，低讽长吟哦。……奔走世丧乱，辛苦道憾轲。我遇与之合，流离同一科。我官步后尘，工部冠同

---

① 康有为撰，姜义华、张荣华编校：《康有为全集》第12集，中国人民大学出版社2007年版，第195页。

峨。便道子美诗，可作明夷歌。①

（《避地槟榔屿不出，日诵杜诗消遣》）

此时的康有为在抒写自身藏书、读书的所思所感时，往往通过"借著书人之酒杯，浇自己之块垒"的抒情方式，将自己变法未成、流亡海外，空有一腔报国热忱而无处施展的无奈与愤懑表现得淋漓尽致。此时的藏书、读书活动不仅是触发康有为文学创作灵感的重要源泉，更是其借以宣泄内心之愤懑，获得心理安慰的直接助力。

此外，还有一类以藏书、读书为主题的诗文作品涉及传统古籍的保护问题。作为一位饱尝访书之甘苦的藏书家，康有为对古籍保护的重要意义有更为深刻的体会。他曾屡次目睹流散海外的珍贵古籍藏于别国图书馆，发出"睹之伤心"、"辱国莫甚"的慨叹，更每每在文章中呼吁国民"搜集国粹"，以"保中国之魂"。1921年夏，时任江西省教育厅第三科科长的王经畬借访问日本、考察教育之机与日本人达成密约，欲以20万日元的低价将白鹿洞书院珍藏的众多古籍盗卖给日本人，并伙同管理岳麓书院的星子县图书馆馆长梁亦谦、馆员胡享盗运藏书，纵火焚烧书院。消息传出后，康有为于同年十月致信时任浙江省省长的齐照岩，要求严惩凶犯，以实际行动保护白鹿洞书院的古籍：

夫以今古书之少，而日本好古，搜罗无所不至，吾国人困穷日甚，贪利无所不至，盗卖国宝于异国，殆必然之事也。……想大君子尚文好古，必有以惩无赖而保文章。②

（《致齐照岩总长书》）

---

① 康有为撰，姜义华、张荣华编校：《康有为全集》第12集，中国人民大学出版社2007年版，第212页。
② 康有为撰，姜义华、张荣华编校：《康有为全集》第11集，中国人民大学出版社2007年版，第169页。

引文中康有为对"今古书之少"这一事实的叙述及对国人"困穷日甚,贪利无所不至,盗卖国宝于异国"的痛惜,均与其藏书经历、藏书家身份的切身体会有着非常密切的关联——因经历过访书、购书之艰难,失书之痛苦,屡见珍贵古籍流落异国,痛感"宝器之外溢多矣",故对王经畬盗卖古籍、纵火毁灭证据一事深感愤慨,也更加明确了传统古籍对于保护和传承中华传统文化所具有的重要意义。

从创作内容来看,藏书资源始终是康有为文学创作重要的素材来源。康有为的诗文创作素以才思敏捷、一气呵成著称,"不特格调清新,文采斐然,更重要的是能反映民族的要求和时代的脉动,走在历史的前沿"①。康有为五岁时便得家族中长辈"提携教诵唐人诗……于时能诵唐诗数百首"。后又得祖父悉心指点,"好学敏锐,……执卷倚檐柱,就光而读,夜或申旦,务尽卷帙"②。十四岁返乡"纵观说部、集部","涉猎群书为多"。从康有为日后的文学创作来看,少年居乡、饱览家族藏书的经历所带来的影响不可谓不深刻:

> 吾十二岁侍先祖连州公于连州学署,读《明史》袁督师传,至其纬缅边事,登长城察形势,奏对思宗计以五年破敌而壮之,为之低徊,思慕其为人。……夫袁督师之雄才大略,忠烈武棱,古今寡比。其遗文虽寥落,而奋扬蹈厉,鹤立虹布,犹想见鲁阳挥戈,崆峒倚剑之神采焉。③

(《〈袁督师遗集〉序》)

康有为不仅曾为门人张沧海编纂的《袁督师遗集》作序,更有《九

---

① 马洪林:《康有为评传》,南京大学出版社1998年版,第432页。
② 康有为著,楼宇烈整理:《康南海自编年谱》(外二种),中华书局1992年版,第4页。
③ 康有为撰,姜义华、张荣华编校:《康有为全集》第10集,中国人民大学出版社2007年版,第468页。

月题袁督师祠二首》《明袁督师庙记》等吟咏、记述袁崇焕其人其事的诗文作品,可见赞咏袁崇焕之事迹、诗文是康有为文学作品的重要主题之一。康有为少年时得祖父指点"导以先儒高义、文学义理",更依凭祖父藏书,"始览《纲鉴》而知古今,次观《大清会典》《东华录》而知掌故,遂读《明史》《三国志》,六月为诗文皆成篇"[①]。可见康有为对袁崇焕其人其作的思慕之情可追溯至少年时期"竟日杂览群书"的日子。

值得注意的是,康有为藏书与其文学创作的关联还体现在其创作的序、跋类文章中。这类文章多以评价友人、弟子诗文创作为主题,既是康有为文艺思想的体现,亦可从中窥见康氏藏书对其文学创作产生的深刻影响:

> 吾戊戌遁海外,携《元遗山诗集》,感伤身世,日讽其《金亡都破》诸作,恻恻心脾,不意十数年竟于吾身亲见之。……(门人陈伯澜)昔来问学,吾多与谈经,未知伯澜之能诗也。……今廿余年,世变日深,伯澜怀抱,郁郁不得展,皆托于诗。今刻诗成,请吾序之。八月二十三日夕,乃得读其《审安斋诗集》,则沉痛飞惊,歌泣缠营,哀厉幽清,悱恻芳馨,何其类遗山也。其《新秋》《春伤》《感秋》《和叔雅、孝方、扶万》诸律,一唱三叹,哀感顽艳,与遗山《金亡都破》诸作奚异耶![②]

(《〈审安斋诗集〉序》)

若海诗词本多,今此区区散在人间,亦泰山一毫芒耳。若孺博于词章,绵丽沉郁,尤其天才,自少与梁启超以才名齐,惟不自收

---

① 康有为著,楼宇烈整理:《康南海自编年谱》(外二种),中华书局1992年版,第4页。
② 康有为撰,姜义华、张荣华编校:《康有为全集》第11集,中国人民大学出版社2007年版,第164页。

拾，吉光片羽，为其亲旧搜发者，龙章凤姿，亦可窥豹于一斑。杜少陵曰："吾怜孟浩然，短褐即长夜。赋诗何必多，往往凌鲍谢"。后有知音，应同此赏叹也。①

(《〈粤二生诗词集〉序》)

刘勰在《文心雕龙·知音》中提出"凡操千曲而后晓声，观千剑而后识器。故圆照之象，务先博观。阅乔岳以形培塿，酌沧波以喻畎浍。无私于轻重，不偏于憎爱，然后能平理若衡，照辞如镜矣"②的主张。这要求批评家注重博闻广见，这样才能不断提升自己对文学作品的鉴赏能力。结合引文所举例证可见，康有为常常结合自己的阅读经验，对友人或门生的诗文作品展开颇具针对性的文学批评。戊戌变法失败之后，康有为出逃海外，身边仅携带了为数不多的几本书，引文中提到的《元遗山诗集》和杜甫诗集即在其中。对于孤悬异邦、有家难归的康有为来说，这些随身携带的藏书成为其时时品读琢磨，抚慰心中失落的最佳伴侣。而这种反复品读、细致琢磨的过程亦在无形中影响着康有为的文学创作和文学批评实践。以文学批评的角度观之，他一方面将这些优秀的前辈作家作品视为诗文创作的典范，对门人诗文集中那些可媲美或超越前人佳作的地方予以重点关注和褒扬，如上述引文中对陈伯澜诗作"一唱三叹，哀感顽艳，与遗山《金亡都破》诸作奚异"的评价就是一个非常典型的例子。另一方面，他又会将某些前辈作家的评诗论文之作作为自己开展文学批评的参考资料，并在具体的批评实践中加以引用，如前引评麦孺博的诗作时，以杜甫《遣兴五首》(其五)中"赋诗何必多，往往凌鲍谢"一句作为类比。在康有为这些以评价友人、门生诗文创作

---

① 康有为撰，姜义华、张荣华编校：《康有为全集》第11集，中国人民大学出版社2007年版，第177—178页。
② 刘勰著，范文澜注：《文心雕龙注》(下)，人民文学出版社1958年版，第714—715页。

为主题的序、跋散文中,其旁征博引、兼及古今的行文特点充分体现出康有为"作为文人政治家的过人才情"[①]。这些也从侧面证明了康氏藏书对其文学创作所产生的深刻影响。

---

① 左鹏军:《康有为的诗题、诗序和诗注》,《广东社会科学》2009年第5期。

梁启超

饮冰室藏书

梁启超（1873—1929），字卓如，一字任甫，号任公，又号饮冰室主人、饮冰子、哀时客、中国之新民、自由斋主人。广东新会人。祖父梁维清，号镜泉，"累不得志于有司，援例捐作附贡生"[①]。祖母黎氏。父亲梁宝瑛，字莲涧，为人仁慈方正，教子"慈而严，督课之外，使之劳作。言语举动稍不谨，辄呵斥不少假借"[②]。母亲赵氏，"以贤孝名"[③]。赵氏生子六人，四男二女，长子即梁启超。

作为中国近代历史上颇具影响力的思想家和深有造诣的学者，梁启超一生酷爱藏书，共搜集图书四万余册，碑帖千余种，并在此基础上编写《饮冰室藏书初编》十六册，详细著录其藏书书目、卷数、作者、版本等情况。梁启超对待藏书的态度非常开明，他不仅首开中国近代史上的献书之风，更在去世前留下遗嘱，要求将自己毕生所藏赠予北京图书

[①] 丁文江、赵丰田编：《梁启超年谱长编》，上海人民出版社1983年版，第7页。
[②] 丁文江、赵丰田编：《梁启超年谱长编》，上海人民出版社1983年版，第8页。
[③] 丁文江、赵丰田编：《梁启超年谱长编》，上海人民出版社1983年版，第9页。

馆，以求服务社会，沾溉后人，成为中国近代藏书史上的一段佳话。

以戊戌变法为界，梁启超的藏书经历可划分为前后两个时期，这一点与其师康有为颇为相似。通过梳理相关资料可以发现，戊戌变法之前的梁启超以读书求学、参与政治事务为主，间有藏书活动贯穿其中；同时因受家庭经济条件制约，其藏书活动只能量力而行，无法像康有为那样集中大笔资金一次性购买所需书籍。据《梁启超年谱长编》记载，梁启超出生在一个半耕半读的家庭，四五岁时"就王父及母膝下授《四子书》《诗经》，夜则就睡王父榻，日与言古豪杰哲人嘉言懿行，而尤喜举亡宋亡明国难之事，津津道之"①。六岁"就父读，受中国略史，《五经》卒业"②，八岁"始学为文"。良好的家庭教育不仅使少年梁启超养成了良好的读书习惯，更为其日后著书治学打下坚实基础。他十岁初便赴童子试，与父执辈结伴同行，并在途中吟诗，受到大家的赞赏，"神童之名自此始"。十一岁"游坊间，得张南皮《輶轩语》《书目答问》，归而读之，始知天地间有所谓学问者"③。十五岁赴学海堂，师从广州石星巢先生。当时的学海堂"月考有奖赏，名曰膏火，依等第以为厚薄，所以养寒士也"。据其弟梁启勋回忆，梁启超就学期间日夜苦读，每月所得奖赏皆用于购书，"每届年假辄捆载而归……如正续《皇清经解》《四库提要》《四史》《二十二子》《百子全书》《粤雅堂丛书》《知不足斋丛书》，皆当日之所购"④，这也标志着梁启超藏书活动的正式开始。

1890年春，十八岁的梁启超入京参加会试，"下第归道上海，从坊间购得《瀛环志略》读之，始知有五大洲各国"⑤。虽再无力购买"上海制造局译出西书若干种"，但这次购书活动依旧在喜好读书的少年梁启

---

① 丁文江、赵丰田编：《梁启超年谱长编》，上海人民出版社1983年版，第13页。
② 丁文江、赵丰田编：《梁启超年谱长编》，上海人民出版社1983年版，第14页。
③ 丁文江、赵丰田编：《梁启超年谱长编》，上海人民出版社1983年版，第16页。
④ 丁文江、赵丰田编：《梁启超年谱长编》，上海人民出版社1983年版，第19页。
⑤ 丁文江、赵丰田编：《梁启超年谱长编》，上海人民出版社1983年版，第22页。

超心中埋下了一颗求知的种子，成为其日后收藏西学书籍的先声。同年8月，梁启超"始交陈通甫（陈千秋）"，并经其介绍，结识了康有为。按其《三十自述》回忆，"时余以少年科第，且于时流所推重之训诂词章之学，颇有所知，辄沾沾自喜。先生乃以大海潮音，作狮子吼，取其所挟持之数百年无用旧学更端驳诘，悉举而摧陷廓清之。自辰入见，及戌始退，冷水浇背，当头一棒，一旦尽失其故垒，惘惘然不知所从事……明日再谒，请为学方针。先生乃教以陆、王心学，而并及史学西学之梗概。自是决然舍去旧学，自退出学海堂，而间日请业南海之门。"①1891年，应陈千秋、梁启超之请，康有为开始在广东长兴里之万木草堂讲学。万木草堂专设"书藏"一处，藏书甚富，使梁启超摆脱因自身家贫而无书可读、无力搜购图书的窘境，得以时时徜徉书中，学问大进。万木草堂中西兼备、藏以致用的藏书理念也对梁启超的藏书思想和藏书活动产生了非常深刻的影响。1892年夏，梁启超入京参加会试后携夫人李蕙仙南归，"乡居一年有奇"。此时的梁启超除求访、搜购国学书籍外，还购得了自己曾经无力购买的"江南制造局所译之书，及各星轺日记，与英人傅兰雅所辑之《格致汇编》等书"②。可见此时的梁启超在藏书活动中已经开始逐步重视西学书籍的收藏。

1894年2月，梁启超入京。同年6月，中日甲午战争爆发，梁启超"惋愤时局，时有所吐露"，可惜人微言轻，不为他人所重，于是只能埋头读书，从现有的藏书资源中汲取营养，"治算学、地理、历史等"③。1895年5月，梁启超与康有为联合各省公车上书，力言"台湾万不可割"，恳请朝廷变法维新；并于同年协助康有为创办《万国公报》和强学会。按梁启超《三十自述》回忆，强学会筹备期间他曾"居会所数

---

① 丁文江、赵丰田编：《梁启超年谱长编》，上海人民出版社1983年版，第23页。
② 丁文江、赵丰田编：《梁启超年谱长编》，上海人民出版社1983年版，第28页。
③ 丁文江、赵丰田编：《梁启超年谱长编》，上海人民出版社1983年版，第31页。

月，会中于译出西书购置颇备，得以余尽日览之，而后益斐然有述作之志"①，可见强学会中的西学藏书对于梁启超学术视野的拓展、藏书活动的开展颇有助益。此外，据《梁启超年谱长编》记载，梁启超曾计划在当年五六月间辑印《经世文新编》，并在给汪穰卿的书信中倡言这部《经世文新编》的编纂主旨在于"专采近人通达之言，刻以告天下，其于转移风气，视新闻纸之力量似尚过之"②，恳请汪氏提供"兄所自为文字及同志中有所撰述"见寄，但不知何故，这项工作最终未能完成。此后的一年里，梁启超除担任《时务报》主笔，撰述"五洲近事、各国新政、交涉要案"之外，还写作了《变法通议》《西学书目表》《西学读书法》等论著，积极提倡"变科举、兴学校"的政治主张和"中西并重"的治学理念。此外，他还在报务工作之余"学算读史，又读内典，所见似视畴昔有进"。1897年，二十五岁的梁启超应陈宝箴之邀，赴湖南时务学堂讲学。是年秋冬之际，梁启超联合其他同志创办了上海大同译书局，特别委托友人韩云台前往日本，调查采购应译之日文书籍。大同译书局以"首译各国变法之事，及将变未变之际一切情形之书，以备今日取法"为宗旨，力求"洗空言之消，增实学之用，助有司之不逮，救燃眉之急难"③，康有为所著《孔子改制考》《彼得大帝政变记》《日本书目志》等即由大同译书局印行。戊戌年（1898）四月，光绪帝颁"明定国是"诏，百日维新开始。同年五月，梁启超受到召见，"奉有上谕，命以六品衔办理译书局事务"，又受总理衙门委托，参考英、美、日等国大学学制，起草京师大学堂章程。八月，变法失败，逃亡日本，其"所藏书籍及著述旧稿悉散佚"④。

流亡日本期间，梁启超幽居箱根，潜心读书，"肆日本之文，读日

---

① 梁启超：《饮冰室自由书》，商务印书馆1916年版，第165页。
② 丁文江、赵丰田编：《梁启超年谱长编》，上海人民出版社1983年版，第49页。
③ 《梁启超全集》第1册，北京出版社1999年版，第132页。
④ 丁文江、赵丰田编：《梁启超年谱长编》，上海人民出版社1983年版，第93页。

本之书,畴昔所未见之籍,纷触于目,畴昔所未穷之理,腾跃于脑。如幽室见日,枯腹得酒,沾沾自喜"①,获益良多。1899年11月,梁启超离开日本前往美洲游历,并开始以"饮冰室主人"为笔名写作。此后数年,梁启超先后奔走于香港、新加坡、印度、澳大利亚等地,为康有为保皇会募集资金。1901年返回日本后着手创办《新民丛报》,1902年正月初一,《新民丛报》正式出刊,梁启超亲任主笔,以专心著述为事。10月,《新小说报》创刊,"述其所学所怀抱者,以质于当世达人志士,冀以为中国国民遒铎之一助"②。同时,《饮冰室文集》出版。随后,梁启超又游历了美国、加拿大等国,鼓吹君主立宪,创立政闻社;其间曾一度陷入生活困窘之境,以写作谋生。1912年中华民国成立之后,梁启超终于得以从日本归国,并于1913年加入共和党。在目睹了国内政局纷扰后,梁启超萌生退意,决心摒弃诸事而以教书著述为己任。1914年底,梁启超辞去袁世凯政府币制局总裁职务,暂居清华园,并着手安排在天津租界四马路建造寓所,于1915年春正式搬入新居。同年12月,为反对袁世凯复辟帝制,梁启超与蔡锷先后离开北平,"由天津乘中国新济轮赴沪"。在沪期间除会见友人,讨论治事外,"每日作文甚多,尚以余暇读哲学书",颇以著述自课。按《梁启超年谱长编》所言,他曾于1915年12月致书黄溯初,请求代购"汉碑五种,明拓汉隶四种,《史晨碑》、《乙瑛碑》、《东海庙残碑》、《孔庙碑》、《鲁峻碑》、《嵩高灵庙碑》、《崔敬邕碑》、《郑文公碑》、北宋拓《圣教序》,晋、唐小楷十一种,《礼器碑》、《曹全碑》、薛绍彭《书谱》,定武《兰亭观楞伽记》等……另取碑帖目录及佛经流通处书目各一张"③。黄溯初《记任公先生题礼器碑》一文中亦有梁启超"治事之余,以书自课,日或书数十纸"④的记载,可见此时的梁启超

---

① 《梁启超全集》第1册,北京出版社1999年版,第324页。
② 丁文江、赵丰田编:《梁启超年谱长编》,上海人民出版社1983年版,第306页。
③ 丁文江、赵丰田编:《梁启超年谱长编》,上海人民出版社1983年版,第727—728页。
④ 丁文江、赵丰田编:《梁启超年谱长编》,上海人民出版社1983年版,第728页。

虽忧心于国事，却依旧保持着爱书好书的习惯，积极开展藏书活动。

1920年自法国马赛回国后，梁启超决计"绝对放弃上层的政治活动"，转而全力投入学术研究和"培植国民实际基础的教育事业"，着手承办中国公学，发起讲学社[①]，并于是年完成了《墨经校释》和《清代学术概论》两部著作。自1922年4月起，应各学校及团体邀请，梁启超开始奔走于各校园学社，举办了20多场学术讲演，1923年出版《梁任公学术讲演集》（第一辑）。1924年，为了使自己有一个更为安静的环境开展学术研究，梁启超邀请意大利建筑师白罗尼欧主持设计，在四马路寓所西侧另建书斋，将其命名为"饮冰室"。

饮冰室书斋中专设四间书房储存其收藏的古今中外各类图书和文献资料，梁启超晚年的大部分时间都在这里度过。晚年梁启超更为频繁地开展藏书活动，大量收书聚书，专心于学术研究和著述工作。通过梳理相关资料可知，对于经历丧妻之痛和疾病折磨的梁启超而言，这些不辞辛苦、不计花费聚集而来的藏书早已超越了寻常意义上的书籍或参考资料，而成为其晚年生活不可或缺的精神伴侣。他曾在缠绵病榻时读词自娱，以"一部汲古阁的宋《六十家词》，一部王幼霞刻的《四印斋词》，一部朱古微刻的《彊村丛书》"为伴，"在无聊的时候，把他们的好句子集句做对联闹着玩，久而久之，竟集成二三百副之多"。[②]亦曾叮嘱家人，自己零用非常节省，唯一的爱好就是买书，"很想平均每月有二百元的买书费"，甚至在1928年病重住院后仍念念不忘研究、著述，托人寻觅关于辛弃疾的材料。"忽得《信州府志》等书数类，狂喜，携书出院……拟一面服泻药，一面继续《辛稼轩年谱》之著作"[③]。这些都足以表明其对于藏书活动的热忱。1929年1月19日，梁启超在北京协和医院病逝，享年五十七岁。遵照梁

[①] 丁文江、赵丰田编：《梁启超年谱长编》，上海人民出版社1983年版，第896页。
[②] 丁文江、赵丰田编：《梁启超年谱长编》，上海人民出版社1983年版，第1023—1024页。
[③] 丁文江、赵丰田编：《梁启超年谱长编》，上海人民出版社1983年版，第1199页。

启超生前遗愿,其全部藏书(除饮冰室藏书的全部刻本、抄本共计3470种41819册外,还包括梁启超生前收藏的金石墨本及个人手稿、私人信札等①)寄存于国立北平图书馆,并于1930年2月通过律师办理了移交寄存手续。1931年6月,国立北平图书馆新馆落成,特辟梁氏纪念室,陈列梁启超生前所用文房四宝、金石书画以示纪念②。1933年,北平图书馆编印了《梁氏饮冰室藏书目录》(4册,铅印),现藏于国家图书馆。

关于梁启超藏书的特点,范凤书的《中国私家藏书史》指出,梁氏藏书不仅"中西新旧图书兼备",更因其藏书活动纯为"好学"开展,故其所藏"但期于实用,不必求其精椠,上至典册高文,下逮百家诸子,旁及海外之书,无不殚事收集",展现出"与一般藏书家专一于鉴赏古本者不同"的特点。③丁宏宣的《梁启超在目录学和藏书上的贡献》一文亦将"主张购买实用之书"④视为梁启超藏书最为突出的特点。王琼《同源而异流——康有为梁启超藏书之比较》一文从康、梁二人藏书版本、内容、目的、管理及图书流向等方面进行比较,指出较之于康有为藏书注重宋元善本、偏重经史类书籍等更加因循传统的一面而言,梁启超的藏书活动在版本上以追求实用为主,在内容上偏重于子、集两部。这些特点展现出梁启超"利用藏书读书治学的文化特色"和更加与时俱进的一面。⑤

多变的时代造就多变的思想

孟祥才的《梁启超评传》指出,梁启超"对中国在政治、经济、思

---

① 国立北平图书馆编:《梁氏饮冰室藏书目录》,北京图书馆出版社2005年版,第7页。
② 国立北平图书馆编:《梁氏饮冰室藏书目录》,北京图书馆出版社2005年版,第7页。
③ 范凤书:《中国私家藏书史》,大象出版社2001年版,第508—509页。
④ 丁宏宣:《梁启超在目录学和藏书上的贡献》,《图书馆理论与实践》1999年第2期。
⑤ 王琼:《同源而异流——康有为梁启超藏书之比较》,《广西图书馆学会2012年年会暨第30次科学讨论会论文集》,第1页。

想和文化上如何摆脱落后、黑暗、贫穷和愚昧从而走上现代化的探索与追求，留下了许多至今仍然发人深省的思想遗产"①。作为近代中国蜚声中外的著名思想家，梁启超的一生见证了19世纪末20世纪初东西方文明的交汇碰撞。他既是"三千年未有之大变局"的亲历者，一生致力于近代中国的思想启蒙事业，又是促使古老中国由封建君主专制社会向现代社会转型的深度参与者和推动者。联系梁启超的藏书活动可知，藏书对梁启超思想体系的形成影响深刻，特别是对梁启超政治思想和哲学思想的影响最为典型。本节拟从梳理梁启超政治思想、哲学思想的演变过程入手，联系梁启超的藏书活动，探讨梁启超藏书与其政治、哲学思想之间的密切关联。

一、梁启超的藏书与政治思想

纵观19世纪末20世纪初的中国近代思想界，东西方文明和文化的碰撞交流，各种各样的西方政治思想和理论学说的传入，为那些以救亡图存为己任的有识之士提供了极为重要的启示。而近代中国时局的瞬息万变又常常导致他们"对自己刚刚提出的主张、见解还来不及细细回味，就又要忙于修改订正了"②。正所谓"多变的时代造就多变的思想"，梁启超就是其中典型的代表人物。李平《梁启超传》指出，仅在1898年戊戌变法之前到1912年辛亥革命后的这一时间段内，梁启超的政治思想即经历了由"追随康有为"到"徘徊在改良与革命之间"，再到"鼓吹立宪"，最后再次转向内通于君主立宪的"虚君共和"等几个阶段的变化。③从中华民国成立到1920年旅欧归来的这一时段，他的政治思想又经历了从"拥袁"到"反袁"，从"护国"到"拥段"，直到最后提出以"东方固有文明"拯救世界、追求向传统文化归复等三个阶段的变化。

---

① 孟祥才：《梁启超评传》，中华书局2012年版，第1页。
② 白寿彝主编：《中国通史·近代前编》（下），上海人民出版社2015年版，第1195页。
③ 李平：《梁启超传》，中国言实出版社2015年版，第152页。

因此，后世学者对梁启超的政治思想多有"流质善变"之评。联系梁启超的藏书活动加以考察就会发现，梁氏藏书对于其政治思想所产生的影响是这种"流质善变"中的"不变因素"，贯穿了梁启超政治思想由萌芽到初步成熟，再到多次转变的整个过程。

首先，丰富的藏书资源是梁启超政治思想从萌芽到初步成熟的重要基石。根据《梁启超年谱长编》记载，梁启超于1890年8月"始识康南海先生"，并开启了在万木草堂的求学生涯。"先生（康有为）为讲中国数千年来学术源流，历史政治沿革得失，取万国以比例推断之，余与同学日札记其讲义，一生学问之得力，皆在此年。"[①]除与师友相互切磋、讨论学问外，梁启超还得以流连于万木草堂种类丰富的"书藏"之间，"得恣涉猎，学稍进矣"。1891年，康有为开始着手撰写《新学伪经考》和《孔子改制考》，梁启超协助参与了部分编纂和校勘工作，这启发了梁启超自身政治思想体系的萌芽和初步成熟。他将西方进化论与康有为"公羊三世说"结合，发展为"三世相演说"即一典型例证。但是，这一阶段其政治思想活动的重点仍是阐释康有为的政治思想和理论主张，因此，学者在论及梁启超的早期政治思想时多以"梁随康行"评之。

无论是借助万木草堂"书藏"的公共资源，还是凭借自身财力，无论是购买"江南制造局所译之书，及各星轺日记，与英人傅兰雅所辑之《格致汇编》等书"，[②]抑或是对恩师康有为《新学伪经考》等著作的收藏，均成为梁启超初步了解近代西方科学知识（如进化论），理解和领会恩师政治思想（如《新学伪经考》《孔子改制考》）的重要来源，其藏书资源的"基石"之功亦显而易见。

其次，藏书资源是梁启超政治思想数次转变的重要助力，其中以梁启超东渡日本后的政治思想转变最为典型。戊戌变法失败使梁启超意识到

---

① 丁文江、赵丰田编：《梁启超年谱长编》，上海人民出版社1983年版，第24页。
② 丁文江、赵丰田编：《梁启超年谱长编》，上海人民出版社1983年版，第28页。

"破坏"的必要性，此时其政治主张亦呈现出"徘徊于'革命'和'改革'间摇摆不定"的状态。联系梁启超这一时期的读书情况和藏书活动可知，这种"摇摆不定"的状态与其流亡日本后努力学习日文，在扫除语言障碍后更加大量地阅读政治、经济、哲学、社会学等学科领域的日文书籍，接触到更深广的西方政治思想和施政理念有关。换言之，梁启超这一阶段的政治思想已经开始逐渐摆脱"梁随康行"的状态，展现出更多个人特点。如在《国权与民权》一文中，梁启超以"昔法兰西之民，自放弃其自由，于是国王侵之，贵族侵之，教徒侵之，当十八世纪之末，黯惨不复睹天日。法人一旦自悟其罪，自悔其罪，大革命起，而法民之自由权，完全无缺以至今日，谁复能侵之者"①的故事为例，说明"苟我民不放弃其自由权，民贼孰得而侵之？苟我国不放弃其自由权，则虎狼国孰得而侵之"②的道理，力图唤起民众争取"国权与民权"的意识及对"国权""民权"的珍视。从行文内容来看，梁启超并不反对"法兰西之民"通过大革命这一"破坏手段"争取"自由权"的行为，可见其政治思想较戊戌变法时期是有所变化的。根据《梁氏饮冰室藏书目录》可知，梁氏藏书中不乏如《欧米印象记》（日本中村吉藏撰，日本明治四十三年铅印本）、《通俗世界全史》（日本早稻田编辑部编，日本大正初年早稻田出版部铅印本）、《西洋历史集成》（日本坂本健一撰，日本大正六年铅印本）等介绍西欧各国历史、风土人情的著作。这些都成为梁启超了解西欧各国情况及"天赋人权""自由平等"等西方思想的重要来源。

另一个典型的例子是梁启超对于"广开民智"的提倡。早在百日维新之时，梁启超即提出"世界之运，由乱而进于平，胜败之原，由力而趋于智，故言自强于今日，以开民智为第一义"（《变法通议》）③。

---

① 《梁启超全集》第1册，北京出版社1999年版，第349页。
② 《梁启超全集》第1册，北京出版社1999年版，第349页。
③ 《梁启超全集》第1册，北京出版社1999年版，第17页。

在1899年所著《论学日本文之益》一文中，梁启超不仅大谈学习日文对"我国人之有志新学者"的种种好处，更在此基础上对"中国之治西学者"引进西学思想以"开启民智"的操作方法进行相应的反思。在他看来，"日本自维新三十年来，广求智识于寰宇，其所译所著有用之书，不下数千种，而尤详于政治学、资生学（即理财学，日本谓之经济学）、智学（日本谓之哲学）、群学（日本谓之社会学）等，皆开民智强国基之急务也"①。而"中国之治西学者"却更偏重于翻译"兵学艺学之书"，"夫兵学艺学等专门之学，非舍弃百学而习之，不能名家，即学成矣，而于国民之全部，无甚大益，故习之者希，而风气难开焉"。②较之其早期对"开民智"的笼统提倡，梁启超再次提及这一观点时提出了更为具体的操作方法，即效法日本明治维新，在"广求智识于寰宇"的同时大力译介经济、政治、哲学等能够直接作用于"民智"的西学书籍，为推动整个社会变革提供更加切实可行的智力支持。追根溯源，则这一具体方案的提出在很大程度上亦应归功于其对于各类日文书籍的求访、阅读和收藏。此外，在同年（1899年）2月写给夫人李蕙仙的信中，梁启超亦有"令十四兄能来东游最善。我等读日本书所得之益极多极多。他日中国万不能不变法，今日正当多读些书，以待用也。望即以此意告之"③的嘱托，可视为藏书资源助力其政治思想转变的又一佐证。

再次，藏书资源是梁启超得以明确论述、阐发其政治思想的"资料库"。在梁启超身后遗留的1400多万字的著述中，对政治思想的论述是颇为重要的主题之一。如梁启超为"鼓吹立宪"所作的《各国宪法异同论》，不仅涉及对立宪各国政体，行政、立法、司法权，国会及议员之权力，君主及大统领之制与其权力的论述，还包括对立宪各国法律、政

---

① 丁文江、赵丰田编：《梁启超年谱长编》，上海人民出版社1983年版，第176页。
② 丁文江、赵丰田编：《梁启超年谱长编》，上海人民出版社1983年版，第176页。
③ 丁文江、赵丰田编：《梁启超年谱长编》，上海人民出版社1983年版，第177页。

府预算、"臣民之权利及义务"、"政府大臣之责任"等多个方面的梳理和考察。按《梁氏饮冰室藏书目录》中所载,其藏书资源中不乏《六法全书》(日本山野金藏编,日本明治三十八年铅印本)、《英国仲裁裁判制度》(日本布川孙市译,日本大正九年财团法人协调会铅印本)、《行政法论》(日本政法协会编,日本明治三十七年铅印本)[①]等介绍立宪各国立法概况和法律规定的多种书籍。正因如此,梁启超才能够在"取其宪法之异同"[②]的基础上详尽罗列和比较立宪各国的政体特点,充分阐明立宪的优势和必要性。

二、梁启超的藏书与哲学思想

哲学一直是梁启超关注和倾力研究的重点领域。其论著既有对阴阳五行学说、儒家哲学、道家哲学、陆王心学、戴东原哲学思想等中国古代哲学的相关研究[③],也包括对自身哲学思想的阐述。侯外庐的《中国近代哲学史》指出,梁启超的哲学思想是儒学、佛学、西方资产阶级唯心主义相结合的产物。孟祥才的《梁启超评传》则认为,梁氏的哲学思想是"主唯心论的自然观、先验认识论和多元唯心史观的结合"[④]。从梁氏藏书与其哲学思想关系的角度来看,藏书之于梁启超哲学思想的意义,主要体现在以下两个方面。

其一,西学藏书资源的影响主要体现于梁启超哲学思想中的本体论部分。李平的《梁启超传》指出:"中国学术本无哲学名目,只以经史子集分门别类。梁启超亡命海外,初入此道,译为'智学',并形成了

---

① 国立北平图书馆编:《梁氏饮冰室藏书目录》,北京图书馆出版社2005年版,第587—588页。
② 《梁启超全集》第1册,北京出版社1999年版,第318页。
③ 万发云:《略论梁启超的哲学思想》,《华南师范大学学报》(社会科学版)1983年第1期。
④ 孟祥才:《梁启超评传》,中华书局2012年版,第320页。

以'动力说'为本体论的哲学思想体系。"[1]这一观点将"动力"视为宇宙进化本源,认为整个世界的发展是循着"物竞天择,适者生存"的规律进行。而其"动力说"的思想来源之一便是达尔文的进化论。梁启超的藏书除达尔文撰、日本开成馆译的《种之起源》(日本明治三十八年铅印本)之外,还包括如《生命论》(日本永井潜撰,日本大正四年铅印本)、《人间的进化》(日本石川千代松撰,日本大正六年日本学术协会铅印本)等体现达尔文进化论观点的著作。这也构成了促使梁启超提出"动力说"的重要依据。此外,梁氏藏书中还有相当一部分涉及宗教哲学(如日本学者石原谦所著《宗教哲学》、波多野精一所著《宗教哲学的本质及其根本问题》等)和陆王心学(如日本高濑武次郎撰《王阳明详传》、井上哲次郎撰《日本阳明学派之哲学》等)的日文书籍。显然,这些书籍对梁启超哲学思想中物质论、社会观、认识论的形成有一定的影响和启示。

其二,传统古籍资源对梁启超哲学思想的影响,主要体现在物质论、社会观、认识论部分。以物质论和社会观为例。对于物质和意识的关系这一基本哲学问题,梁启超始终将意识(即梁氏所谓"心")的作用放在第一位。在他看来,"境者,心造也。一切物境皆虚幻,惟心所造之境为真实","天下岂有物境哉!但有心境而已"。[2]可见其在物质论的问题上给出的是主观唯心主义的答案。究其源头,则梁氏这一思想的产生主要受到了佛教唯心论的影响。通过梳理梁氏饮冰室所藏佛教典籍可见,对于"心物关系"这一问题,这些佛教典籍中多有这样的表述:

> 安立大乘三界唯识。以契经说三界唯心。心、意、识、了名之差别。此中说心意兼心所。唯遮外境,不遣相应。内识生时,似外

---

[1] 李平:《梁启超传》,中国言实出版社2015年版,第93—94页。
[2] 《梁启超全集》第1册,北京出版社1999年版,第361页。

境现。如有眩瞖，见发蝇等。此中都无少分实义。①

(《唯识论二十论会译》)

（江西马祖道一禅师）一日谓众曰："汝等诸人，各信自心是佛。此心即是佛心。达磨大师从南天竺国来至中华，传上乘一心之法，令汝等开悟。又引楞伽经文，以印众生心地。恐汝颠倒，不自信此心之法，各各有之。故楞伽经以佛语心为宗，无门为法门。夫求法者应无所求。心外无别佛，佛外无别心。不取善，不舍恶，净秽两边，俱不依怙。达罪性空，念念不可得，无自性故。故三界唯心。森罗万象，一法之所印。凡所见色，皆是见心。心不自心，因色故有。汝但随时言说，即事即理，都无所碍。"②

(《五灯会元》)

由引文可知，在佛教的观点中，"心"是世界万物的本体，三界的一切现象都由"心"创造。虽然各宗对于"心"的解释有所不同，但"三界唯心"的主张是大乘佛教各宗派一致赞同的命题。梁启超所谓"一切物境皆虚幻，惟心所造之境为真实"的论述几乎完全重复了这一命题，只是文字表述上略有不同。

另一个典型的例子是梁启超"求变"的社会观。李平的《梁启超哲学思想四题》一文指出，梁启超"在政治上是以鼓吹变法起家的"，而"唯变所适"的社会观就是支撑其社会变革主张的哲学基础。③在梁启超看来，"变"是"古今天下之公理"，"上下千岁，无事不变，无时

---

① 世亲菩萨造，唐玄奘译，后魏般若流支、陈真谛译：《唯识论二十论会译》，梁氏饮冰室藏民国九年金陵译经处刻本。
② （宋）普济撰：《五灯会元》，梁氏饮冰室藏清光绪二十八年玉海堂影刻宋宝祐藏本。
③ 李平：《梁启超哲学思想四题》，《安徽师范大学学报》（人文社会科学版）2002年第1期。

不变",那么,对于执掌一国政权的最高统治者而言,唯有"振刷整顿,斟酌通变",才能使国家的政策不断适应变化中的世界,保持"日趋于善"的状态。这种"求变"的观点固然受到达尔文进化论学说"物竞天择,适者生存"的影响,但与中国古代哲学典籍中对于"变"的倡导同样有着密切关联。梁氏饮冰室藏《周易注》中多有关于"变"的论述:

> 子曰:知变化之道者,其知神之所谓乎?(夫变化之道,不为而自然,故知变化者,则知神为之所为。)

> 是以君子将有为也,将有行也。问焉而以言,其受命也如向。无由远近幽深,遂知来物。非天下之至精,其孰能与至此?参伍以变,错综其数。通其变,遂成天地之文,极其数,遂定天下之象。非天下之至变,其孰能于此?

> 子曰:书不尽言,言不尽意。然则圣人之意,其不可见乎?子曰:圣人立象以尽意,设卦以尽情伪。系辞焉,以尽其言。变而通之以尽利。(极通变之数,则尽利也。故曰易穷则变,变则通,通则久。)[①]

《周易》以"通变思维"著称,对"变"的提倡贯穿全书的各个篇章,其内容既包括"通变"观念本身,亦包含对"盈虚消长"的通变法则、"变则通,通则久"的通变价值等问题的深入探讨。若我们将《周易注》中相关内容与梁启超"变者,古今天下之公理"的论述相对比,则梁氏"上下千岁,无事不变,无时不变"之论可谓深得《周易》"通变"观念之精髓。梁氏藏书的易类书籍还包括宋朱熹撰《易经本义》(清同

[①] (魏)王弼撰:《周易注》,梁氏饮冰室藏影印宋刻本。

治四年金陵书局刻本)、明胡广等撰《周易传义大全》等十二种古籍。这些书籍共同构成了梁启超哲学思想中"求变"社会观的重要来源。

眼中有书，手中有笔

梁启超一生"眼中无书，手中无笔之日绝少"[①]。他曾在《指导之方针及选择研究题目之商榷》一文中指出："眼光异常敏锐，就是古人所说的读书得问。……读书亦是做学问的一方面，所有发明创造，皆由生发问题得来……凡别人注意不到的地方，自己都怀疑研究，这是做学问的第一步。……每一问题发生，就搜集材料，不断观察，务求周密，务求圆到，这是做学问的第二步。"[②]可谓其治学的经验之谈。梁启超的一生以学者始，以学者终，不仅在史学、文学等领域颇有建树，在佛学研究上亦成绩斐然。以下，我们将从史学研究、文学研究、佛学研究三个方面探讨梁启超藏书与其治学之关系。

一、梁启超的史学研究与藏书

对于梁启超在中国近代学术史上的贡献，张荫麟在《近代中国学术史上的梁任公先生》一文中说："自戊戌至辛亥间先生之所贡献于国人者，除应时之政论及激发国民爱国心之宣传外，尚有三焉：一则介绍西方学问。国人之得闻亚理士多德、倍根、笛卡儿、斯宾挪莎、康德、卢梭、霍布士、边沁诸家之学说，实自先生之著作始也。……二则以新观点批评中国学术。换言之，即我国学术之第一次重新估价，……三则以新观点考察中国历史，而提出史学革命方案。"[③]纵观其一生治学，梁启

---

① 国立北平图书馆编：《梁氏饮冰室藏书目录》，北京图书馆出版社2005年版，第5页。
② 吴小龙、张芝梅编：《梁启超箴言录》，中国文联出版公司1998年版，第128页。
③ 夏晓虹编：《追忆梁启超》(增订本)，生活·读书·新知三联书店2009年版，第88页。

超于史学研究用力最勤、贡献最大，研究内容几乎涉及史学理论和史书撰写的各个方面。他曾于1922年4月在北京女子高等师范学校的演讲中称自己"素来嗜好史学"，林志钧《〈饮冰室合集〉序》中也称梁启超"髫年即喜读《史记》《汉书》，……所为文如《中国史叙论》《新史学》及传记、学案乃至传奇、小说，皆涵史性。……任公先生之于史，犹之秦味经之于《礼》，旁综九流，无所不赅"①。梁启超藏书与其史学研究之关联，主要体现在以下几个方面。

首先，这种密切关联体现在梁启超史学思想的形成上。前辈学者总结说，梁启超的史学思想"以西方进化论为指导"，"批判与创新"则是其史学思想的最重要的特征。面对社会变革的浪潮，梁启超敏锐地意识到革新中国传统史学的必要性。在全面批判传统史学之"四弊"（"知有朝廷而不知有国家""知有个人而不知有群体""知有陈迹而不知有今务""知有事实而不知有理想"）、"二病"［（史家叙述）"能铺叙而不能别裁""能因袭而不能创作"］、"三恶果"（难读、难择别、无感触）的基础上，提出史学研究应从研究变动的"时间至现象"、"研究人群进化之现象"、"求其公理公例"等方面入手来改造传统史学。从思想渊源来看，这些观点显然受到了以达尔文为代表的进化论的影响，亦是其重视阅读和收藏西学书籍的结果。其实早在求学万木草堂之时，梁启超便充分利用万木草堂"书藏"中丰富的图书资源"治周、秦诸子及佛典，亦涉猎清儒经注及译本西籍，皆就有为决疑滞"②。可见，当时梁启超已初步接触和了解了一些西学思想。1896年，梁启超在《论君政民政相嬗之理》中提出"三世相演"的观点，认为"天下之治世者有三：一曰多君为政之世，二曰一君为政之世，三曰民为政之世。……多君者，据乱世

---

① 夏晓虹编：《追忆梁启超》（增订本），生活・读书・新知三联书店2009年版，第52页。
② 丁文江、赵丰田编：《梁启超年谱长编》，上海人民出版社1983年版，第60页。

之政也；一君者，升平世之政也；民者，太平世之政也"①。这一观点便是糅合了西方进化论主张与其师康有为"公羊三世说"的产物。又如其在1897年所作《〈史记·货殖列传〉今义》中认为，"中国旧论每崇古而贱今，西人则不然，以谓愈上古则愈野蛮，愈晚近则愈文明……所谓邻国相望而老死不相往来者，上古道路未通，所至闭塞，一林之障，一川之隔，则其势不能相通"②，可谓西方进化论学说对其史学思想发生影响的又一例证。此时梁启超尚处于开阔视野、扩充个人知识储备的求学阶段，个人的藏书活动处在起步阶段，独立而完备的史学思想体系亦未形成，因此，当时所提出的一些史学观点和主张尚不严谨和成熟。③

戊戌变法失败后，流亡日本的梁启超在努力学习日文的同时阅读、收藏了大量政治、经济、哲学、社会学等方面的日文书籍，"畴昔所未见之籍，纷触于目，畴昔所未穷之理，腾跃于脑"④，实现了学术理念上的重大转变。他开始从新旧史学、中西史学比较的视角出发审视中国历史，先后撰写了《中国史叙论》《新史学》《中国通史》等一系列具有标志性意义的史学论著。如他在《中国史叙论》的开篇通过"前者史家"与"近世史家"对比，认为"近世史家之本分"与"前者史家"不同的根本原因在于二者史学思想上的巨大差异——"前者史家，不过记载事实；近世史家，必说明其事实之关系，与其原因结果。前者史家，不过记述人间一二有权力者兴亡隆替之事，虽名为史，实不过一人一家之谱牒；近世史家，必探察人间全体之运动进步，即国民全部之经历，及其相互之关系"⑤。同时引用德国哲学家埃猛垿济氏（赫尔曼·洛采）之

---

① 《梁启超全集》第1册，北京出版社1999年版，第96页。
② 《梁启超全集》第1册，北京出版社1999年版，第116页。
③ 周生杰：《巨灵与泰斗：梁启超史学研究述略》，《中国矿业大学学报》（社会科学版）2014年第3期。
④ 《梁启超全集》第1册，北京出版社1999年版，第324页。
⑤ 《梁启超全集》第1册，北京出版社1999年版，第448页。

言,说明改造中国传统史学的必要性。又如他在1902年所著《中国专制进化史论》中以"进化者,向一目的而上进之谓也。日迈月征,进进不已,必达于其极点,凡天地古今之事物,未有能逃进化之公例者也"①开篇,将进化论视为"人类之公理公例"。此时,进化论刚刚引进中国不久,但梁启超已经在批判传统史学"以帝王一人为历史全部"的作史方法时,借鉴了以"进化之现象来考察历史"的研究眼光,具有重要的开拓意义②。体现出梁启超史学研究中受到西学书籍特别是进化论思想影响的一面。

其次,这种密切关联还体现在梁启超的史学研究实践中。饮冰室藏书中不乏《进化与人生》《科学概论》《科学的价值》等引进和介绍西方近代自然科学研究方法的书籍,它们对梁启超史学研究实践具有方法论层面的指导意义。梁启超将实证法、归纳法、总体研究法等西方近代自然科学研究中常用的研究方法引入史学研究实践,认为人类历史是客观存在的,可纳入科学研究的范畴,必须"恃客观所能得之资料以为其研究对象"。在他看来,"吾侪今日所渴求者,在得一近于客观性质的历史。我国人无论治何种学问,皆含有主观的作用,掺以他项目的,而绝不愿为纯客观的研究。……今后作史者宜于可能的范围内裁抑其主观而忠实于客观,以史为目的而不以为手段"③。此外,史学研究者还必须使用科学的归纳方法,在注重观察"客观的历史实际"、全面搜集相关史料的基础上抽丝剥茧,"综析比较"以"求得其真相"。梁启超所著《中国历史研究法》就是运用上述方法进行研究的典型著述。

藏书对梁启超史学研究实践的具体影响首先体现在对史料的搜集和鉴别上。梁启超曾在《指导之方针及选择研究题目之商榷》一文中指

---

① 《梁启超全集》第1册,北京出版社1999年版,第771页。
② 周生杰:《巨灵与泰斗:梁启超史学研究述略》,《中国矿业大学学报》(社会科学版)2014年第3期。
③ 梁启超:《中国历史研究法》,上海古籍出版社1998年版,第35—36页。

出:"做学问,首先怕没资料,资料太多,又怕无法驾驭。所谓别裁的意思,即在辨别真伪,辨别有无,辨别主要与次要。……别裁以后,贵在综理。"①在1922年所著《中国历史研究法·自序》中,他将"客观资料之整理"视为"近世史学研究"的一大进步,"畴昔不认为史迹者,今则认之;畴昔认为史迹者,今或不认。举从前弃置散佚之迹,钩稽而比观之;其夙所因袭者,则重加鉴别,以估定其价值。如此则史学立于'真'的基础之上,而推论之功,乃不至枉施也"②,足见其对史料搜集和鉴别工作的重视。1922年梁启超作《中国历史研究法》,从自身治学经验出发,在书中专列"说史料""史料之搜集与鉴别"两章,提出了一系列行之有效且影响深远的史料搜集和鉴别方法。在他看来,史料的搜集和整理既是治史者开展研究时面临的首要问题,又是治史者研究过程中必须解决的重要难题——"史料者何?过去人类思想行事所留之痕迹,有证据传留至今日者也。思想行事留痕者本已不多,所留之痕又未必皆有史料价值,有价值而留痕者,其丧失之也又极易"③。这就要求治史者必须具备极其敏锐的学术感觉和足够的耐心,"在此残缺范围内,当竭吾力所能逮以求备求确"④。在"说史料"一章中,他将史料搜集的途径划分为"在文字记录以外者"和"文字记录的史料"两种,并从自身实践出发,对上述两种途径做了进一步分类说明。从中,我们不难窥见梁启超不辞辛劳、四处求访书籍以备学术研究之需的痕迹:

  旧史之作列传,其本意固非欲以纪社会纪文化也。然人总不能不生活于社会环境之中,既叙人则不能不涉笔以叙其环境,而吾侪所最渴需之史料,求诸其正笔而不得者,求诸其涉笔而往往得

---

① 刘东、翟奎凤选编:《梁启超文存》,江苏人民出版社2012年版,第578页。
② 梁启超:《中国历史研究法》,上海古籍出版社1998年版,第1页。
③ 梁启超:《中国历史研究法》,上海古籍出版社1998年版,第40页。
④ 梁启超:《中国历史研究法》,上海古籍出版社1998年版,第42页。

之。……吾辈于旧史,皆作史稿读,故如斯同书之繁博,乃所最欢迎也。既如是也,则所谓别史、杂史、杂传、杂记之属,其价值实与正史无异,而时复过之。①

档案之当设法简择保存,所关如是其重也。至于函牍之属,例如明张居正《太岳集》及晚清胡、曾、左、李诸集所载,其与当时史迹关系之重大,又尽人所知矣。善为史者,于此等资料,断不肯轻易放过。②

又岂惟书籍而已,在寻常百姓家故纸堆中,往往可以得极珍贵之史料。试举其例:一商店或一家宅之积年流水帐簿,以常识论之,宁非天下最无用之物?然以历史家眼光观之,倘将同仁堂、王麻子、都一处等数家自开店迄今之帐簿及城间乡间贫富旧家之帐簿各数种,用科学方法一为研究整理,则其为瑰宝,宁可复量?……由此言之,史料之为物,真所谓"牛溲马勃,具用无遗",在学者之善用而已。③

由此可见,在梁启超看来,治史者不仅应该于"旧史"中发掘那些不为传统史家所重视的社会文化史料,还应该从杂史传记、小说戏文、档案信函甚至"寻常百姓家故纸堆中"寻找可资利用的材料,得出有价值的结论。而在撰写《先秦政治思想史》时,他广泛参考并引用了《诗经》、《尚书》、《礼记》、《国语》、《左传》、《史记》、诸子百家、《旧约》等典籍,内容涉及政治、经济、思想、文化、历史、宗教等多个方面;

---

① 梁启超:《中国历史研究法》,上海古籍出版社1998年版,第49页。
② 梁启超:《中国历史研究法》,上海古籍出版社1998年版,第51页。
③ 梁启超:《中国历史研究法》,上海古籍出版社1998年版,第53页。

在撰写《中国近三百年学术史》时，更是充分依托和利用藏书，广泛参考《明儒学案》《日知录集释》《亭林先生遗书》《荀子集解》《文史通义》《十七史商榷》《廿二史札记》等多部明清学者的相关著作，详细梳理了整个清代在经、史、古籍整理、自然科学等各个方面学术研究发展脉络及其成果，可见其研究实践中对藏书资源的借鉴与思考。此外，梁启超的"藏以致用"还体现在他常常会根据自己的实际研究所需，不断拓展访书的范围，丰富藏书内容：

> 吾初发意著此书，当战事初起之旬日后耳。其前各国关系之故，略能审记，故成之不甚劳。至最近之交涉，吾国报所译载，读之不能得要领，势必远求之于外国。而方在战中，交通梗塞，外国公报来者殊希，伫待两月，资料乃略备。……吾所需资料，多由女儿为我搜集，吾故不能离彼也。①
>
> （《欧洲战役史论 第二自序》）

> 拿历史家眼光看来，一字一句，都藏有极可宝贵的史料。又不独史部书而已，一切古书，有许多人见为无用者，拿他当历史读，都立刻变为有用。章实斋说："六经皆史"，这句话我原不敢赞成；但从历史家的立脚点看，说"六经皆史料"，那便通了。②
>
> （《治国学的两条大路》）

由此可见，《梁氏饮冰室藏书目录》所辑书籍既是其开展相关研究时不可或缺的资料宝库，同时亦伴随其史学研究的不断拓展和深入而不断扩充新的内容。梁启超饮冰室藏书在数量上又以史部和子部佛典为

---

① 《梁启超全集》第4册，北京出版社1999年版，第2680页。
② 《梁启超全集》第6册，北京出版社1999年版，第4067页。

最，可见其学术研究的重心之所在。此外，在《中国历史研究法》"史料之搜集与鉴别"一章中，梁启超还在总结史学研究经验的基础上着重提出了鉴别史料的十二条原则，堪称史学研究的经验之谈。

再次，藏书资源的"助力作用"还体现在梁启超对古代方志的研究上。传统学者（特别是清以前的史学家）一直将方志归为地理类著作，《四库全书》收录其他门类书籍皆以精细详尽为尚，而此类书籍则殊为简略。"通计著录及存目所收，不过百五十部"[①]，可见即便是在相对重视方志学编纂和研究的清代学界，对方志类书籍的重视程度依旧是不够的。而在梁启超看来，这些不为前辈学者重视的地方志类书籍对于中国史研究恰恰有着非常独特的作用。中国幅员辽阔，地大物博，各地发展状况前后相差悬殊，而"旧史专以帝都所在为中心，实不能提挈全部文化之真相"[②]，因此，对于研究者来说，"如欲彻底了解全国，非一地一地分开来研究不可"[③]。而若其想专门研究某一地区的历史与现状，那么这一地区的地方志就是研究过程中不可或缺的文献资料。梁启超在总结清代学者"整理旧学之成绩"时特别指出，旧时各地编纂的方志虽有十之八九"皆由地方官员奉行故事，开局众修，位置冗员，钞撮陈案，殊不足以语于著作之林"[④]，但这些"芜杂不整之方志"之中仍然有着无数"可宝之资料"供研究人员"披沙拣金"。此外，梁启超还结合饮冰室藏书资源，罗列了自身收藏的康熙《邹平县志》《济阳县志》，乾隆《宁波府志》等120余种"经名儒精心结撰或参订商榷"的地方志，并认为其"斐然可列著作者之林"[⑤]。既然"自汉晋以来二千年，私家史料之缺乏，未有如清代者"，那么对于清史研究者而言，这些"斐然可列著作

---

① 梁启超：《中国近三百年学术史》，北京市中国书店1985年版，第299页。
② 梁启超：《中国历史研究法》，上海古籍出版社1998年版，第146页。
③ 梁启超：《中国历史研究法》，上海古籍出版社1998年版，第178页。
④ 梁启超：《中国近三百年学术史》，北京市中国书店1985年版，第299页。
⑤ 梁启超：《中国近三百年学术史》，北京市中国书店1985年版，第300页。

者之林"的地方志就是研究整个有清一代经济、文化、社会生活等各个方面的巨大宝库。联系梁启超本人的学术研究可知，其《清代学术概论》《中国近三百年学术史》等论著中不乏对相关地方志资料或清代学者方志研究成果的梳理或引用。这些成果梳理和材料引述的来源亦多为其个人丰富的藏书资源。更值得注意的是，梁启超还专门撰写了《说方志》一文，在论述中国的地方志种类及其发展历史的同时，还对历代各家所著方志之优劣进行了详细评述，其中不乏如《广西志》《新疆图志》等梁氏个人藏书。

最后，藏书资源的"助力作用"亦体现在梁启超对后学者的教育和引导上。在《中国之旧史》一文中，梁启超指出："史学者，学问之最博大而最切要者也，国民之明镜也，爱国心之源泉也。今日欧洲民族主义所以发达，列国所以日进文明，史学之功居其半焉。"[①]可见在他看来，史学对于唤起民众爱国之心，增强民族凝聚力，推动社会进步发展具有重要作用。既然传统史学已经不能与东西方文明交汇的大变革时代相适应，那么创立"新史学"，培养掌握"新史学"研究方法的后学人才，自然成为振兴当时中国史学研究的当务之急。特别是对于有志于史学研究的初学者而言，如何从浩如烟海的史籍中整理出一份必读书目就是必须解决的首要问题。对于这一问题，梁启超参考了大量史部书籍，在《治国学的两条大路》《国学入门书要目及其读法》《要籍解题及读法》等论著中进行了颇具针对性的论述。如在《国学入门书要目及其读法》一文中，梁启超专拟"政治史及其他文献学书类"。不仅详细列举了《尚书》、《国语》、《战国策》、二十四史、《资治通鉴》等传统史籍，还列举了日本学者稻叶山君的《清朝全史》等西学书籍，从侧面体现了梁氏中西汇通的学术视野和中西并重的藏书特色。结合自身读书治学经验，梁启超还提出了方便初学者阅读难繁典籍的"摘读之法"：

---

① 《梁启超全集》第2册，北京出版社1999年版，第736页。

一曰就书而摘。《史记》《汉书》《后汉书》《三国志》……其书皆大史家一手著述,体例精严;且时代近古,向来学人诵习者众,在学界之势力与六经诸子埒。吾辈为常识计,非一读不可。吾希望学者将此《四史》之列传,全体浏览一过,仍摘出若干篇稍为熟诵以资学文之助。……

二曰就事分类而摘读志。例如欲研究经济史财政史,则读《平准书》《食货志》;欲研究音乐,则读《乐书》《乐志》;……每研究一门,则通各史此门之志而读之,且与《文献通考》之此门合读。当其读时,必往往发现许多资料散见于各传者,随即跟踪调查其传以读之。……

三曰就人分类而摘读传。……全史各传既不能遍读(且亦不必),则宜择伟大人物之传读之,……此外又可就其所欲研究者而择读:如欲研究学术史,则读《儒林传》及其他学者之专传;……用此法读去,恐只患其少,不患其多矣。①

梁启超一生"眼中无书,手中无笔之日绝少",他不仅著书、读书,更积极投身教育事业,力图通过振兴教育、启迪后学来嘉惠学林,实现自身救亡图存的理想。试想,如果没有丰富的藏书资源和长期的阅读积累,他又如何能从浩如烟海的史部典籍中选取出最适合初学者阅读的入门书籍,并在准确概述书籍内容的同时总结出适合初学者的阅读方法呢?

二、梁启超的文学研究与藏书

梁启超在学术研究领域的成就首推其史学研究,然梁氏之贡献却又不仅仅局限于史学,他在文学理论建设和古典文学研究领域取得的

---

① 《梁启超全集》第6册,北京出版社1999年版,第4236—4237页。

成就同样引人瞩目。对于这一点，前辈学者或聚焦于梁启超后十年的文学研究，详细梳理和总结其关于诗歌表情艺术的相关主张；或从整体着眼，概述其在中国古典文学研究领域的代表性观点及研究成果；更有学者以康、梁二人文学研究之异同为切入点，于对比分析中总结梁启超文学研究的特点。联系梁启超本人的藏书活动可见，《梁氏饮冰室藏书目录》中收录的集部和子部小说类书籍虽然在数量上不及史部和子部佛经类，却在整个饮冰室藏书中占有相当比重，可见文学类书籍亦是其访书、藏书的重点。这些藏书之于梁启超文学研究的价值有如下几点。

（一）西学藏书与梁启超的文学研究

首先，梁启超文学研究所采用的新方法主要依托于其丰富的西学藏书资源。与其史学研究相似，梁启超的文学研究在方法论上同样深受近代西方自然科学方法的影响，即将近代西方自然科学中的进化论思想与求真精神应用于具体的文学研究实践中。梁启超十八岁时"下第归道上海"，途中得见"上海制造局译出西书若干种"，由于经济条件所限，未能购入这些书籍。直到1892年方才如愿购得"江南制造局所译之书，及各星轺日记，与英人傅兰雅所辑之《格致汇编》等书"，并通过这些书籍初步了解了近代西方自然科学知识和科学理论。戊戌变法失败流亡日本后，梁启超又陆续求访、搜购了日本田边元的《科学概论》《最近的自然科学》，日本小野寺一雄等翻译的《现代科学的基础》，英国达尔文撰、日本开成馆翻译的《种之起源》等大批自然科学书籍，对近代西方自然科学的研究方法和求真精神有了更为深入的认识。这一点在梁氏1899年所作《论学日本文之益》中有明确体现：

> 既旅日本数月，肄日本之文，读日本之书，畴昔所未见之籍，纷触于目，畴昔所未穷之理，腾跃于脑。如幽室见日，枯腹得酒，

沾沾自喜。……夫日本于最新最精之学，虽不无欠缺，然其大端固已粗具矣。中国人而得此，则其智慧固可以骤增，而人才固可以骤出，如久餍糟糠之人，享以鸡豚，亦足以果腹矣。①

结合引文内容可知，梁启超此处虽意在通过自己"旅日本数月"的所见所感来阐述"学日本文之益"，但也从侧面反映出自己在悉心求访、搜购西学书籍的过程中获得的巨大收益。这些旨在介绍西方近代自然科学、人文知识和研究方法的日文书籍不仅开阔了梁氏的学术视野，拓展了其原有的知识面（"畴昔所未见之籍，纷触于目"），也对其治学思路和研究方法的更新扩展大有裨益。在写给妻子李蕙仙的书信中，梁启超畅言自己"读日本书所得之益极多极多"。梳理梁启超1899年之后的相关论著可见，要求中国学者转变观念，提倡并学习相关西学著述中的归纳、实证等科学研究方法，注重求真求实的科学精神，早已成为梁启超论著和演讲的重要命题。如梁启超1922年8月20日为科学社年会所作的题为《科学精神与东西文化》的演讲提到：

中国人对于科学的态度，有根本不对的两点：其一，把科学看得太低了、太粗了……多数人以为：科学无论如何高深，总不过属于艺和器那部分，这部分原是学问的粗迹，懂得不算稀奇，不懂不算耻辱。……其二，把科学看得太呆了，太窄了……他们以为只有化学数学物理几何等等才算科学，以为只有学化学数学物理几何等等才用得着科学；殊不知所有政治学经济学社会学等等只要够得上一门学问的没有不是科学，我们若不拿科学精神去研究，便做那一门子学问也做不成。②

---

① 《梁启超全集》第1册，北京出版社1999年版，第324页。
② 《梁启超全集》第7册，北京出版社1999年版，第4005—4006页。

梁启超认为，当时的中国若想求得进步，中国的学者们就必须改变以往那种将科学视为"艺成而下"或"不知道科学本身价值"的错误观念，树立求真求实的科学精神，并在此基础上运用实证、归纳等科学方法解决问题。唯有如此，才能逐步矫治当时学界"笼统""武断""虚伪""因袭""散失"的弊病，"渐渐把思想界的健康恢复转来"。这种注重系统研究、追求"有系统之真知识的方法"同样贯穿于梁启超的文学研究之中。以其屈原研究为例。此前学者对屈原的关注和研究多沿袭王逸《楚辞章句》中"《离骚》之文，依《诗》取兴，引类譬喻，故善鸟香草，以配忠贞，恶禽臭物，以比谗佞，灵修美人，以媲于君，宓妃佚女，以譬贤臣，虬龙鸾凤，以托君子，飘风云霓，以为小人"①的思路，"每篇每段每句皆胶例而凿求之"，忽略了屈原作品本应具有的文学价值；而梁启超既能以饮冰室所藏楚辞类古籍〔包括屈原撰、朱熹集注《楚辞集注》八卷（古逸丛书单行本）和屈原撰、宋钱杲之集解《离骚集传》（民国七年海虞铁琴铜剑楼印影宋刻本）〕为基础，博采前辈学者之长，又能够运用近代西方研究方法，对屈原其人及作品进行全面系统的梳理和研究。特别是能够从屈原生活的社会环境和生平境遇入手，以探讨屈原个人的性格特征为切入点，指出屈原人生悲剧的形成原因在于其"在哲学上有很高的见解，但他决不肯耽乐幻想……对于现实社会，不是看不开，而是舍不得"②。"易卜生最喜欢讲一句话：All or nothing。（要整个，不然宁可什么都没有。）屈原正是这种见解……他说也是如此说，做也是如此做。"③因此，"他从发心之日起，便有绝大觉悟……他赌咒和恶社会奋斗到底，他果然能实践其言，始终未尝丝毫让步。但恶社

---

① （汉）王逸注，（宋）洪兴祖补注：《楚辞章句补注》，吉林人民出版社2005年版，第3页。
② 梁启超：《梁启超古典文学论著》，上海书店出版社2013年版，第268—269页。
③ 梁启超：《梁启超古典文学论著》，上海书店出版社2013年版，第275页。

会势力太大,他到了'最后一颗子弹'的时候,只好洁身自杀"①。诸如此类的解读充分反映了屈原作品中时时展现其"苏世独立,横而不流"的高贵人格、"看见众生受苦,便和身受一般"的社会同情心。而这种以时代背景、作家个性为切入点,揭示作家作品艺术个性的研究思路亦是其在《科学精神与东西文化》中倡导的"我们想对于一件事物的性质得有真知灼见,……要钻在这件事物里头去研究,要绕着这件事物周围去研究,要跳在这件事物高头去研究,种种分析研究结果,才把这件事物的属性大略研究出来。……经过这种种功夫,才许你开口说'某件事物的性质是怎么样'"②。这种科学精神的体现,为推进20世纪初中国古典文学研究方法的更新起到了至关重要的作用。

其次,藏书资源也是梁启超开展文学理论研究,创立"以情感说为中心的创作、研究、鉴赏体系"③的重要基石。如前辈学者言,文学理论研究既是梁启超文学研究的重要组成部分,也是梁启超1920年后文学研究的重要面向。就其文学理论研究和饮冰室藏书的关系来看,主要在于以下三个方面。

其一,饮冰室的西学书籍启发了梁启超文学理论批评对新概念和新方法的引入。梁氏饮冰室藏书中不仅有英温彻斯特撰,景昌极、钱堃新翻译的《文学评论之原理》,吴献书编辑的《柏拉图之理想国》,周作人所作《欧洲文学史》,日本学者吹田顺助翻译的《十九世纪文学的主潮》等直接或间接译介近代西方文学理论概念、发展过程、主要观点的著作,更包括了阿部次郎的《美学》、泷村斐男的《美学思潮》、大隈重信的《东西文明的调和》、厨川白村的《文艺思潮论》等一批受到西方文艺理论思潮影响后致力于开展西方文艺理论研究、东西方文化比较和融

---

① 梁启超:《梁启超古典文学论著》,上海书店出版社2013年版,第270—272页。
② 《梁启超全集》第6册,北京出版社1999年版,第4006页。
③ 连燕堂:《试论梁启超对中国古代文学研究的贡献》,《文学遗产》1986年第6期。

合的日本学者的著作。此外，梁氏还收藏了舒新城编纂的《心理学原理实用教育学》、日本高桥让的《心理学》、速水滉的《现代的心理学》以及野上俊天的《青年心理讲话》等一批心理学书籍。这些书籍或为其戊戌变法失败后流亡日本，潜心求访所得，或系其归国后购买收藏，但与其海外游学经历有着千丝万缕的关联。这一点在梁启超与家人、朋友的日常通信中多有提及：

> 数月来主要之功课，可分为四：一曰见人，二曰听讲，三曰览名胜，四曰习英文。……吾在此发愤当学生，现所受讲义：一、战时各国财政及金融，二、西战场战史，三、法国政党现状，四、近世文学潮流。即此已费时日不少矣。其讲义皆精绝，将来可各成一书也。①
>
> （1919年6月19日《致梁仲策》）

> 初登舟即开始习法文，顷已记诵二百字，循此不倦，归时或竟能读法文书矣。每日功课晨起专习法文，约一时许，次即泛览东籍（约两三日尽一册）。②
>
> （1919年1月13日《致梁思顺》）

可见，在游学海外、"发愤当学生"的过程中，梁启超不仅苦学外语，泛览书籍以开拓眼界，还通过聆听当地学者讲座接受大量新思想和新知识。这些经历直接成为梁启超大力求购、收藏相关书籍的重要动力。从梁启超与女儿的日常通信来看，旨在译介、阐释西方文学理论批评概念和话语体系的书籍逐渐成为梁启超进行文学研究不可或缺的参考资料：

---

① 《梁启超全集》第10册，北京出版社1999年版，第6024页。
② 《梁启超全集》第10册，北京出版社1999年版，第6180页。

有人来时可将下列书检托带来，但检交季常丈处，彼自能理会也。《哲学大辞书》七册；《文艺全书》一大厚册，似是早稻田大学编辑，隆文馆发行。①

（1916年1月2日《致梁思顺》）

结合梁启超文学研究的实际情况，这种以藏书资源为依托，在一定范围内引进和借鉴西方文论概念、理论范畴来评价和阐释中国古代文学的思路堪称梁启超在中国文学研究上的一大创新。1922年梁启超在清华大学作题为《中国韵文里头所表现的情感》的演讲，特别提到了"浪漫派文学"和"写实派文学"。认为"浪漫派文学，总是想象力愈丰富愈奇诡便愈见精彩"，其特色在于"用想象力构造境界"；而"写实派作法，作家把自己情感收起，纯用客观态度描写别人情感"，其创作要诀是"将客观事实照原样极忠实的写出来，还要写得详尽……简单说，是专替人类作片段写照"。②在此基础上，梁启超结合屈原、李白、杜甫、韩愈、苏轼等一批颇具代表性的中国古代诗人及其作品，深入阐释中国古典文学中的韵文之美。根据梁启超的藏书情况，其"浪漫派文学"和"写实派文学"等概念的提出显然受到了18世纪末到19世纪三四十年代欧洲浪漫主义和现实主义理论的影响。例如，梁氏饮冰室所藏丹麦批评家勃兰兑斯撰、日本学者吹田顺助翻译的《十九世纪文学的主潮》一书中对"德国浪漫派"及其理论主张即有这样的叙述：

这个新的艺术福音的宣告者用一种使人感到他象含羞草一样敏感的语言，宣告他凭借对美的深刻而纯真的爱悦，摆脱了一切规则的强制……这种内心的激动和兴奋，象我已经说过的，通过

---

① 《梁启超全集》第10册，北京出版社1999年版，第6165页。
② 梁启超：《梁启超论中国文学》，商务印书馆2012年版，第263页。

对于诗的音乐处理或者通过音乐本身来引发，是最自然，最容易不过的。①

古人只是当自然在微笑、表示友好并对他们有用的时候，才真正发现自然的美。浪漫主义者则相反：当自然对人们有用的时候，他们并不认为它美；他们发现自然在蛮荒状态中，或者当它在他们身上引起模糊的恐怖感的时候，才是最美的。②

梁启超关于浪漫派文学"想象力愈丰富愈奇诡便愈见精彩"的观点与勃兰兑斯认为德国浪漫派"摆脱了一切规则的强制"，"自然在蛮荒状态中，或者当它在他们身上引起模糊的恐怖感的时候，才是最美的"等观点颇为一致。联系梁氏在与女儿的书信中多次提到自己"讲演之多既如此，而且讲义都是临时自编，……（一个月）撰约有十万字"，"用功真极刻苦"等情况来看，梁氏对于这一问题的论述当是充分参考了如勃兰兑斯《十九世纪文学的主潮》等西学藏书的成果。此外，《中国韵文里头所表现的情感》中还提到了"浪漫派文学"创作与诗人想象力、作品之"神秘性"乃至诗人"胸次高旷"之间的关系问题。如在谈到苏轼诗作时，称其"也是胸次高旷的人，但他的文学不含神秘性，纯浪漫的作品较少，……他作诗时候所处的境界，恰好是最浪漫的：他便将那一刹那间的实感写出来，不觉便成为浪漫派中上乘作品"③。这就涉及诗人的创作心理问题，梁氏饮冰室所藏的相当数量的心理学类书籍无疑有助于其在研究这一问题时做出更为合理的论述。

---

① ［丹］勃兰兑斯，刘半九译：《十九世纪文学主流·德国的浪漫派》，人民文学出版社1981年版，第130页。
② ［丹］勃兰兑斯，刘半九译：《十九世纪文学主流·德国的浪漫派》，人民文学出版社1981年版，第139页。
③ 梁启超：《作文教学法》，商务印书馆2018年版，第182页。

其二，饮冰室中的西学藏书对于梁启超提出文学研究应注重"中西结合""中西比较"的主张起到了助力作用。作为在时代激变中把目光投向西方，寻求救国之路，积极倡导文学改良运动的代表人物之一，梁启超的文学理论研究"自觉地把中西文学艺术进行对比"，"论著中已经有了明确的比较文学意识"[①]。这种"明确的比较文学意识"的产生，亦应主要归功于其种类丰富的西学藏书资源。

据《梁氏饮冰室藏书目录》的相关记载，梁氏藏书中除一定数量的西方文论和美学书籍外，西方文学作品的数量亦非常可观。其中不仅有中译本《俄国戏曲集》《海上夫人》《洞冥记》《情海疑波》《不灭的火》等，还包括了日译本《十日物语》（即薄伽丘《十日谈》）、《英国近代杰作集》（存下卷）[②]等西方文学作品集。这些作品集不仅使梁启超对西方各国作家作品有了更直观的认识，对西方相关文论和美学观点有了更加深刻的理解，亦促使其在具体的研究实践中采取"中西结合""中西比较"的方法，于"结合"和"比较"中充分发掘中国古典文学的特色所在。同样以《中国韵文里头所表现的情感》为例，梁氏在开篇导言中即明确表示做此演讲的目的，"是希望诸君把我所讲的做基础，拿来和西洋文学比较，看看我们的情感，比人家谁丰富谁寒俭，谁浓挚谁浅薄，谁高远谁卑近，我们文学家表示情感的方法，缺乏的是哪几种。先要知道自己民族的短处去补救他，才配说发挥民族的长处"[③]。文中论述"奔进的表情法"时，更是直接指出，"这种情感表现法，西洋文学里头恐怕很多，我们中国却太少了。我希望今后的文学家，努力从这方面开拓境界"[④]。论及"西北民族的表情法"时，梁启超直接以欧洲文学作品作

[①] 尹红茹主编：《比较文学》，吉林大学出版社2014年版，第29页。
[②] 国立北平图书馆编：《梁氏饮冰室藏书目录》，北京图书馆出版社2005年版，第544—545页。
[③] 梁启超：《梁启超古典文学论著》，上海书店出版社2013年版，第187页。
[④] 梁启超：《梁启超古典文学论著》，上海书店出版社2013年版，第193页。

为参照系来突显西北少数民族文学"伉爽真率"的表情特质。可见这种中西比较的研究视角在梁氏文学研究相关著述中比比皆是。

其三，梁启超一向重视文体问题，饮冰室的西学书籍促使梁启超的文体观念发生转变。夏晓虹《梁启超的文类观念》一文指出："晚清以降，受西方文类概念以及文学创作新趋向的影响，各类文体经历了大规模的重组与区划，为现代的文体分类学奠定了基础。"①而梁启超正是实现这种变革，特别是推动小说异军突起的关键人物之一。罗嗣亮的《现代中国文艺的价值转向——毛泽东文艺思想与实践新探》将梁启超视为20世纪初"具有强烈民族主义色彩的文艺价值论"②的代表人物，并将"新民"视为梁氏文艺价值论的核心所在——既为"新民"，则文学创作应在"政治和道德启蒙中发挥重要作用"，而在中国传统文学观念中被视为"最为鄙俗"的小说恰恰能够起到这样的作用。因此，梁启超极力推崇小说，并将小说视为"文学之最上乘"。连燕堂《试论梁启超对中国古代文学研究的贡献》一文认为，梁启超在理论上"给小说以'文学之最上乘'的地位，给戏曲以文学之'大国'、韵文之'巨擘'的地位"，这些努力为改变仅以诗文为正宗的中国古代文学结构颇有助益。③梁氏之所以能够提出这些主张，同样与其饮冰室中丰富的西学书籍资源有着密切关联。如其在《桃花扇丛话》开篇的论述：

> 斯宾塞尝言："宇宙万事，皆循进化之理，惟文学独不然，有时若与进化为反比例"云云。（彼推原其故，谓文学必带一种野蛮之迷信，乃能写出天然之妙，文明愈开，则此种文学愈绝，故文学与科学之消

---

① 夏晓虹：《阅读梁启超》，生活·读书·新知三联书店2006年版，第125页。
② 罗嗣亮：《现代中国文艺的价值转向——毛泽东文艺思想与实践新探》，社会科学文献出版社2015年版，第14页。
③ 连燕堂：《试论梁启超对中国古代文学研究的贡献》，《文学遗产》1986年第6期，第106页。

息,适成反比例云云,其言颇含至理。)此论在中国,尤为文学家所认同而无异议者矣。①

涉及进化论及相关问题的书籍一直是梁启超访书、藏书的重点。作为西方近代学术史上进化论的代表人物之一,斯宾塞的主要观点即包括将宇宙一切事物的发展视为一个逐步进化的过程。梁启超在文章开篇便引用斯宾塞所言探讨"文学之进化",并按照"进化论"的思路继续提出"以风格论,诚当尔尔,以体裁论,则固有未尽然者。凡一切事物,其程度愈低级者则愈简单,愈高等者则愈复杂,此公例也"②。同时据此提出"中国之韵文,其后乎今日者,进化之运,未知如何;其前乎今日者,则吾必以曲本为巨擘也"③的主张,赋予中国古代批评家视为"不入流"的曲本以"韵文之'巨擘'"的地位。

(二)传统古籍藏书与梁启超的文学研究

除西学藏书外,梁氏饮冰室藏书中的传统古籍对梁启超的文学理论研究亦有深刻影响。在古籍收藏的问题上,梁启超一贯秉承"讲求实用"的原则,正所谓"世之颠爱宋元版本,直是骨董家。'藏书'但其切于实用,而不必求其精椠。"④饮冰室中珍藏的古籍以清咸同光宣以及民国初期的通行本为主,另有少部分为明代精刻版,其收藏的集部诗文评类书籍亦均为清刻本或民国初年通行本,充分体现梁氏藏书活动"藏以致用"的原则。就饮冰室所藏传统古籍对于梁启超文学理论研究产生的影响而言,主要体现在以下几个方面。

其一,古籍资源是梁启超开展文学理论研究最为重要的资料来源。

---

① 陈多、叶长海选注:《中国历代剧论选注》,湖南文艺出版社1987年版,第394页。
② 陈多、叶长海选注:《中国历代剧论选注》,湖南文艺出版社1987年版,第394页。
③ 梁启超:《梁启超古典文学论著》,上海书店出版社2013年版,第193页。
④ 余绍宋:《〈梁氏饮冰室藏书目录〉序》,《图书馆学季刊》8卷1期。

1922年梁启超为北京美术学校师生做的题为《美术与科学》的讲演中，提到"如何观察自然"时有如下论述：

> 美术家的观察，不但以周遍精密为能事，最重要的是深刻。苏东坡述文与可论画竹的方法，说道："画竹必先得成竹于胸中；执笔熟视，乃见其所欲画者，急起从之，振笔直遂，以追其所见，如兔起鹘落，少纵则逝矣。"这几句话，实能说出美术的秘钥。①

在论及美术的"表情技能的应用"问题时，则引用了黄荃论吴道子钟馗图的故事：

> 相传五代时蜀主孟昶，藏一幅吴道子画钟馗，左手捉一个鬼，用右手第二指挖那鬼的眼睛，孟昶拿来给当时大画家黄荃看，说道：若用拇指，似更有力，请黄荃改正他。黄荃把画带回家去，废寝忘餐的看了几日，到底另画一本进呈，孟昶问他为什么不改，黄荃答道："道子所画，一身气力色貌，都在第二指，不在拇指，若把他改，便不成一件东西了，我这别本，一身气力，却都在拇指。"吴黄两幅画，可惜现在都失传，不能拿来比勘。但黄荃这话，真是精到之极。②

"苏东坡述文与可画竹"的故事在梁氏所藏明张丑撰《清河书画舫》（清乾隆二十八年仁和吴氏长元池北草堂刻本）、清孙岳颁等撰《佩文斋书画谱》（清翻刻殿本）等古籍中均有记述，而黄荃论吴道子画钟馗则可见于其所藏宋李昉等撰《太平广记》（清乾隆二十年天都黄氏校

---

① 《梁启超全集》第7册，北京出版社1999年版，第3961页。
② 《梁启超全集》第7册，北京出版社1999年版，第3961页。

刻本）、清张玉书等编《佩文韵府》（清重刻内府本）等古籍。文中所引如"师法自然""意在笔先""传神写照"等观点或主张皆属于中国古代文论常见的话语范畴，可以想见其来源于梁氏饮冰室内容丰富、数量众多的诗文评类古籍。梁启超为饮冰室藏书所作题跋中，亦不难发现类似例证：

言之无物，务尖险，晚唐之极敝也。妄自尊大，弥资匿笑耳。①

（题《刘蜕集》）

谢山谓其于文不称作家。然新乐侯一传，法度森然，生气远出。吾于明人之文，乃罕见其比。②

（题《天问阁集》）

结合引文可见，梁启超对于晚唐诗"言之无物，务尖险"的评价与其所藏宋胡仔《苕溪渔隐丛话》中评晚唐诗"气象衰苶""语到而实无见处"等观点颇有契合之处。而在评价李长祥《天问阁集》时更是直接化用所藏《佩文斋书画谱》中"姿态纵逸而法度森然"和司空图《诗品》中"生气远出，不著死灰"来强调作品行文之特点。这些都足以证明梁氏饮冰室中珍藏的传统古籍是其开展文学理论研究，特别是引述文学批评资料的"宝库"。

其二，饮冰室中丰富的古籍资源是梁启超文学理论研究中继承和发展中国古代文论主要概念、论题及话语体系的重要基础。如在《中国韵文里头所表现的情感》一文中，梁启超谈及"汉魏六朝乐府诗"时有这样的论述：

---

① 《梁启超全集》第9册，北京出版社1999年版，第5269页。
② 《梁启超全集》第9册，北京出版社1999年版，第5264页。

（举《东门行》《有所思》等几首为例）读这几首，大略可以看得出当时平民文学的特采，是极率真而又极深刻，后来许多专门作家都赶不上。李太白刻意学这一体，但神味差得远了。

（评《陇头歌》）这些都是用极简单的语句，把极真的感情尽量表出，真所谓"一声何满子，双泪落君前"。你若要多著些话，或是说得委婉些，那么真面目完全丧掉了。①

"文""情"关系向来是中国古代文论的重要议题。联系梁启超饮冰室的藏书情况，无论是其所藏《尚书》中"诗言志，歌永言"（《尚书·舜典》），还是《诗毛氏传疏》（清光绪十年吴县朱记荣校刻本）中"在心为志，发言为诗，情动于中而形于言"的观点，抑或是刘勰《文心雕龙》（清乾隆六年刻本）中"铅黛所以饰容，而盼倩生于淑姿；文采所以饰言，而辩丽本于情性。故情者，文之经，辞者，理之纬；经正而后纬成，理定而后辞畅"的主张，无不揭示着"真情"在文学创作中的重要作用。对于作者来说，唯有胸中蕴积真情，才能将其形诸笔端，使读者于字里行间收获感动人心的力量。但这并不意味着写作者可以忽略辞藻的修饰作用，而是要求写作者在诗文创作中必须注意平衡"情""采"二者之间的关系，做到"文采兼备、华实并茂"。梁启超在评述汉魏六朝诗作时特别注重发掘作品"用极简单的语句，把极真的感情尽量表出"的特点，力赞其"极率真而又极深刻，后来许多专门作家都赶不上"。可见在具体的文学批评实践中，梁启超极为推崇文学创作中"真情"的表达。饮冰室数量丰富、种类众多的传统古籍资源，恰恰是梁启超在分析论述相关问题时得以立足于中国古代文论概念范畴和话语体系的重要基础。

---

① 梁启超：《梁启超古典文学论著》，上海书店出版社2013年版，第189页。

另一个典型例证是梁启超对文学教育作用的强调和重视。在《要籍解题及其读法》中谈到"读《诗》之法"时，梁启超曾有这样的论述：

> 孔子曰："诗可以兴，可以观，可以群，可以怨。"……古者以诗为教育主要之工具，其目的在使一般人养成美感，有玩赏文学的能力，则人格不期而自进于高明。夫名诗仅讽诵涵泳焉，所得已多矣，况孔子举三百篇皆弦而歌之，合文学、音乐为一，以树社会教育之基础，其感化力之大云胡可量！①

连燕堂在《试论梁启超对中国古代文学研究的贡献》中指出，梁启超之前的《诗经》研究以经学研究为主，"虽然自刘勰始，不少有识之士也从文学的角度探讨《诗经》，但总没有人敢于否定它的经学地位，把它作为纯粹的文学作品看"②。此处，梁启超以孔子《论语》中对于《诗经》功能的相关论述为基础，结合南宋书院诸学者颇为推崇的"讽诵涵泳"之法来说明《诗经》在中国古代美学教育上发挥的重要作用（"使一般人养成美感，有玩赏文学的能力"）。从文学理论研究的角度看，梁氏此论既与传统儒家文论一贯重视和提倡文学"风以动之，教以化之"的教化作用一脉相承，同时在一定程度上突破了经学研究的藩篱，更加注重发掘《诗经》"作为表情文学的独特价值"。③结合梁氏饮冰室藏书及梁启超与其亲友的书信往来可见，在对于《诗经》等传统儒家经典"教化之功"的解读和诠释上，梁启超多以其丰富的藏书资源为依托，根据自身阅读经验做出相应的总结。据相关资料记载，梁氏饮冰室

---

① 《梁启超全集》第8册，北京出版社1999年版，第4656页。
② 连燕堂：《试论梁启超对中国古代文学研究的贡献》，《文学遗产》1986年第6期，第112页。
③ 连燕堂：《试论梁启超对中国古代文学研究的贡献》，《文学遗产》1986年第6期，第112页。

中的"诗类"藏书达10种之多,其中不乏如宋谢枋得《诗传注疏》2卷(民国十六年铅印本)、清方玉润《诗经原始》20卷(民国三年云南图书馆刻本)、清王先谦《诗三家义集疏》28卷(民国四年虚受堂刻本)等诗经学著作。他还在与儿女、亲友的书信往还中数次提及《诗经》等传统儒家经典"有益修身","犹药物也,可以攻病,犹键钥也,可以启关","使气血和畅,肤革充盈,永不为再病媒"[①]的教化作用。这些观点和主张是中国古代文论特别是儒家文论对文学社会价值的主要描述,可见其珍藏古籍确是梁启超进行文学理论研究,特别是继承和发展中国古代文论主要概念、命题及话语体系的重要基础。

此外,梁启超的古典文学研究无论是在研究方法还是在学术视野上"都具有一定的创新开拓性",他在研究对象的选择上亦能保持冷静的头脑,对中国古代的文人创作予以更为充分的关注。[②]在开展作家作品个案研究时,饮冰室的古籍藏书资源亦成为其最为倚重的"宝库"。梁启超对陶渊明及其诗作的研究即一典型案例。在1923年3月20日写给友人高梦旦的信中,梁启超曾这样描述自己的研究状态:

> 弟因遵医戒养病,暂屏绝费心血之著作,读陶诗以自遣。此两旬间成一书,拟题曰《陶渊明》。内分三部分:(一)陶渊明之品格及其文艺价值;(二)陶渊明年谱(胡适之来此数日,极激赏此作),(三)陶渊明解题及新笺(此部分尚有少许未成)。[③]

《陶渊明》一书是梁启超遵医嘱养病期间"读陶诗以自遣"有感而成的作品。饮冰室藏书中既包括如清陶澍注《靖节先生集》(清光绪九

[①] 丁文江、赵丰田编:《梁启超年谱长编》,上海人民出版社1983年版,第458页。
[②] 赵敏俐:《古典文学的现代阐释及其方法》,商务印书馆2013年版,第113页。
[③] 《梁启超全集》第9册,北京出版社1999年版,第6043页。

年江苏书局刻本）等以注书者"十年之力以成，今昔之陶集注，此最精核矣"为特色的珍本、善本，又有如古直撰《陶靖节诗笺》（民国十五年上海聚珍仿宋书局铅印本）这类代表当时学者研究成果的版本。从梁启超书中对陶渊明及其诗作品格的解读，特别是在《陶渊明年谱》中对陶渊明生平事迹的详细考证来看，精心求访所得的珍贵古籍是其研究过程中最为重要的文献依据。梁启超在《陶渊明年谱》开篇中便自述写作过程："便屏百虑，读《陶集》自娱。偶钩稽其作品年月，而前人所说，皆不能惬吾意。……遂发愤自撰此谱，三日而成。成后，检箧中故书，得旧谱数种，复以两日校改之为斯本。号称养病，亦颇以镂刻愁肝肾矣。"①由此足见饮冰室藏书在梁启超进行作家个案研究时发挥的参考作用。

梁启超还常根据具体研究对象和研究问题的不同有针对性地开展藏书活动，于研究过程中不断访书、聚书，以弥补现有藏书之不足。这种文学研究与藏书活动之间的相互促进作用在梁启超对辛弃疾及其词作的相关研究上有所体现。梁启超不但对其"好之尤笃"，"平时谈词辄及稼轩"，更在晚年着手编纂《辛弃疾年谱长编》，进一步扩展对辛弃疾及其词作的研究广度和深度。随着研究的逐步深入，梁启超发觉自己手中藏书资源（包括明毛晋编汲古阁本《宋六十名家词》、清周济撰道光十二年刻本《宋四家词选》等）之不足，由此展开了颇具针对性的藏书活动。《跋四卷本稼轩词》一文中有述：

> 《稼轩词》在宋有三刻，一为长沙一卷本，二为信州十二卷本，三即四卷本。明清以来，传世者惟信州本。……近武进陶氏景印宋元本词集，中有《稼轩词》甲乙丙三集，其编次与毛王本全别，文字亦多异同。余读之颇感兴趣，顾颇怪其何以卷数畸零，与前籍所

① 梁启超：《梁启超古典文学论著》，上海书店出版社2013年版，第312页。

著录者悉无合也。嗣从直隶图书馆假得明吴文恪（讷）所辑《唐宋名贤百家词》，其《稼轩集》正采此本，而丁集赫然在焉，乃拍案叫绝，……此本最大特色，在含有编年意味，……若欲为稼轩词编年，凭藉兹本，按历年游宦诸地之次第，旁考其来往人物，盖可什得五六。①

另据《梁启超年谱长编》记载，梁启超曾在1927年致叶揆初、陈叔通等人的信中，称自己"惟籀读著述之病，殊不能减。日来撰成《辛稼轩年谱》，并为稼轩词作编年，竟什得七八，又得一佳钞，用校四印斋重雕之元大德本，是正伪舛，将及百条，深用自喜。一月来光阴全消磨此中"②。甚至在1928年重病住院后，他仍然托人寻觅相关材料，"忽得《信州府志》等书数类，狂喜，携书出院，痔疾并未见好，即驰回天津。……拟一面服泻药，一面继续《辛稼轩年谱》之著作"③。可见在梁启超编纂《辛弃疾年谱长编》的过程中，文学研究与其藏书活动始终呈现出一种相辅相成、互为助力的密切关系。后世学者亦称赞梁启超对于辛弃疾及其词作的个案研究是"以社会批评的方式肯定了辛词的价值"，"揭示辛词的思想远比以往的词学家深刻"。④

范凤书《中国私家藏书史》指出，在图书馆尚未普及的封建时代，中国的私家藏书"实际肩负着公共图书馆的部分职能，与国家藏书相辅相成共同推动着中华文化学术的发展"⑤；有赖于一代代私人藏书家的辛勤努力和付出，才使得中华文化火种能够历经劫难而生生不息。从这些私人藏书家的藏书目的来看，既有单纯基于个人嗜书爱好而开展藏书活

---

① 《梁启超全集》第9册，北京出版社1999年版，第5276页。
② 丁文江、赵丰田编：《梁启超年谱长编》，上海人民出版社1983年版，第1193页。
③ 丁文江、赵丰田编：《梁启超年谱长编》，上海人民出版社1983年版，第1199页。
④ 谢桃坊：《中国词学史》，巴蜀书社2002年版，第438—440页。
⑤ 范凤书：《中国私家藏书史》，大象出版社2001年版，第8页。

动者，也不乏以鉴古知今、传承中华文化之根脉为己任，视藏书为"人生中第一要事"者。更有一些藏书家为求一珍本、善本而不惜耗费巨资、散尽家财，可谓"书痴"者。而梁启超开展藏书活动的目的与上述三类藏书家皆有所区别：他虽然也是嗜书如命的爱书人，却并非只因个人兴趣爱好而访书藏书；饮冰室藏书中虽不乏善本古籍，却从未刻意讲究书籍的刻印年代和质量，而是更加注重"服务于学术研究"的现实要求。因此，深入论析"梁启超饮冰室藏书及其文学研究"这一问题，不仅有助于发掘梁启超藏书的特色之所在，更能够使我们在分析和解读梁启超文学研究的特点及其形成原因时得出更为全面、客观的结论。

（三）梁启超的佛学研究和藏书

梁启超是百科全书式的学者，佛学研究也是其学术涉猎的重要领域。按其《清代学术概论》所言，"晚清思想家有一伏流，曰佛学，……龚、魏为'今文学家'所推奖，故'今文学家'多兼治佛学。石埭杨文会……夙栖心内典，学问博而道行高。……谭嗣同从之游一年，本其所得以著《仁学》，……康有为本好言宗教，往往以己意进退佛说。章炳麟亦好法相宗，有著述。故晚清所谓新学家者，殆无一不与佛学有关系"①。因此，从晚清学术发展史的角度来看，梁启超的佛学研究既是时代潮流影响下的产物，又是佛学复兴运动的重要组成部分。就研究内容而言，梁启超的佛学研究涉及对佛教史的梳理和考证、佛教与哲学的分析比较、佛教经典辨伪、佛教经义考释、佛学理论、佛典翻译研究等多个方面，用力颇勤、成果颇丰，被后世学者誉为"中国近代佛学的杰出代表"。子部释家类是梁氏饮冰室藏书中数量最多的门类之一。梁启超的佛学研究与其藏书之密切关联主要体现在以下几个方面。

首先，藏书资源是梁启超开展佛学研究的重要基础。据考证，梁启

---

① 梁启超：《清代学术概论》，中华书局1964年版，第73页。

超的佛学启蒙始于其1891年就学于万木草堂期间。此时的梁启超不仅得以聆听恩师康有为的教导指点，对佛学经典有了基本认识，更在与师友"相与治周秦诸子及佛典"的过程中切磋砥砺，在广泛涉猎佛教经论的同时逐步实现自身佛学思想体系的构建。这一时期，梁启超尚未开始大规模、有针对性地收藏佛教典籍，其佛学思想尚处于"依附在康有为藩篱之内"的阶段，研读及开展研究的典籍资料亦主要依托万木草堂的佛学"书藏"。直到变法失败东渡日本，梁启超才真正开始有计划地进行佛教典籍的求访搜购，佛学思想亦由此逐渐摆脱了康有为的影响而具有独立的个性色彩。这一时期的梁启超不仅如饥似渴地阅读了大量佛教典籍，陆续搜集了如密藏编、日本铁眼校《大藏经》（日本延宝六年翻刻本）、日本国民文库刊行会编《和译大藏经》（日本大正间铅印本）、日本高楠顺次郎等编《大正新修大藏经》（日本昭和三年大正一切经刊行会印本）等佛学原典丛书外，还努力学习日文，接触和研读一些日本著名学者撰写的佛学著作。1899年，梁启超在日本著名宗教学者姊崎正治的引荐下结识了日本著名佛学家井上圆，并于同年五月参加了在日本东京举办的哲学大会。会议结束后，梁启超依旧与这两位学者保持联系，阅读并收藏了二人的多部著作。《梁氏饮冰室藏书目录》所录姊崎正治《宗教学概论》（日本明治三十三年铅印本）、《印度宗教史考》（日本明治三十一年铅印本）、《新时代的宗教》（日本大正十年铅印本）、《根本佛教》（日本明治四十三年铅印本）等书籍就是这一时期陆续收藏的。随着访书、藏书工作的不断深入，梁启超对于佛学领域相关问题的研究亦有相应的拓展。如以《泰西学术思想变迁之大势》一文为例，梁启超在介绍古希腊埃黎亚学派学者巴弥匿智（Parmenides）和天演学派宗师额拉来吉图（Heraklitos）的学说时援引佛教语言加以概括：

> 巴氏之论，以"有"（being）为宗，而额氏之论以"成"（becoming）为主；巴氏以万法实相，为一如不变，额氏以为流

转无已。

　　巴氏之说曰:"存者惟'有','非有'不存;匪为不存,亦不可识。所谓'有'者,无始无终,惟有现在,不生不灭,又不可分。"

　　额氏之说曰:"一切物相,非有非无。有无两相,同时而现。惟趋于成,以为其鹄。即集即散,方散方集。忽来倏去,孰睹其朕。"①

　　可见,梁氏所述虽聚焦于西方哲学家及其主要观点,但阐述过程中不仅使用了如"万法实相""无始无终""不生不灭"等佛教术语,概括上述二位古希腊哲学家观点的方式亦与佛经的表述方式极为类似,故前辈学者曾有"猝读下列文字,人们或许还会误认为它出自某卷佛经"②的评价。可以说,对佛教典籍的深入阅读和理解是梁氏能够采用这种"援佛入西"的方式阐发西哲学说的重要基础。

　　1920年游欧归来后,梁启超的佛学研究开始转入"颇为深入的学力研究阶段",其主要特点是"以学问研究为目的,使用科学方法,对佛教历史、佛教经典、佛教哲学进行学术研究"③。他还在最初两年撰写了大量论文,取得了颇为丰硕的成果。梁氏藏书重要的基础性作用在其晚年的佛学研究,特别是对佛教经典的阐释和考辨上有着更为深刻的体现。以其《佛学研究十八篇》中所录《说〈四阿含〉》一文为例。文中开篇对佛教经典《阿含经》的基本构成、成书和集结情况做了详细说明,并在考辨其传译源流的基础上着重阐明了研究《阿含经》的必要性。在他看来,《阿含经》既是"最初成立之经典,以公开的形式结集,最为可信","佛教之根本原理——如四圣谛、十二因缘、五蕴皆空、业感轮回、四念处、八正道等——皆在《阿含》中详细说明"④,又是佛经

---

① 《梁启超全集》第2册,北京出版社1999年版,第1017页。
② 《唐文权文集》,华中师范大学出版社2013年版,第130页。
③ 李小艳:《论梁启超的佛学》,《船山学刊》2012年第2期。
④ 梁启超:《佛学研究十八篇》,上海古籍出版社2001年版,第301页。

中"比较近于朴实说理","含佛语分量多且纯"者。此外，该经具有"不惟与大乘经冲突，且大乘教义，蕴含不少"，以及"叙述当时社会事情最多，读之可以知释尊所处环境及其应机宣化之苦心"①的特点。对于那些想要真正在佛学研究上取得成就的学者来说，《阿含经》是其必须重视的对象。联系《梁氏饮冰室藏书目录》中的相关记载，梁氏饮冰室中所藏"经类阿含之属"中既有在《说〈四阿含〉》一文中提到的《增一阿含经》50卷（符秦昙摩难提译，清光绪十二年江北刻经处刻本）、《杂阿含经》50卷（刘宋求那跋陀罗译，清光绪十四年常熟刻经处刻本）、《中阿含经》60卷（东晋僧伽提婆译，民国元年常州天宁寺刻本）、《佛说长阿含经》22卷（姚秦佛陀耶舍共竺佛念译，清光绪三十三年姑苏刻经处刻本），还包括了《佛说法印经》（宋施护译，民国八年北京刻经处刻梅光义徐文蔚辑六经合刻本）、《佛说戒德香经》（东晋竺昙无兰译，民国八年北京刻经处刻梅光义徐文蔚辑六经合刻本）等佛教典籍。②可见梁启超之所以能够在文章中详细梳理《阿含经》的集结、传译情况，特别是在文章最后提出"卷帙浩繁""篇章重复""辞语连犿""译文拙涩"③等四点《阿含经》未能普及的原因，自然离不开其对《阿含经》的仔细阅读和反复揣摩。《梁氏饮冰室藏书目录》中所记载的归于"阿含之属"的佛教典籍，恰是这篇文章得以形成的重要基础。

其次，丰富的藏书资源是梁启超扩展佛学研究学术视野、开拓研究思路的重要助力。唐文权《梁启超佛学思想述评》一文指出，"梁启超晚年认为，学佛可分两派，一为'哲学的研究'，二为'宗教的信仰'"，而梁氏本人的研究"正是循着这两条途径同时并进"④。依托饮

---

① 梁启超：《佛学研究十八篇》，上海古籍出版社2001年版，第302页。
② 国立北平图书馆编：《梁氏饮冰室藏书目录》，北京图书馆出版社2005年版，第221—223页。
③ 梁启超：《佛学研究十八篇》，上海古籍出版社2001年版，第302页。
④ 唐文权：《梁启超佛学思想述评》，《华中师院学报》1983年第4期。

冰室丰富的佛学藏书，梁启超的学术视野和佛学研究思路得以在这一过程中不断深化扩展。唐文随后还指出，1920年旅欧归来，梁启超在年内即撰写了包括《中国佛法兴衰沿革说略》《佛陀时代及原始佛教教理纲要》《大乘起信论考证》等12篇佛学研究论文，它们是梁启超"运用资产阶级的观点方法治佛学的首批成果之一"[①]；梁启超"根据斯宾塞的社会有机体论"分析和论述印度佛教的发展概况，也是"发前人所未发"。足见饮冰室藏书中如《科学概论》《社会学原理》等介绍近代西方科学研究方法的书籍对梁启超的佛学研究多有方法论意义上的启迪。此外，以佛学研究、宗教哲学研究为主题的日本著作或日文译著，如《佛典的研究》（日本松本文三郎撰，日本大正三年铅印本）、《佛教论理学》（日本村上专精撰、境野黄杨同撰，日本大正七年铅印本）、《宗教哲学的本质及其根本问题》（日本波多野精一撰，日本大正十年岩波书店铅印本）、《印度佛教史纲》（日本境野哲撰，日本大正八年铅印本）等对梁启超拓展佛学研究思路也多有助益。1922年6月3日，梁启超为中华心理学会所做的题为《佛教心理学浅测》的讲演，便是一篇试图从心理学视角解释佛教"五蕴皆空"的论文。它既有"尝试用现代心理学框架和概念梳理佛教心理学内涵"的开拓意义，又展现出梁启超"佛教心理学不同于科学心理学的人文主义心理学的观点"[②]，对于后学者探讨佛教心理学的内涵和价值具有相当的启发意义。梁启超饮冰室藏书中不乏如《心理学》（日本高桥穰撰，日本大正六年岩波书店铅印本）、《现代的心理学》（日本速水滉撰，日本大正五年铅印本）[③]、《佛教心理的研究》（日本橘惠胜撰，日本大正五年铅印本）[④]等介绍近代心理学、佛教心理学的书籍。这些为梁启超尝试采用心理学原理研

---

① 唐文权：《梁启超佛学思想述评》，《华中师院学报》1983年第4期。
② 阎书昌：《中国近代心理学史（1872—1949）》，上海教育出版社2015年版，第85页。
③ 国立北平图书馆编：《梁氏饮冰室藏书目录》，北京图书馆出版社2005年版，第555页。
④ 国立北平图书馆编：《梁氏饮冰室藏书目录》，北京图书馆出版社2005年版，第574页。

究和解释佛教教义提供了帮助和启示。

再次，丰富的藏书资源是梁启超开展佛学研究时最为倚重的"资料库"。研究所用资料翔实可靠是梁启超佛学研究的特色之一，这一点以其从目录学角度对佛学典籍进行研究最为典型。梁启超认为，佛教典籍虽然在中国古代典籍中占有较大比重，但一直不为历代学者所重视，"除《隋·经籍志》《唐·艺文志》卤莽灭裂，著录数种外，其余谱录，一不之及。惟阮孝绪《七录》特开佛法录一门，分为戒律、禅定、智慧、疑似、论记五部，著录五千四百卷，可谓卓识。惜其书今不存"[①]。鉴于此，梁启超先后撰写了《佛教典籍谱录考》《佛家经录在中国目录学之位置》等一系列论文，其中对历代佛教典籍的存佚情况、版本源流、内容概要、地位价值等问题的梳理考辨多是以饮冰室藏书资源为依据。如在叙述《开元释教录》所载东晋释道安所撰《经录》一书时，引用《高僧传》"自汉魏迄晋，经来稍多，而传经之人，名字弗说。后人追寻，莫测年代。安乃总表名目，表其时人，铨品新旧，撰为经录"[②]的说法，标明其"佛典谱录，安实作始"的重要地位。在叙述明智旭撰《阅藏知津》时，梁启超更结合自己的藏书情况说明"近有金陵刻经处重印本，则四十四卷。而卷首有夏之鼎序，谓四十八卷，未知有阙佚否"[③]。(《梁氏饮冰室藏书目录》中有"清光绪十八年金陵刻经处刻本《阅藏知津》四十四卷"[④]。)这足以证明饮冰室藏书在梁启超佛学目录学研究中的参考价值。

须指出，"资料宝库"的助力作用并不局限于梁氏的佛学目录学研究，此处举其佛教史研究一典型例证加以补充说明。梁启超在《论中国学术思想变迁之大势》"佛学时代"一章中指出，自己对"诸宗传授"的梳理考辨大多直接参考日本学者的研究成果：

[①] 梁启超：《佛学研究十八篇》，上海古籍出版社2001年版，第205页。
[②] 梁启超：《佛学研究十八篇》，上海古籍出版社2001年版，第205—206页。
[③] 梁启超：《佛学研究十八篇》，上海古籍出版社2001年版，第210页。
[④] 国立北平图书馆编：《梁氏饮冰室藏书目录》，北京图书馆出版社2005年版，第301页。

鄙人虽好佛学，然实毫无心得，凡诸论述，皆贫子说金之类而已。此节所记历史，据日本人所著《八宗纲要》《十二宗纲要》《佛教各宗纲领》等书，獭祭而成，非能自记忆自考证也。……此等干燥无味之考据，知为新学界所不喜，但此亦是我国学术思想一大公案，学者所不可不知也。①

梁氏饮冰室藏书中既有如日本佛教各宗协会编辑的《佛教各宗纲要》(十二卷，日本贝叶书院铅印本)、日本福田义道撰《八宗纲要讲解》(六卷，日本京都书林铅印本)、境野黄洋撰《八宗纲要讲话》(日本大正九年铅印本)等引文中明确提到的日本学者著作，还包括了如前田慧云撰《天台宗纲要》(存附录，日本大正八年铅印本)、斋藤唯信撰《华严学纲要》(日本丙午出版社铅印本)、秋野孝道撰《禅宗纲要》②等介绍中国佛教各宗派基本主张、发展概况的论著。正是以这些藏书资源为依托，梁启超才能在叙述"诸宗传授"这一问题时做到图文并茂、条理分明。

梁启超的藏书与创作

作为中国近代文化史上"言满天下，名满天下"的风云人物，梁启超在文学创作上的成就亦不容小觑。他不仅积极倡导文学领域的革新运动，倡导"诗界革命""散文革命""小说革命"，尝试"戏曲改良"，更以丰厚的学养为基础，笔耕不辍，创作了一系列反映自身政治理想和抱负，要求"救亡图存""除旧布新"，旨在"唤醒国民"的文学作品，堪

---

① 梁启超：《论中国学术思想变迁之大势》，上海古籍出版社2001年版，第93页。
② 国立北平图书馆编：《梁氏饮冰室藏书目录》，北京图书馆出版社2005年版，第571—573页。

称中国近代文学史上的"急先锋"。饮冰室中的藏书资源对于梁启超文学创作的影响，主要体现在以下几个方面。

首先，藏书资源是梁启超开拓文学创作新题材的"创意之源"，这在梁启超政治小说的创作中体现得最为明显。据《梁启超年谱长编》记载，戊戌变法失败后，梁启超避走日本，"在彼国军舰中，一身以外无文物，舰长以《佳人之奇遇》一书俾先生遣闷"[①]。这本日本作家柴四郎所著《佳人之奇遇》中的"国权思想"遂成为梁启超译介他国政治小说的原点。抵达日本后，梁启超即着手创办《清议报》。在1898年12月23日出刊的《清议报》第一册上，他发表了《译印政治小说序》一文，明确提出"政治小说"的概念（"政治小说者，著者欲以吐露其怀抱政治思想者也"），主张借鉴"在昔欧洲各国变革之始，其魁儒硕学，仁人志士，往往以其身之所经历，及胸中所怀，政治之议论，一寄之于小说。于是彼中缀学之子，黉塾之暇，手之口之，下而兵丁，而市侩、而农氓、而工匠、而车夫马卒、而妇女、而童孺，靡不手之口之。往往每一书出，而全国之议论为之一变"的成功经验，积极翻译外国政治小说，实现思想改良、"图强救国"的目的。与此同时，梁启超开始尝试创作政治小说，希望"直接以本国的政治事件来讨论国家的政治问题"，更加切实地唤起民众之改变。

以其最为著名的政治小说《新中国未来记》为例。这部小说在人物设置上效法日本政治小说中常用的"人物演讲法"，借"演讲人"之口申明自己的政治理想。通过梳理相关资料可知，梁启超曾指导、协助其子梁思成等人译介英国作家韦尔斯的作品。从其1921年写给友人陈叔通的书信中，可以看到这样的叙述：

> 韦氏（吾在英时曾晤数次，谈甚洽，彼书亦有征引吾说者）为

[①] 丁文江、赵丰田编：《梁启超年谱长编》，上海人民出版社1983年版，第193页。

当代一著名文学家，其书文极优美，在欧诸友曾劝吾译之。吾英文既不通，为事甚劳，故未之许也。小儿辈自告奋勇，约同学三人以从事，彼辈于文学绝无素养，其辜负原著自无待言，吾因欲授小儿以国文，故本年暑假三个月中每日分半日为之改润（现仍每日分两点钟为之），故此书虽号称儿曹所译，实则无异我自译。①

梁启超信中提到的这部由其子梁思成等人翻译，自己"为之改润"的小说正是韦尔斯的《世界史纲》。该书作于一战之后，是韦尔斯"以教育'世界公民'为目的创作的一部历史普及读物"。②这部小说的最大特色在于其"并不受历史教科书程式之类的约束"，在叙述历史上一些王朝兴衰更替的纷繁史实时往往能够做到繁简得宜，且"书中许多地方，都有作者对历史发展的认识，都反映了作者自己的历史观点"，可谓引人入胜。对于梁启超而言，修改、润色译作的过程不仅是阅读和了解韦氏全书思想脉络的过程，也是接触崭新写作题材和写作手法，取其所长为己所用的过程。此外，梁氏饮冰室藏书中还有如英道因著，林纾、林凯同译《情海疑波》（商务印书馆铅印本）等小说。这些藏书资源均成为梁启超在小说创作实践中不断开拓、尝试新题材以"开启民智"的重要来源。

其次，梁氏藏书是其开展文学创作所倚重的"资料宝库"。梁启超一生勤于读书的习惯不仅使他在从事学术研究时"具有广博的知识和极强的择别能力"③，更促使其在文学创作（包括传统诗文创作、以"文学改良"为目的的戏曲和小说创作等）中能够做到旁征博引，"下笔如有神"。具体来看，这种梁启超藏书"资料宝库"的性质主要体现在以下

---

① 丁文江、赵丰田编：《梁启超年谱长编》，上海人民出版社1983年版，第602页。
② 赵柔柔：《威尔斯的世界想象及其中国回响——以梁思成译〈世界史纲〉为中心》，王宏志主编：《翻译史研究》（2014），复旦大学出版社2015年版，第185页。
③ 国立北平图书馆编：《梁氏饮冰室藏书目录》，北京图书馆出版社2005年版，第4页。

三个方面。

一是成为梁启超品读、学习前辈佳作，寻找师法典范的"资料宝库"。在1910年所作《双涛园读书》（其三）一诗中，梁启超曾这样描述自己徜徉书海的乐趣："开篇睹片言，神明若来诏。我心实所获，莫逆为一笑。悠悠千百年，此乐无人晓。"[①]的确，对于梁启超而言，丰富的藏书既是其收获快乐的源泉，更是其文学创作不可或缺的灵感之友。这在梁启超的诗词创作中有所体现：

　　八月十八潮，壮观天下无（用苏句，武汉首难正八月十八夕也）。积此千载愤，一发奢万夫。岂无钱王弩，欲射未忍殊。哀彼鸱夷魂，睢眦存古愚。报楚志易得，存吴计恐粗。即此涤溹浊，为功良不诬。习坎幸知止，庶毋鱼鳖俱。[②]

[《感秋杂诗》（其三）]

　　伤春学清真体柬刚父庭院碧桃开三日落尽矣藉寓所伤后之读者可以哀其志也

　　听彻宵残雨，正帘外晓寒衣薄。莫道春归，便浓春池阁，已自萧索。问岁华深浅，悄悄桃叶，在旧时栏角。繁红斗尽无人觉，待解寻芳，东风已恶。欢期未分零落，尚曲墙扶绕，频动春酌。

　　情怀如昨，只休休莫莫。似水流年，底成漂泊。故枝犹缀残萼，又蜂衔燕蹴，乍欹怯弱。愁对汝自扃深阁。却不奈一阵轻飘无赖，送敲垂幕。感啼鸟未抛前约。向花间道不如归去，怕人瘦削。[③]

(《六丑》)

---

① 《梁启超全集》第9册，北京出版社1999年版，第5453页。
② 《梁启超全集》第9册，北京出版社1999年版，第5447页。
③ 《梁启超全集》第9册，北京出版社1999年版，第5477页。

中国古代文学史上前贤大家的诗词佳作是梁启超学习和效仿的重点，饮冰室藏书资源是其选择师法对象的主要来源。就引文所举例证来看，梁启超在《感秋杂诗》（其三）直接引用苏轼《催试官考较戏作》中"八月十八潮，壮观天下无"一句为开篇，《六丑》则在词前小序中标明"学清真体"。就苏集而言，饮冰室中共藏有旧本题王十朋撰《东坡先生集》（明吴兴茅维刻本）等七种苏轼诗集，且其中亦不乏如宋施元之注，清邵长蘅、李必恒补注《古香斋鉴赏袖珍施注苏诗》（清光绪八年孔氏三十有三万卷堂重刻内府本）、清王文浩注《苏诗编注集成》（光绪间浙江书局刻本）这类汇集前人研究成果的经典之作。就周词而言，饮冰室的相关藏书中既有周邦彦《清真集》二卷（光绪二十六年校本），更包括如宋周密编、清查为仁注《绝妙好词笺》（清乾隆十五年刻本）、明毛晋编《宋六十名家词》（钱塘汪氏重校刻汲古阁本）、清朱彝尊编《词综》（清康熙十七年刻本）等后人编纂的宋词选本。这些丰富的古籍资源成为梁启超进行传统诗文创作时得以引用、效法前辈作品的重要材料。

二是成为梁启超的文学创作，特别是其旧体诗词创作最可信赖的"用典宝库"。关于梁启超的旧体诗词创作，近代批评家多从其"倡导诗界革命的领军人物"这一特殊身份着眼，关注其诗词作品中"不屑拘拘绳尺之间"（汪辟疆《光宣诗坛点将录》）、"才情横溢"（钱仲联《近百年诗坛点将录》）的一面。今人胡全章则从近代报刊传媒的视角出发，认为梁启超的旧体诗词创作"走过了一条从打破传统、锐意创新、自成一体到复归传统的路子"①。实际上，无论是早年的"打破传统，锐意创新"还是晚年向"唐神宋貌"的复归，善用典故始终是梁启超诗词创作的显著特点。以梁启超的旧体诗词为例：

---

① 胡全章：《从"才气横厉"到"唐神宋貌"——近代报刊视野中的梁启超诗歌》，《文学遗产》2013年第4期。

我所思兮在何处，卢（卢梭）孟（孟德斯鸠）高文本我师。铁血买权惭米佛，昆仑传种泣黄羲。宁关才大难为用，却悔情多不自持。来者未来古人往，非君谁矣喻人悲。①

[《次韵酬星洲寓公见怀二首并示遁庵》（其二）]

渊明自欺世，止酒岂尝止。开口叹时运，不达乃至此。乞食达本尊，闲情况明理。图中形影神，哓哓其可已。②

[《对酒图五章，章八句，为寒季常题，以"浊"、"醪"、"有"、"妙"、"理"为韵》（其五）]

冷瓢《饮水》，蹇驴《侧帽》，绝调更无人和。谁为夜夜梦红楼，却不道当时真错。

寄愁天上，和天也瘦，廿纪年光迅过（十二年岁星一周谓之一纪）。"断肠声里忆平生"，寄不去的愁有么？③

（《鹊桥仙》）

梁启超早期诗词创作的"用典宝库"是其藏书资源中的西学书籍。在《次韵酬星洲寓公见怀二首并示遁庵》诗开篇，梁启超便提及"卢（卢梭）孟（孟德斯鸠）高文"带给自己的深刻影响。结合梁启超同时期的诗作加以考察可知，旨在体现近代西方思想家相关主张的词语数见其中，如"民权""自主""世界""哲理""大同"等。足见"卢孟高文"的影响不仅在于其政治思想的形成和发展，亦在其具体的文学创作实践中。饮冰室藏书中不乏如日本金水筑子撰《欧洲思想大观》（日本

---

① 《梁启超全集》第9册，北京出版社1999年版，第5422页。
② 《梁启超全集》第9册，北京出版社1999年版，第5470页。
③ 《梁启超全集》第9册，北京出版社1999年版，第5489页。

大正十一年铅印本）、樋口龙峡撰《现代思潮的解剖》（日本大正三年铅印本）、桑木严翼撰《现代思潮十讲》（日本大正九年铅印本）等以译介、阐释西方思想家著作和理论主张为内容的西学书籍。这些是梁启超早期诗词创作中援引西方典籍和西人事迹的主要来源。就梁启超晚年的诗词创作而言，丰富的藏书资源（特别是传统古籍资源）亦为其在具体的文学创作中学习和师法前辈优秀作家作品的重要参照，引文中梁氏所作《对酒图五章》（其五）诗和《鹊桥仙》（冷瓢《饮水》）词都是能够体现这一点的典型例证。前者在用韵上以杜甫《晦日寻崔戢李封》诗中"浊醪有妙理"一句为韵脚，通过化用陶渊明《止酒》《时运》《形影神》等诗篇，紧扣诗题中"对酒图"之"酒"字，匠心独运。后者则将纳兰词集名称（《饮水词》《侧帽集》）和词作名句（"梦红楼""断肠声里忆平生"）自然融合于词作之中，既契合了作者词前小序"深夜坐月，讽纳兰词，怅触成咏"的主题，又体现出作者对纳兰词的熟悉和喜爱，一箭双雕。按《梁氏饮冰室藏书目录》记载，梁启超共收藏陶渊明作品集三种、杜甫诗集七种、纳兰性德词集一种。在梁氏与亲朋好友日常往来的书信中，亦常常提到"读文学书""读陶诗以自遣""追怀成容若"之事，为梁启超能够在这些作品中巧妙引用、化用前人佳句打下基础。

三是梁启超在小说、戏曲和散文创作时发掘故事蓝本的重要资料来源。以戏曲创作为例，梁氏一生创作传奇三种（《劫灰梦传奇》《新罗马传奇》《侠情记传奇》）、粤剧一种（《班定远平西域》）。藏书对梁启超戏曲创作的影响，主要体现在其对故事的编排和人物的塑造上：

> 千年亡国泪，一曲太平歌。文字英雄少，风云感慨多。俺乃意大利一个诗家但丁的灵魂也。……叵耐我国自罗马解纽以后，群雄割据，豆剖瓜分。纵有俾尼士、志挪亚、米亚蓝、佛罗灵、比梭士，名都巨府，辉映历史，都付与麦秀禾油；任那峨特狄、阿剌

伯、西班牙、法兰西、奥大利，前虎后狼，更迭侵凌。①

（《新罗马传奇·楔子》）

侬家马尼他，原籍意大利国人，先世本累代将门，父亲亦曾任少尉之职，只因本国主权，久归他族，养兵但防众贼，操戈动杀同胞，因此愤愤去官，挈家避地，侨寓这南美洲乌嘉伊国，耕猎为业。……侬家虽属蛾眉，颇娴豹略。读荷马铙歌之行，每觉神移；赋木兰从军之篇，惟忧句尽。②

（《侠情记传奇》）

左鹏军《梁启超的戏曲创作与近代戏曲变革》一文指出，梁启超的戏曲创作多采用"旧瓶装新酒"的写作方式，形式上以明清戏曲创作盛行的传奇为载体，在内容上则多"以启蒙宣传、议论时政为主体结构"。善于通过剧中角色来传达作者的政治理想，表达作者呼唤"国富民强"的主题。梁启超的同门好友、自号"扪虱谈虎客"的韩文举曾为梁启超《新罗马传奇》做批注。在谈及此剧创作缘起时有如下表述：

作者初为《劫灰梦传奇》，仅成楔子一出，余亟待赏之，日日促其续成。蹉跎至今，竟无嗣响。日者复见其作《意大利建国三杰传》，因语之曰："若演此作剧，诚于中国现今社会最有影响。"作者犹豫未应，余促之甚。端午夕，同泛舟太平洋滨归。夜向午，忽持此章相示，余受之狂喜，因约每出为之注评，兼监督之，勿令其中途戛然而止也。……此本熔铸西史，捉紫髯碧眼儿，被以

---

① 《梁启超全集》第10册，北京出版社1999年版，第5650页。
② 《梁启超全集》第10册，北京出版社1999年版，第5662页。

优孟衣冠,尤为石破天惊。①

结合韩文举批语可知,通过"熔铸西史"来实现"西为中用""启迪民智"是梁启超创作《新罗马传奇》等戏曲作品时的主要创作手法。《梁氏饮冰室藏书目录》记载,饮冰室藏有日本早稻田编辑部编《通俗世界全史》(日本大正初年早稻田出版部铅印本)、大日本文明协会编辑《近代泰西英杰传》(日本明治四十四年铅印本)以及日本学者濑传秀雄撰《西洋全史》(日本明治四十三年铅印本)、箕作元八撰《西洋史讲话》(日本大正二年铅印本)、岸本能武泰译《伊太利及伊大利人》(日本大正元年大日本文明协会铅印本)②等记叙古希腊、古罗马以及近代西方各国杰出人物及其事迹的西学书籍。联系引文例证可知,无论是梁启超发掘故事蓝本、塑造剧中人物,还是安排和推动故事情节的发展,这些西学书籍的参考作用和资料价值贯穿始终。

另一个典型的例子是梁启超的散文创作。呼吁维新改良,倡导除旧布新的政论散文是梁启超散文创作的重头,其中有部分作品旨在介绍近代西方的思想、文学和文化,其灵感来源便是饮冰室藏书中的西学书籍。1899年梁启超作《商会议》。文章不仅开门见山地申明"商会"的创立源自"泰西地方自治之政体",更在文末引用"昔者英人之得志于印度也,以七万镑金之商会,数十年间,规抚全印,指挥若定,筹饷练兵,设官开港,皆商会任之,国家一切不过问,凡数十年治定功成"③的例子,进一步说明中国人开设商会的必要性。这一认知或来源于梁氏藏书中英国历史学家约翰·科伯特(John Kobert)著、加藤政司郎翻译的《英国膨胀史论》(日本大正七年日本兴亡史论刊行会编印兴亡史论单行

---

① 《梁启超全集》第10册,北京出版社1999年版,第5651页。
② 国立北平图书馆编:《梁氏饮冰室藏书目录》,北京图书馆出版社2005年版,第590—593页。
③ 《梁启超全集》第1册,北京出版社1999年版,第280页。

本)、堀田璋左右编《印度史》(日本明治三十七年铅印本)①等书籍。这些文献明确记载了英国"印度统治""印度征服实况"等事迹。另,梁启超《自信力》一文中通过详细叙述"日本明治维新初年,伊藤、大隈二人,谋设东海道铁路"的来龙去脉,说明自己"任天下者当有自信力,但其事当行者,即断然行之"②的主张,梁氏所藏日本学者大川周明《日本文明史》(日本大正十年铅印本)等介绍日本明治维新人物及其事迹的书籍或为其参考依据。

再次,梁启超的藏书资源对其创作风格和作品形式有一定影响。以散文创作为例,梁启超的散文素以善将浅近文言文与西方现代文学的理性精神、话语方式完美结合而著称。这种平易酣畅、不拘一格的行文风格体现了梁氏所受传统古籍与西学书籍的双重影响:

> 我国数千年来不悦学之风,殆未有甚于今日者。六经束阁,《论语》当薪,循此更阅十年,则千圣百王之学,精华糟粕,举扫地尽矣。或曰:今者新学方兴,则旧学之销沉,亦非得已。日本明治初年,其前事也。虽然,日本此前之骛新学,则真能悦之而以所学名其家与传其人者辈出焉。日本之有今日,盖学者之功最高。我则何有?治新学者,以之为应举之敲门砖而已。门辟而砖旋弃,其用恰与此前之帖括无以异。……(真正的学者)其所学之致用与否勿具论,要之,舍肉欲外,更有此以供精神上之愉快,于以维系士夫之人格,毋使堕落太甚,而国家元气,无形中往往受其赐。③
>
> (《岁晚读书录·不悦学之弊》)

---

① 国立北平图书馆编:《梁氏饮冰室藏书目录》,北京图书馆出版社2005年版,第590—591页。
② 《梁启超全集》第1册,北京出版社1999年版,第350页。
③ 《梁启超全集》第1册,北京出版社1999年版,第400—401页。

作为中国近代文学史上倡导"文界革命"的先驱，梁启超论作文时曾提出"传世之文"和"觉世之文"的主张。在他看来，写作"传世之文"的终极目标在于名垂后世，故其"或务渊懿茂古，或务沉博艳丽，或务瑰奇奥诡，无之不可"。而写作"觉世之文"的终极目标则在于唤起民众之精神，"播文明思想于国民"，故其只须注重"辞达而已"，"当以条理细备，词笔锐达为上，不必求工也"。就梁启超本人的创作实践而言，后者正是其一生致力之所在。梁启超在创作这类短小精悍的议论文章时之所以能够形成"中西合璧，平易畅达"的"才士型文风"，与饮冰室西学书籍，特别是以日本著名政论家德富苏峰为代表的作家作品有着非常密切的关联。以梁启超1899年2月所作《夏威夷游记》为例：

德富氏为日本三大新闻主笔之一，其文雄放隽快，善以欧西文思入日本文，实为文界别开一生面者，余甚爱之。中国若有文界革命，当亦不可不起点于是也。①

对于德富苏峰"雄放隽快"，善于将西方文法、思想融入日文写作之中的风格，梁启超不仅十分欣赏，而且认为中国之"文界革命"亦当予以效法，才能创作出一批旨在唤醒国民救亡图存意识的"觉世之文"。饮冰室藏有德富苏峰著《时务一家言》（日本大正四年铅印本）一书。该书不仅是德富苏峰的代表作之一，更是其回归言论界的标志性著作，这种为梁启超所欣赏的"雄放隽快"之文风在该书中体现得淋漓尽致。此外，据德富苏峰《中国漫游记》记载，他曾在1917年漫游中国时与梁启超会面并相谈甚欢。整个谈话过程中梁启超"频频赞赏我（即德富苏

---

① 《梁启超全集》第1册，北京出版社1999年版，第1220页。

峰)的《杜甫与弥尔顿》,说从来不会错过我的文章"[1]。由此可见,德富苏峰的著作为梁启超所重视。这也从另一侧面证明了饮冰室的西学藏书对梁启超创作风格的深刻影响。

汪涌豪曾在《经典阅读的当下意义》一文中指出,经典阅读最大的特点在于其"有对普遍性和本原特征的热切关注,能助人了解世界,观照自我,因此给人提供的是切切实实的精神养料"[2]。对于梁启超而言,阅读这些收藏于书斋之内的中外经典,不仅可以从中寻觅和抽绎出可资研究的宝贵资料和重要线索,更能汲取古今中外诸位优秀前辈作家的创作经验,并在此基础上学以致用,将其切实应用于自己日常的文学创作实践之中。这种应用既包括创作经验的学习、资料的积累,亦不乏新文体的尝试与新风格的开拓。由此观之,饮冰室藏书对于梁启超文学创作产生的深刻影响,可谓不言自明。

---

[1] [日]德富苏峰:《中国漫游记:七十八日游记》,刘红译,中华书局2008年版,第70页。
[2] 上海图书馆编:《阅读年选:理念·2012》,上海科学技术文献出版社2013年版,第239页。

王国维

王国维（1877—1927），浙江海宁人，初名国桢，字静安，又字伯隅，初号礼堂，晚年以所居永观堂，而更号为观堂，又号永观。王国维出生于书香世家，祖父为国学生，兼业行医。父亲乃誉，后虽弃儒经商，仍颇攻书画篆刻、诗赋文辞，尤以画为最擅，颇为时人所赞。王国维母凌氏，生一女一子，女蕴玉，男国维。王国维四岁时，母亲病故，由其祖姑母与叔祖母抚养照顾。

海宁地理位置优越，经济发达，文化较昌明，近三百年来学者辈出。梁启超说："杭属诸县自陈乾初而后，康熙间有海宁陈莲宇（世倌），师事梨洲，亦颇提倡颜李学。道咸同则海宁张叔未（廷济），海宁蒋生沐（光煦），颇以校勘名。光绪间有海宁李壬叔（善兰），精算学，译西籍，徐文定后一人也。最近则余杭章太炎（炳麟），治声音训诂之学，精核突过前人，学佛典亦有所发明。"[①]

家学渊源与海宁的文化氛围对王国维的成长产生了深远影响。王国维七岁入邻近私塾潘绶昌处，接受传统的启蒙教育。王国维自言："家有书五六簏，除《十三经注疏》为儿时所不喜外，其余晚自塾归，每

---

① 梁启超：《近代学风之地理的分布》，《清华学报》1924年第1卷第1期，第27页。

泛览焉。"① 十一岁更从邑人陈寿田学习，每月作骈文、散文、古文诗若干，是其习作诗文之始。同时，王国维还在父亲王乃誉的指导下泛览群书，乃誉"教国维读书，发行箧中藏书，口授指划，每深夜不辍，诗文时艺，皆能成诵"。② 乃誉工于金石书画，王国维受其熏陶，为日后金石方面的研究奠定了基础。十六岁，王国维入州学。十七岁、二十一岁两次前往杭州参加乡试，然均未考取。科举的失利，并未影响王国维对读书和学术的执着追求。

王国维一生勤奋治学，兴趣广泛，在教育学、哲学、文学、戏曲、经学、史学等方面皆有颇深造诣，在近代学术史上产生了深远影响。王国维的学术成就与他的藏书密不可分，他的学生、著名目录学专家姚名达在《友座私语之一》中评价说："成学固不易，静安先生所以有如此成就，固由其才识过人，亦由其凭藉弥厚。"③ 王国维几乎以读书为终身事业。赵万里回忆："先生逝世前夕，尝语人曰：'余毕生惟与书册为伴，故最爱而最难舍去者，亦惟此尔。'"④

关于王国维的治学历程，罗继祖将其划分为五个时期：

> 大抵先生之学屡变，光绪辛丑（一九〇一）、壬寅（一九〇二）之间，始研究西洋哲学，醉心于尼采、叔本华之学说，一变也；先生初好为诗，至乙巳（一九〇五）至丁未（一九〇七）之间，弃哲学而转入文学，喜填词，二变也；是年入都，鉴于中国文学最不振者莫如戏曲，于是专攻戏曲，三变也；辛亥（一九一一）革命，避地日本京都，于是悉摒弃以前所学改而治古史、古文字及训诂音韵，四变也；乙丑（一九二五）就职清华，课余兼治西北地理及辽

---

① 王国维：《自序》（一），《教育世界》第148号，1907年。该文后收入《静安文集续编》。
② 袁英光、刘寅生：《王国维年谱长编（1877—1927）》，天津人民出版社1996年版，第3页。
③ 姚名达：《友座私语之一》，《国学月报》1927年第2卷，第552页。
④ 赵万里：《王静安先生手校手批书目》，《国学论丛》1928年第1卷第3期，第179页。

金元史，五变也。①

罗继祖先生的这一划分主要以王国维研究对象的转变为依据。在此基础上，本书结合王国维藏书情况，主要探讨王国维学术历程中哲学研究、戏曲研究、史学研究三个方面与其藏书之关系。

藏书、阅读与悲观主义

一、王国维的哲学研究

王国维最初专攻哲学，很早就表现出了对哲学的兴趣。1898年2月，经同学许墨斋介绍，王国维前往上海，任时务报馆书记。工作之余，他每日前往东文学社②听课三小时，但因时务报馆中事务繁杂，王国维除听课外，几乎无暇自修。对于这种状态，王国维感到十分困苦。他在给许墨斋的信中写道："现在弟学东文，势难间断，已成骑虎之势，馆中可谓计之得矣。弟所办事除删东文、校报外，尚须写信，（此事阁下订弟时已言及。）或代作文及复校书籍，现在除读东文三点钟外，几无暇暑，于学问（及又须代翻译作表，及五十六、七等期论说中之表亦弟所作。）丝毫无益，而所入不及一写字人，又奚为哉！"③是年冬，时务报馆关闭，罗振玉请王国维任东文学社庶务，并免其各项费用。由是，王国维得以专心治学。在东文学社中，受日本学者藤田丰八、田冈佐代治等人著述之影响，王国维开始对西方康德、叔本华之哲学产生浓厚兴趣，并为此专门学习英文以便阅读英文书籍。④

---

① 王国维：《王国维文学美学论著集》，北岳文艺出版社1987年版，第1—2页。
② 东文学社，由罗振玉于1898年3月创立。
③ 刘寅生、袁英光编：《王国维全集·书信》，中华书局1984年版，第5页。
④ 王国维说："盖余之学于东文学社也，二年有半，而其学英文亦一年有半。"《自序》（一），《教育世界》第148号，1907年，第2页。

1901年，罗振玉在上海创办《教育世界》杂志，并邀请王国维任主编。1902年，王国维赴日留学，入东京物理学校，"昼习英文，夜至物理学校习数学"。①后因足疾发作，是年夏，在罗振玉的劝说下，王国维回到上海，居罗振玉家中，出任南洋公学东文学堂执事。同时，兼为罗振玉编译《农学报》和《教育世界》杂志，撰述日益丰富。王国维所翻译的日文书籍《算数条目及教授法》《教育学教科书》等皆刊于《教育世界》杂志。此外，他还翻译了日本学者的《哲学概论》《心理学》《伦理学》等著作。王国维治哲学，即自此始。为了研究哲学，他购买了不少西方或日本的哲学、美学著作。遗憾的是，王国维并没有记录下他藏书的书目，我们只能通过他的年谱或其他相关文献资料寻找线索。王国维在《自序》中记录了他专攻哲学的原因，并提及他所阅读的书目：

> 留东京四五月，而病作，遂以是夏归国。自是以后，遂为独学之时代矣。体素羸弱，性复忧郁，人生之问题，日往复于吾前，自是始决从事于哲学，而此时为余读书之指导者，亦即藤田君也。次岁春，始读翻尔彭之社会学、及文之名学、海甫定心理学之半。而所购哲学之书亦至，于是暂辍心理学而读巴尔善之哲学概论，文特尔彭之哲学史，当时之读此等书，固与前日之读英文读本之道无异……既卒哲学概论、哲学史，次年始读汗德之纯理批评。至先天分析论几全不可解，更辍不读，而读叔本华之《意志及表象之世界》一书。叔氏之书，思精而笔锐。是岁前后读二过，次及于其《充足理由之原则论》《自然中之意志论》及其文集等。尤以其《意志及表象之世界》中汗德哲学之批评一篇，为通汗德哲学关键。至二十九岁，更返而读汗德之书，则非复前日之窒碍矣。嗣是于汗德

---

① 王国维：《自序》（一），《教育世界》第148号，1907年。

之纯理批评外,兼及其伦理学及美学。至今年从事第四次之研究,则窒碍更少,而觉其窒碍之处大抵其说之不可持处而已。①

从上面这段叙述中可以看出,王国维积极阅读并购置了相当数量的哲学书籍,其中对康德、叔本华的著作尤其用力。②由于"体素羸弱,性复忧郁,人生之问题,日往复于吾前,自是始决从事于哲学",带着这样一种目的,王国维很容易接受康德的哲学思想,从而形成了他自己的悲观主义哲学观。

1903年3月,王国维应张謇的邀请至南通通州师范学校任教。这时,他已遍读社会学、伦理学、心理学、哲学的西方相关书籍,特别是康德、叔本华等学者的著作,且与日文译本相参照,在这些方面积累颇丰。1904年12月至1905年11月,应罗振玉邀请,王国维在江苏师范学堂执教,主讲心理学、伦理学、社会学等课程。

虽然王国维在三十岁之后逐渐转向文学研究,但他仍保留了相当数量的哲学类书籍,甚至在东渡日本时也不忘携带。青木正儿是著名的日本汉学家,他回忆初次见到王国维的情形:"他(王国维)让我从土间走上草垫,此处有六张草垫大,兼作客厅。这儿除了汉籍以外有一些英文书。起先我以为这一定是戏曲书,出乎意料大都是让人发窘的哲学书。"③日本学者新村出回忆说:"大正初年罗振玉翁的藏书在京都大学图书馆寄托了一段时间,王君与此事颇有关系,在罗君与馆员

---

① "汗德"即"康德"。王国维:《自序》(一),《教育世界》第148号,1907年。
② 康德是德国著名的古典哲学家,他一方面承认在我们意识之外,有一个"自在之物"的物质世界,一方面又认为这个"自在之物"是不可知的东西。他认为人们的理性只能认识此岸的现象,不能认识彼岸的事物,是哲学史上的二元论者。叔本华继承了康德的唯心主义哲学。
③ [日]青木正儿:《追忆与王静庵先生的初次见面》,原刊日本刊物《中国文学月报》第二十六号,昭和十二年(1937年)五月。本文转引自陈平原、王枫编:《追忆王国维》,中国广播电视出版社1997年版,第379页。括号内文字为引者所加。

交涉时他尽了相当多的力……在图书馆三楼的一隅，罗氏寄托的图书堆边上，数十册洋书并排而立，其中有康德、叔本华等西洋哲学家的名著，我见了很奇怪，有人说这是王君所藏，那时我才知道王君是了解西哲思想的学者。"①

正是由于攻读了大量哲学著作，尤其下功夫研究了康德、叔本华、尼采等人的哲学思想，王国维后来在哲学研究领域成绩斐然。这一时期王国维在《教育世界》《广益丛报》等刊物上发表了《论教育之宗旨》《哲学辨惑》《孔子之美育教育》《叔本华之哲学及教育学说》《叔本华与尼采》《论性》《释理》《原命》《国朝汉学派戴阮二家之哲学说》等多篇哲学研究论文。郭湛波在《近五十年中国思想史》中评价："王氏之贡献最大在学术，而在近五十年思想史上之贡献，一是早年西洋哲学思想之介绍，一是龟甲骨文。"②

王国维是将康德、叔本华等人的著作和思想系统地介绍到中国的第一人。他主张用西方哲学来解析中国哲学史上长期争论的性、理、命的问题，同时也主张用中国哲学来解析外国哲学史争论的问题。③他在哲学领域的研究很大程度上决定了20世纪中国哲学研究的发展方向。

虽然王国维在三十岁之后逐渐停止了哲学研究，但康德、叔本华对他的影响深远，加之自身坎坷的经历和时代、社会之动荡，王国维逐渐产生了悲观主义的哲学倾向。他所发表的《论性》《释理》《原命》三篇重要论文就是在这种影响下写成的，其中《原命》一文最为集中地反映了他所受到的叔本华之影响。王国维因读康德觉得"窒碍"，所以通过叔本华的著作去了解康德。因此，他在评判康德时，难免以叔本华的思

---

① [日]新村出：《海宁的王静安君》，原刊日本刊物《艺文》第拾八年第九号，昭和二年（1927年）九月。转引自陈平原、王枫编：《追忆王国维》，中国广播电视出版社1997年版，第372页。
② 郭湛波：《近五十年中国思想史》，山东人民出版社1997年版，第64页。
③ 张志建主编：《王国维学术思想研究》，教育科学出版社1992年版，第1—2页。

想为标准。王国维在《原命》一文中充分接受了叔本华的因果律,为生命受幻影支配的悲观主义倾向奠定了哲学基础。①

二、王国维的诗学研究和文学创作

王国维研究哲学之闲暇,以填词自遣。他的创作、诗学研究与哲学研究相互交错,哲学思想对其填词活动、诗学研究都产生了重要影响。王国维幼年时便喜填词吟诗,1904年至1907年之间更集中精力进行诗词创作。1906年4月,王国维集结了这两三年间的填词之作,以《人间词甲稿》为名印行。1907年11月,他又汇集当年所填之词为《人间词乙稿》,刊于《教育世界》。②在创作实践的基础上,王国维撰写了《人间词话》,分三期连载于《国粹学报》。③可以说,他的《人间词》是《人间词话》"境界"说的成功实践。

王国维在这一时期遭遇了家庭变故,④加之他悲观主义的哲学思想,其词作充满了浓重的伤感、悲观成分,其中有不少慨叹的词句。例如《人间词甲稿》中的《蝶恋花》:

  昨夜梦中多少恨,细马香车,两两行相近。对面似怜人瘦损,众中不惜搴帏问。
  陌上轻雷听渐隐,梦里难从,觉后那堪讯。蜡泪窗前堆一寸,人间只有相思分。⑤

---

① 陈元晖:《王国维与叔本华哲学》,中国社会科学出版社1981年版,第24—26页。
② 王国维:《人间词乙稿》,《教育世界》第161号,1907年。
③ 王国维:《人间词话》,《国粹学报》第47期(1908年),第49、50期(1909年)。1926年,俞平伯将刊于《国粹学报》的《人间词话》辑出,共64则,标点后以单行本印行,这是《人间词话》的第一个标点单行本。
④ 1906年7月,王国维的父亲病卒。1907年6月,王国维夫人莫氏病故。
⑤ 王国维:《〈人间词〉〈人间词话〉手稿》,浙江古籍出版社2005年版,第18页。

这首词看似写爱情，实际寄托着王国维的人生追求。王国维处在社会形态急剧变化的时期，家国前途并不明。他的人生理想也如同恋人般捉摸不定，忽近忽远，虽百般追求，却如同梦一场，空留"相思"。细细读来，词句中所流露出的哀怨的情绪，自然而不流于世俗。

又如《人间词乙稿》中的《蝶恋花》：

> 满地霜华浓似雪，人语西风，瘦马嘶残月。一曲阳关浑未彻，车声渐共歌声咽。
> 换尽天涯芳草色，陌上深深，依旧年时辙。自是浮生无可说，人间第一耽离别。①

这首词抒发的是离别之情，最后一句"自是浮生无可说，人间第一耽离别"尤为后人所称道。离别之后，从此人生无话可说，言语中充满了无奈。"耽离别"是作者的自嘲，充满了悲凉之感。

对于王国维的词作，署名为"樊志厚"的《人间词乙稿序》评论说："静安之为词，真能以意境胜。夫古今人词之以意胜者，莫若欧阳公；以境胜者，莫若秦少游。至意境两浑，则唯太白、后主、正中数人，足以当之。静安之词，大抵意深于欧，而境次于秦。"②这就是说王国维的词中含有深刻的人生哲理，实际上也就是他的悲观主义思想。

不仅是词作，甚至《人间词话》这部重要的文艺批评著作都明显受到了叔本华、康德哲学思想的影响。有学者评论说："(《人间词话》)成功之本就在于有机地将以叔本华为代表的西方诗学思想与传统的中国诗学观念结合在一起……《人间词话》的理论价值和实践价值……在于

---

① 王国维：《〈人间词〉〈人间词话〉手稿》，浙江古籍出版社2005年版，第28页。
② 樊志厚：《人间词乙稿序》，《教育世界》第161号，1907年，第2页。

用西方理论思维方式去系统地描述和概括散见的中国诗歌理论。"①这主要体现在以下几个方面。

一、"境界"说。《人间词话》第一则就是"词以境界为最上。有境界则自成高格，自有名句。五代、北宋之词所以独绝者在此"②。"境界"一词，是王国维有意选择的："严沧浪《诗话》谓：'盛唐诸公，唯在兴趣。羚羊挂角，无迹可求。故其妙处，透澈玲珑，不可凑泊。如空中之音、相中之色、水中之影、镜中之象，言有尽而意无穷。'余谓：北宋以前之词，亦复如是。然沧浪所谓兴趣，阮亭所谓神韵，犹不过道其面目；不若鄙人拈出'境界'二字，为探其本也。"③又说："言气质，言格律，言神韵，不如言境界。境界，本也；气质、格律、神韵，末也。有境界而三者随之矣。"④由此看出，王国维认为"境界"是审美经验中的最高目的，这也正是叔本华所强调的，艺术活动要使人们可以暂时逃脱生的意志和欲望的束缚。

二、"造境""写境"之辨。《人间词话》第二则云："有造境，有写境，此理想与写实二派之所由分。然二者颇难分别。因大诗人所造之境，必合乎自然，所写之境，亦必邻于理想故也。"⑤"理想派""写实派"是来自西方美学的概念，在王国维之前，已有梁启超等中国学者对其进行讨论。王国维在他们讨论的基础上，不仅看到了两者间的差别，更重要的是还阐述了两者之间的相互联系和相互影响。他在《人间词话》第五则说："自然中之物，互相关系，互相限制。然其写之于文学及美术中也，必遗其关系、限制之处。故虽写实家，亦理想家也。又虽如何虚

---

① 张志建主编：《王国维学术思想研究》，教育科学出版社1992年版，第154页。
② 王国维著，彭玉平编著：《人间词话》，中华书局2010年版，第3页。
③ 王国维著，彭玉平编著：《人间词话》，中华书局2010年版，第13页。
④ 王国维：《人间词话》（未刊手稿）第十六则。参见王国维著、彭玉萍编著：《人间词话》，中华书局2010年版，第127页。
⑤ 王国维著，彭玉平编著：《人间词话》，中华书局2010年版，第4页。

构之境，其材料必求之于自然，而其构造，亦必从自然之法则。故虽理想家，亦写实家也。"①王国维"理想派"与"写实派"中所含有的客观性成分，与叔本华哲学中所说的"观照"与"纯粹状态"有相似之处，由此显而易见叔本华哲学对王国维之影响。

三、"有我之境"与"无我之境"。王国维在《人间词话》第三则提出的"有我""无我"的境界论，向来是学界关注的命题。对于这两者的内涵，王国维说"无我之境，人惟于静中得之。有我之境，于由动之静时得之，故一优美，一宏壮也"。②实际上，王国维对"优美""壮美"的划分，仍然是受到叔本华有关审美超利害观念的影响。叔本华认为，人们的审美达到一定境界时，就会抛却个人的欲念，成为纯粹而无意志的审美主体。在这个过程中，有时纯粹认识可以轻而易举占据上风，有时则需要强力来挣脱意志，这就产生了优美和壮美。优美和壮美的这种区别就是王国维"无我之境"与"有我之境"的区别。

可见，王国维在诗学的创作和研究方面取得的成就，以及他在诗学研究中学术观点的形成，都受到哲学思想的巨大影响，这与他在哲学方面以康德、叔本华等人的著作为阅读和藏书重心是相一致的。

曲学的不祧之祖

由于受到康梁等人维新思想和西方资产阶级思想学说的影响，王国维冲破旧传统，不仅注重"雅故"的古典文学作品，也重视对"俚俗"的通俗文学的研究，这突出表现在王国维戏曲研究上。

王国维的戏曲研究主要集中于约1907年起至1911年辛亥革命这段时

---

① 王国维著，彭玉平编著：《人间词话》，中华书局2010年版，第8页。
② 王国维著，彭玉平编著：《人间词话》，中华书局2010年版，第7页。

期。他专注于曲学的时间虽然不长,但取得了令人瞩目的成果,在中国近代学术史上有重要地位。他的《宋元戏曲史》被视为中国近代戏剧史的开山之作,《曲录》《戏曲考源》《宋大曲考》《优语录》《古剧脚色考》等著述为近代的中国戏曲史研究奠定了坚实基础。梁启超评价王国维曲学研究说:"王静安国维治曲学,最有条贯,著有《戏曲考原》《曲录》《宋元戏曲史》等书。曲学将来能成为专门之学,静安当为不祧祖矣。"[1]

1907年3月,王国维由海宁抵京。经罗振玉推荐,受命在学部总务司行走,负责编译及审定教科书等事。是年,由于"疲于哲学",因"填词之成功",他的研究兴趣逐渐转至文学,并由此开始注意戏曲方面的研究。王国维在《自序》中说:"近年嗜好之移于文学,亦有由焉,则填词之成功是也……因词之成功,而有志于戏曲,此亦近日之奢愿也。"[2]

因填词的成功,王国维对戏曲产生了兴趣;而真正激发他转向戏曲研究的则是他有感于中国传统戏剧较之于西方戏剧之巨大差异。这一点,他在《自序》中说得非常清楚:"但余所以有志于戏曲者,又自有故。吾中国文学之最不振者,莫戏曲若。元之杂剧,明之传奇,存于今日者,尚以百数。其中之文字,虽有佳者,然其理想及结构,虽欲不谓至幼稚,至拙劣,不可得也。国朝之作者,虽略有进步,然比诸西洋之名剧,相去尚不能以道里计。此余所以自忘其不敏,而独有志乎是也。"[3]

王国维的戏曲研究采用实证研究的方法,因此十分注重戏曲方面的文献。但戏曲艺术历来被人们视为"俚俗"艺术,难登大雅之堂,在

---

[1] 梁启超:《中国近三百年学术史》,东方出版社1996年版,第440页。
[2] 王国维《自序》(二)说:"余疲于哲学有日矣,哲学上之说大都可爱者不可信,可信者不可爱……知其可信而不能爱,觉其可爱而不能信,此近二三年中最大之烦闷,而近日之嗜好所以渐由哲学而移于文学,而欲于其中求直接之慰藉也。"
[3] 王国维:《自序》(二),《教育世界》第152号,1907年。该文后收入《静安文集续编》。

历代正史乐志中鲜有记载。王国维在进行相关研究时，曾有文献不足之慨。他在《曲录自序》中说："余作《词录》竟，因思古人所作戏曲，何虑万本，而传世者寥寥。正史艺文志与《四库全书提要》，于戏曲一门，既未著录；海内藏书家，亦罕有搜罗者。其传世总集，除臧懋循之《元曲选》、毛晋之《六十种曲》外，若《古名家杂剧》等，今日皆绝不可睹，余亦仅寄之伶人之手，且颇遭改窜，以就其唇吻。今昆曲且废，则此区区之寄于伶人之手者，恐亦不可问矣。"①为了能顺利进行戏曲的研究，王国维注重戏曲文献的搜集，尽量占有一手资料。他说："凡诸材料，皆余所搜集；其所说明，亦大抵余之所创获也。"②

关于王国维戏曲方面的藏书，我们可以从《静庵藏书目》中窥探一二。

《静庵藏书目》是《人间词话》手稿本的一个附录，编订的时间大概在1909年3、4月间，收录书目170种，主要反映了王国维早期藏书的情况。这份"藏书目"只是王国维留存以备自查的一份简要书目，有的书仅列书名，相关版本、数量等信息的记录并不完备，数量上称"册"或"本"，版本上称"明刻""孙刻""精钞本"等，仅有少数书籍注明了"知不足斋单行本""汲古阁本""秀野草堂本""嘉靖楚藩刻本"等。③

该藏书目中收录戏曲类藏书24种，以通行本为主。为便于下文叙述，我们将《静庵藏书目》中涉及戏曲类的藏书移录如下（注：书目之

---

① 王国维：《曲录自序》，《宋元戏曲史》，上海古籍出版社2008年版，第127页。
② 王国维：《宋元戏曲史·自序》，《宋元戏曲史》，上海古籍出版社2008年版，第1页。有学者指出，早在王国维撰《曲录》之前六十年，有姚燮《今乐考证》之作，堪称巨著。但此书晚至民初才被发现，当时王国维实未见之。所以王国维说："凡诸材料，皆余所搜集。"黄仕忠：《日本所藏中国戏曲文献研究》，高等教育出版社2011年版，第38页。
③ 彭玉平：《〈静庵藏书目〉与王国维早期学术》，《复旦学报》（社会科学版）2010年第4期。

间的空行以原藏书目分页为准）：

录鬼簿　手抄本　一册
曲品　手抄本　一册
传奇汇考　精钞本　十册

杨朝英　阳春白雪　仿元本　一册
元曲选一百种　一百册
六十种曲　一百廿册
雍熙乐府　嘉靖楚藩刻本　廿册
北宫词纪　四册
南宫词纪　四册
南北九宫大成　殿本　五十册
南词定律　殿本　八册
北词广正谱　八册
啸余谱　十册
纳书楹曲谱　廿二册
西厢记
长生殿
牡丹亭
帝女花
桃溪雪
董西厢　二本
琵琶记　二本
明刻牡丹亭　四本
玉茗堂刻昙花记　二本
曲西堂曲腋　钞本　四本

由上录《静庵藏书目》可见，其中有一些是王国维的自抄本，如：《录鬼簿》《曲品》均注明为"手抄本"。王国维以抄写的方式进行研读，为他后来的学术研究铺垫了坚实的文献基础。以《录鬼簿》为例，王国维不仅进行了抄录，还做了校勘工作。现存日本东洋文库的《新编录鬼簿二卷》卷末有王国维所题的跋，叙述了他抄写这部书的前后情形：

> 黄陂陈士可参事新得明抄《录鬼簿》，精妙可喜。因手抄一过，七日而毕。原本间有讹字，悉为订正。此为第一善本矣。光绪戊申冬十月，国维记（"王国维"印）
>
> 此书一刻于《淡生堂余苑》，再刻于《楝亭十二种》。余苑本今不可见，楝亭本行款虽异，然亦有吴门生及觉梦子二跋，盖与此同一祖本也。越四月又记。
>
> 宣统元年（1909）冬十二月小除以楝亭本比勘一过。
>
> 宣统庚戌（二年，1910），艺风先生影抄尤贞起手抄本见寄，益见此本之佳。①

正是经过抄校这样严谨的研读，王国维对《录鬼簿》的相关内容了然于胸，这在后来《宋元戏曲史》的写作过程中发挥了重要作用。《宋元戏曲史》第十章《元剧之存亡》列举了160种元杂剧名目，其中绝大多数系根据《录鬼簿》的记载而著录。

现藏于日本东洋文库的王国维自抄本《曲品》同样经过校对。卷末王国维的跋记录了他抄录该书的本末：

> 此本从刘氏暖红室假录。原书篇第倒置，讹谬滋多，并为订正。明人一代传奇，略具此书。江都黄文旸《曲海》，无名氏《传

---

① 黄仕忠：《日藏中国戏曲文献综录》，广西师范大学出版社2010年版，第429—430页。

奇汇考》，均取材于此。此可宝也。宣统改元春正月王国维识。

近见明末刊本《西厢记》凡例云：方诸生乃王伯良别号。伯良名骥德，会稽人，见徐釚《本事诗》，著有《曲律》三卷。东海郁蓝生当为越人而徐姓者，著之俟考。冬十月又记。（"王国维"印）[①]

为便于研究，除了手抄书籍，王国维主动搜求并购买相当数量的戏曲类书籍。他在北京的数年间，于厂肆购置相关书籍，所得善本书十余种，如嘉靖本《雍熙乐府》、万历本《花草粹编》及《盛明杂剧》《元曲选》等。其中《花草粹编》《盛明杂剧》等很可能是在《静庵藏书目》编订之后购得，故未列入。对于自购图书，王国维常常一边阅读一边批注或以他书校对。例如他所藏《雍熙乐府》这套书中有多条识语，谈到了该书的版本问题：

> 此雍熙乐府二十卷足本。光绪戊申冬日，得于京师。案此书明代正嘉五十余年间，凡经三刻：第一次刻本刊于嘉靖辛卯，即此刻祖本，《提要》所谓"旧本题海西广氏编者"也；第二次刻乃嘉靖庚子本，有楚愍王显榕序；第三刻则嘉靖丙寅本，有安肃春山序，钱唐丁氏《善本书室藏书志》著录者是也。此乃楚藩刻本，与丁氏之安肃本同为二十卷，较四库著录者多至七卷，是可宝也。宣统改元元夕前一夜，国维识。（"王国维"章）
>
> 此书出于粤东藏书家，不知何人将安肃春山序抄录于卷首，且改嘉靖丙寅为丙辰，不知嘉靖初无丙辰。庚子，嘉靖十九年，丙寅则永陵厌代之岁也。又记。（顷见《楝亭书目》：雍熙乐府二十卷，明苍崑郭□辑，又与《提要》所云题广氏编者不同，并识于此。）
>
> 宣统改元冬十月，见日本毛利侯《草月楼书目》，有《雍熙

[①] 黄仕忠：《日藏中国戏曲文献综录》，广西师范大学出版社2010年版，第431页。

乐府》十六卷，明郭勋编。案，勋明武定侯郭英曾孙，正德初嗣侯，嘉靖十九年进翊国公加太师。后有罪，下狱死。史称其杰黠有智数，颇涉书史，则此书必其所编也。《明史》附见郭英传。国维又记。

又见明嘉靖本《草堂诗余》，末一行曰：安肃荆聚校刊。下有印记曰：春山居士。则春山乃荆聚别字。附识于此。①

又如《元曲选》一百册，全书皆有王国维的圈点，在第一册空白处有其识语：

元人杂剧罕见，别本元人杂剧久不可见。即以单行本言，平生仅见郑廷玉《楚昭王疏者下船》一种，乃钱唐丁氏善本书室所藏明初抄本，曲文拙劣，尚在此本下，盖经优伶改窜。此百种岿然独存。呜呼！晋叔，名懋循，长兴人，官南京太常博士，钱东涧、朱梅里亟称之。维识。（"王国维"印）②

可见，王国维不仅仅停留在搜集相关书籍，更极大地加以利用，在校勘、辨别版本的基础上，进行深入研究。深厚的文献积累使得王国维在短时期内有多种戏曲学著作问世，令人瞩目。

其一，《曲录》。王国维于1908年完成《曲录》初稿二卷并序，第二年修改为六卷，并再作序。《曲录》辑录了宋金杂剧院本922种，元明清杂剧1001种，传奇1202种，以及散曲、曲韵等，并序其演变，不仅为戏曲研究提供了较为全面的资料，也明确说明了王国维对中国戏曲起源、性质等方面的观点。

---

① 黄仕忠：《日本所藏中国戏曲文献研究》，高等教育出版社2011年版，第95—96页。
② 黄仕忠：《日本所藏中国戏曲文献研究》，高等教育出版社2011年版，第96页。

其二，作于1909年的《戏曲考源》一卷，从汉代乐府、角抵戏，唐代歌舞小戏、大曲，宋元杂剧、转踏等多种艺术样式来考察中国戏曲的渊源和流变。王国维提出，戏曲应当在宋代就已经出现，金元时期戏曲日益发达。他说："独戏曲一体，崛起于金元之间。于是有疑其出自异域而与前此之文学无关系者，此又不然。尝考其变迁之迹，皆在有宋一代，不过因金元人音乐上之嗜好而日益发达耳！"①"要之，曾、董大曲开董解元之先，此曲则为元人套数、杂剧之祖。故戏曲不始于金元，而于有宋一代中变化者，则余所能信也。"②王国维经过对戏曲这一艺术形式的考察，提出了中国戏曲研究领域的一个重要观点，"戏曲者，谓以歌舞演故事也"，并得出相应结论：我国戏曲始源于唐、变化于宋、发达于金元。

其三，《优语录》一卷，撰成于1909年。③该书从《五代史》《宋史》《资治通鉴》《唐阙史》《北梦琐言》《中山诗话》《西湖游览志》等20多种史书、诗话、笔记中辑录了唐、五代、宋、金时期的优人戏语50则。王国维在卷首序言中说明了辑录的目的："元钱唐王晔日华尝撰《优谏录》，杨维桢为之序，顾其书不传。余览唐宋传说，复辑优人戏语为一篇，顾辑录之意，稍与晔殊。盖优人俳语，大都出于演剧之际，故戏剧之源与其迁变之迹可以考焉。非徒其辞之足以裨阙失、供谐笑而已。吕本中《童蒙训》云：'作杂剧，打猛诨入，却打猛诨出。'吴自牧《梦粱录》谓：'杂剧全托故事，务在滑稽。'洪迈《夷坚志》谓：'俳优侏儒，

---

① 谢维扬、房鑫亮主编：《王国维全集》第1卷，浙江教育出版社、广东教育出版社2009年版，第613页。
② 谢维扬、房鑫亮主编：《王国维全集》第1卷，浙江教育出版社、广东教育出版社2009年版，第643页。
③ 《优语录》最早刊登于1909年《国粹学报》第6卷的1—4期，共计50则。1910年9月30日至10月12日《申报》的《杂著》栏目亦进行刊载，但其辑录的内容有所删改，共31则。1914年6月、7月的《盛京时报》连载了《优语录》，有序言，分为上下卷。这次王国维进行了增订，共录89则。

周伎之最下且贱者,然亦能因戏语而箴谏时政,世目为杂剧。'然则宋之杂剧,即属此种。是录之辑,岂徒足以考古,亦以存唐宋之戏曲也。若其囿于闻见,不偏不赅,俟他日补之。"①可见,王国维辑录《优语录》的目的十分明确,就是考察戏曲的源流及发展演变,且由此窥见戏曲在唐宋时期的发展水平。

其四,《唐宋大曲考》。原名为《宋大曲考》,撰于1909年,刊于1910年《国粹学报》。②因宋大曲来自唐大曲,因此在修改再版时更为《唐宋大曲考》。全书考证了大曲的起源及其体制流变,考释说明了《宋书·乐志》中教坊"四十六曲"当为"四十大曲",并从宋词、诸宫调、元代杂剧和南戏中辑录了53支大曲。王国维认为元代杂剧实出于唐宋大曲。大曲在宋代元丰之前,就已经用以"咏故事",大曲与杂剧二者渐相接近;但大曲之动作相对有限,不足以表现戏剧自由之动作,唯有极简之剧以大曲演之。虽然简单,但大曲演故事这一形式,却对后世的戏曲有重要影响。

其五,《录曲余谈》一卷,作于1909年,刊于1910年《国粹学报》。③《录曲余谈》共33则,以"曲话"的形式散论一些关于曲学的问题,例如考证、辨析戏曲史料,述评戏曲作家、作品,考证戏曲本事,阐述脚色流变等。其中一些内容后来用于《古剧脚色考》《宋元戏曲史》的写作。王国维的门人赵万里说:"此稿最先出,所著戏曲考诸作,辄用其说。如'副净参军'及'脚色名目'两条,乃《古剧脚色考》之先河。《水浒传》及周宪王《吕洞宾花月神仙会杂剧》载院本一条,亦见《宋元戏曲史》第十三章。"

其六,《录鬼簿校注》,成书于1910年。是年1月,王国维以所见明

---

① 王国维:《优语录》,《国粹学报》1910年第6卷第1期。
② 见《国粹学报》1910年第6卷第1、2、4、5期。
③ 见《国粹学报》1910年第6卷第5、6、7期。

中晚期抄本即江阴缪氏藏清初尤贞起抄本,校通行的《楝亭十二种》刻本,在行间注明异字,又以《太和正音谱》《元曲选》复校一遍。经过细校之后,可称之为"家塾善本"。王国维后来在闲暇时,札录宁献王《太和正音谱》、钱遵王《也是园藏书目》及《元史》《山房随笔》、凤林书院《草堂诗余》,皆以此《录鬼簿校注》可互证者为笺注。

其七,《古剧脚色考》,成书于1911年1月,刊于《国学丛刊》1911年第1期。1912年9、10月间,寄与铃木虎雄,译为日文,刊于日本《艺文》杂志。因感于"戏剧脚色之名,自宋元迄今约分四色,曰:生旦净丑。人人之所知也。然其命名之义,则说各不同",王国维在书中考述了唐宋以来至清末,戏剧中脚色之渊源和流变,主要包括生、旦、净、丑,亦涉及参军、苍鹘等。书后《余说》四节,还阐述了脚色性质、戏剧面具、涂面化妆、男女合演等问题。

据《宋元戏曲史·自序》,王国维还编有《曲调源流表》一卷。但在其学生赵万里编《王静安先生年谱》时已"不可得见"。①

1911年11月,王国维偕家人随罗振玉东渡,寄居日本京都,但他并没有中断学术研究。1912年12月底,王国维整理了历年研究宋元戏曲的诸多资料,着手编撰《宋元戏曲史》。1913年1—2月间,王国维撰成《宋元戏曲史》。他在与缪荃孙的通信中说:"近为商务印书馆作《宋元戏曲史》,将近脱稿,共分十六章。润笔每千字三元,共五万余字,不过得二百元。但四五年中研究所得,手所疏记心所储藏者,借此得编成一书,否则荏苒不能刻期告成。惟其中材料皆一手搜集,说解亦皆自己所发明。将来仍拟改易书名,编定卷数,另行自刻也。"②《宋元戏曲史》是王国维研究戏曲的总结和结晶,也标志着他研究戏曲阶段的结束。

---

① 赵万里:《王静安先生年谱》,《国学论丛》1928年第1卷第3号,第92页。
② 王国维:《致缪荃孙》,原载《王国维全集·书信》(中华书局1984年版)。本文引自《宋元戏曲史·附录三》,上海古籍出版社2008年版,第131页。

《宋元戏曲史》以宋元戏曲作为主要研究对象，追根溯源，阐明了中国传统戏剧艺术的特征，讨论了中国传统戏剧的起源、形成以及戏曲文学等一系列中国戏剧史研究中的根本性问题，并得出了重要结论。全书共16章，第一章略述了上古至五代的戏剧，简要分析了中国戏剧的起源和形成。第二至七章，主要阐述宋金戏剧的概貌。第八至十五章，分别讨论元杂剧和南戏。第十六章为余论，补充说明了一些对元代以后戏剧的看法。可以看出，王国维对元杂剧着墨最多，他把元杂剧视为中国传统戏剧的最高成就进行研究，认为元杂剧是"真戏曲"。

　　王国维这一系列的戏曲学著作与他的戏曲类书籍的收藏和阅读有密切关系，主要体现在以下两个方面。

　　其一，戏曲文献的搜集影响到王国维戏曲研究的视野。正如前文所提到的，因历代戏曲文献之不足，王国维亲手搜求资料。但历来的正史乐志中将戏曲或讲唱视为"鄙俗"之物，鲜有载录，王国维往往从文人笔记、小说或词曲评论中辑录相关资料。以《优语录》为例，该书共辑录"优人戏语"92则，其中仅8则来自官修正史，余者皆从文人编撰的笔记小说、散文笔记中辑录。[①]

　　从古代文学发展的历史来看，笔记小说在魏晋南北朝时期出现，至唐宋时期大量出现，因此，在王国维所收藏或阅读的文献中，唐宋时期的戏曲类图书或资料占了相当的比例。这自然影响到王国维戏曲研究的视野，从前文列举的王国维戏曲学著作来看，其研究重点主要集中在唐、宋、元三个时期戏曲的形态和艺术特征。

　　其二，王国维的戏曲类藏书在相当大的程度上影响了其戏剧史研究结论和戏剧观念。例如，在阐述中国戏剧的艺术特征以及何为戏剧等

---

① 依据《王国维全集》第2卷所收录的《优语录》(《海宁王静安先生遗书》本和《盛京时报》本)进行统计。参见谢维扬、房鑫亮主编：《王国维全集》第2卷，浙江教育出版社、广东教育出版社2009年版，第297—340页。

关键问题时,王国维提出了他的著名观点:"宋代之滑稽戏及小说杂戏,后世戏剧之渊源,略可于此窥之。然后代之戏剧,必合言语、动作、歌唱,以演一故事,而后戏剧之意义始全。故真戏剧必与戏曲相表里。"①他在考察了唐代大曲、宋金院本后,总结说:"唐代仅有歌舞剧及滑稽剧,至宋金二代而始有纯粹演故事之剧,故虽谓真正之戏剧起于宋代,无不可也。然宋金演剧之结构,虽略如上,而其本则无一存,故当日已有代言体之戏曲否,已不可知。而论真正之戏曲,不能不从元杂剧始也。"②按照王国维对戏剧之定义,他推断,宋金院本已可谓之戏剧,但由于他所搜集到的元代之前的戏曲类书籍或文献资料中,没有完整的传世剧本,所以他只以元杂剧为"真戏曲"之始。可见,戏曲类书籍的收藏和阅读与他学术研究的主要方向是相一致的。

由新发现而入史学

1911年辛亥革命之后,王国维的学术路向发生重大的转变,进入了范围更广、成绩最为丰硕的历史研究领域。王国维对史学的兴趣早在幼年时已有所展现。他在《三十自序》中说:"十六岁,见友人读《汉书》而悦之,乃以幼时所储蓄之岁朝钱万,购'前四史'于杭州,是为平生读书之始。时方治举子业,又以其间学骈文散文,用力不专,略能形似而已。"③这一年,他开始读"前四史",兼治骈散文。

王国维转向史学研究,固然有罗振玉劝说的因素,更重要的原因在于王国维的学术眼界和学术敏感性。王国维善于跟踪本学科的发展态势,并依据自身条件选择学术的主攻方向。这在其史学研究中体现得尤

---

① 王国维:《宋元戏曲史》,上海古籍出版社2008年版,第28页。
② 王国维:《宋元戏曲史》,上海古籍出版社2008年版,第55页。
③ 王国维:《自序》(一),《教育世界》第148号,1907年。

为明显。清末以来,西方近代科学理论和方法逐渐进入传统中国,大量考古新材料和其他文献的发现,为人们重新审视历史提供了新的依据。对于这一学术发展的新态势,王国维从一开始就有清醒认识和合理把握,他说:"古来新学问起,大都由于新发现。""自汉以来,中国学问上之最大发现有三:一为孔子壁中书;二为汲冢书;三则今之殷墟甲骨文字,敦煌塞上及西域各处之汉晋木简,敦煌千佛洞之六朝及唐人写本书卷,内阁大库之元明以来书籍档册。此四者之一,已足当孔壁、汲冢所出。故今日之时代,可谓之'发见时代',自来未有能比之也。"[1]这正是王国维选择这些领域进行学术研究的原因。

王国维转向史学研究时,也正是在他三十岁前后。这时,王国维无论在生活上还是学术上都日渐成熟,治学渐入佳境。这时他对书籍的需求更为迫切,但由于经济较为拮据,王国维所读之书相当一部分是通过借阅或手抄而来。

王国维在他的书信、日记或序跋等文字中常常谈及他通过借阅或抄书来治学的事情。例如,他在1912年1月19日写给缪荃孙的信中提到:"到此以后,未见何物。唯于友人富冈君处见影宋本《旧唐书》二册,闻其余尽在京都东福寺,合之富冈君所得,并无缺卷。又闻可以借校,如能以闻人本校出,洵快事也。"[2]通过借书来做学问,这在王国维旅居日本京都时最为显著。

自1911年11月偕家眷随罗振玉东渡日本,至1916年偕长子回国,旅居日本这段时间,是王国维学术研究生涯中的重要阶段。这一时期,他的生活颇安定,学术上也更有成就。"此间生活最为简单,而学问则变

---

[1] 王国维:《最近二三十年中中国新发现之学问》,此文系1925年7月在清华学校所作演讲。本文引自姚淦铭、王燕编:《王国维文集》第4卷,中国文史出版社1997年版,第33页。
[2] 谢维扬、房鑫亮主编:《王国维全集》第15卷,浙江教育出版社、广东教育出版社2009年版,第37页。

化滋甚。成书之多，为一生冠。"他在日记中说，"自辛亥十月寓居京都，至是已五度岁，实计在京都已四岁余。此四年中生活，在一生中最为简单，惟学问则变化滋甚。客中书籍无多，而大云书库之书，殆与取诸宫中无异。若至沪后，则借书綦难。"①因客居海外，王国维所携带的书籍数量有限，所以这一阶段中，王国维学术研究的文献资料相当一部分通过借阅和利用他人图书，或去图书馆使用公共图书而获得。例如，1912年6月22日，日本学者铃木虎雄拜访王国维，因王国维未在家中而不遇，因以书达。次日，王国维复书铃木虎雄说："昨承枉驾，在图书馆未返，致失迎迓，甚歉之。"②其中利用最多的就是罗振玉的大云书库的藏书。

大云书库的藏书是罗振玉藏书的主要部分。罗振玉自三十岁以后逐渐开始进行图书搜集和集聚。经过十数年的积累，在1911年与王国维寄居日本时，罗振玉"行装累累，大半属于文物与书籍"。刚到日本时，罗振玉藏书寄存于京都大学，后一年，永慕园建成，才将藏书取回。之后，罗振玉与王国维一起进行了图书整理，并编有书目。罗振玉在《集蓼编》中说："予寓田中村一岁，书籍置大学，与忠悫往返整理甚劳，乃于净土寺町购地数百坪，建楼四楹，半以栖眷属，半以祀先人、接宾友。……寻增书仓一所，……颜之曰'大云书库'。……移存大学之书于库中，乃得以著书遣日。"③大云书库的藏书主要有古籍、拓本两大类，其中王国维对拓本的使用较为集中。王国维在《〈三代秦汉两宋金文著录表〉序》中写道："国维东渡后，从参事治古文字之学，因得尽览所

---

① 谢维扬、房鑫亮主编：《王国维全集》第15卷，浙江教育出版社、广东教育出版社2009年版，第911页。
② 谢维扬、房鑫亮主编：《王国维全集》第15卷，浙江教育出版社、广东教育出版社2009年版，第58页。
③ 罗振玉：《集蓼编》（外八种），上海古籍出版社2013年版，第60页。

藏拓本。"①王国维的学生周传儒也说："罗振玉挟其大云书库所藏书籍、拓片、竹简、写经、钟鼎、甲骨以俱去，亦使静安先生获得探索、研究、考释的莫大便利。"②

除了利用罗振玉大云书库的藏书，王国维偶尔也自己购买一些珍本图书，但数量极少。王国维初到日本时除了整理带去的图书之外，还到书肆去了解当地书籍售价情况。他在与缪荃孙的信中曾提到这一情况："叔翁在此现与维二人整理藏书，检点卷数。因此次装箱搬运错乱太甚，大约至明春二月方能就绪，目录亦可写定矣……因此邦人于字画颇知珍贵，碑帖初开风气，此二项尚可得价；书籍之价尚贱于当日之北京。顷见元本《广韵》二部（一元统本，一至正本），共索价五十元；宋末刻《诗人玉屑》（稍有缺页），索价百五十元，其价可以此类推。"③

从日本回国临行前，王国维还购买了自己所需的书籍。1916年2月的日记中写道："此次临行购得《太平御览》《戴氏遗书》残本。"

1916年2月，王国维自日本京都回国，住在上海。他在《丙辰日记》正月十九的日记中写道："午前九时许大车来，搬物至吴兴里……未几行李至……饭后与张二开书箱，共开七箱，余二个未开，并整顿上架……晚理书籍，已十得七八，其中一部已在船被雨受湿，甚为懊恨。"④可见，当时他的书籍仅有九箱。

从日本回国后，王国维继续从事史学研究。刚回到国内，因急于解决经济来源问题，王国维经人介绍，就哈同《艺术丛编》编辑之职。1918年，兼任上海仓圣明智大学教授。这一时期，他利用哈同氏所藏图

---

① 王国维编撰，罗福颐校补：《三代秦汉两宋（隋唐元附）金文著录表》（影刊中华民国二十二年墨缘堂本），北京图书馆出版社2003年版，第4页。
② 周传儒：《史学大师梁启超与王国维》，《社会科学战线》1981年第1期。
③ 谢维扬、房鑫亮主编：《王国维全集》第15卷，浙江教育出版社、广东教育出版社2009年版，第39页。
④ 谢维扬、房鑫亮主编：《王国维全集》第15卷，浙江教育出版社、广东教育出版社2009年版，第918页。

书文物主要进行甲骨文字与商周史的研究,《殷卜辞中所见先公先王考》及《续考》均在这一时期写成。作为交换条件,一些学术文章署为姬觉弥所著或云代姬觉弥所作。例如1916年6月,王国维辑哈同氏所藏龟甲兽骨文字成,撰《戬寿堂所藏殷墟文字考释》一文,刊于《艺术丛编》第13、14、15期。"《戬寿堂所藏殷墟文字》一卷,赵万里说作于丁巳初夏,时先生方主讲于仓圣明智大学,睢宁姬佛陀,得英伦哈同氏宠,跻于魁首之列,故此书径题姬氏编次,实不得已也。"①

王国维还保持了抄书、抄文的习惯。在1919年8月,他从沈增植处,抄得其所撰和林三唐碑跋全文,以用于西北史地的研究。他在致沈增植的信中说:"赐书敬悉。尊撰《和林三唐碑跋》蒙抄赐,感激之至。前此总理衙门报告,似俄人曾有译本印行。伯希和君仅考摩尼教,故仅引《回鹘碑》,《三灵侯碑》未曾说及。现正在借法人影本《回鹘碑》,或可见全璧,届时再行奉览。盛祭酒《阙特勤碑跋》单刻本与文集本略有异同,兹已校出并抄出。诸跋奉还邮架,乞察收。"②即便在他就清华学校国学研究院教授之聘后,仍然抄书以治学。1925年春日,王国维始拟研究西北地理及元代历史。4月,从《通典》中抄出杜环《经行记》,而以《太平寰宇记》所引者校之。又从《五代史》中抄出高居诲《使于阗记》,从《宋史·外国传》抄出王延德《使高昌记》,并以王明清《挥麈前录》所引校之。又从《吴船录》抄出继业《三藏行记》。从《庶斋老学丛谈》抄出耶律文正《西游录》,从陶九成《游志续编》抄出刘祁《北使记》,又从明刊《秋涧大全文集》卷九十四《玉堂嘉话》中抄出刘郁《西使记》,并以四库本校之,共得古行记七

---

① 袁英光、刘寅生:《王国维年谱长编(1877—1927)》,天津人民出版社1996年版,第214页。
② 谢维扬、房鑫亮主编:《王国维全集》第15卷,浙江教育出版社、广东教育出版社2009年版,第75—76页。

种，装为一册，以备参阅。①

以借书言，王国维与诸多藏书家如蒋汝藻、张元济、缪荃孙、傅增湘、刘承干等相交游，其中与吴兴蒋汝藻交游甚笃。

蒋汝藻，字孟蘋，号乐庵，吴兴南浔人。蒋家是江南藏书世家。"初，道、咸之间，西吴藏书家数蒋氏"，蒋汝藻"幼传家学，能别古书真伪，自官京师，客海上，其足迹率在南北大都会，其声气好乐，又足以奔走天下。故南北故家，若四明范氏、钱塘汪氏、泰州刘氏、泾县洪氏、贵阳陈氏之藏，流出者多归之"②。

1917年底至1918年初，王国维还在任哈同《艺术丛编》编辑之职时，就听说了蒋汝藻欲为藏书编目的消息，还专门就此事与罗振玉通信商量。信说："今日访孙益庵，谈及吴门曹君为蒋孟蘋编藏书目（月脩五十元）。去岁不成只字，今年重申明约束，约每月至少作跋二篇，而至今仍无只字交卷。孟蘋宋本无多，然明刻善本及钞校诸本约在千部以上，即使某君能每月交卷二篇，至十年后亦不过成四分之一。某君之事，明年断不能连续，即使连续，意多增一人于孟蘋甚为有益，且工作能快意，薪水亦可增多。永意俟哈园明年事揭晓，当与益庵谋之。好在我辈做事不肯素餐，此事在上海亦有人知之，此或有四五分成就也。"③

至1919年秋，王国维经孙益庵、罗振玉介绍，应蒋氏之聘，开始正式为蒋汝藻编撰书目。王国维编目，是由蒋家驱车送书至王国维在上海的寓所，每录完一批，就由蒋家取走书单和已录书籍，再换一批。王国维与蒋汝藻的书信中，常有"前书毕录，请饬车交换书"等语，可见王国维工作效率之高。1923年5月，编目工作基本结束，王国维为蒋汝藻完成了《密韵楼藏书志》。该年11月，经过反复修改后完稿，王国维亲自

---

① 赵万里：《王静安先生年谱》，《国学论丛》1928年第1卷第3号，第128页。
② 姚淦铭、王燕编：《王国维文集》第1卷，中国文史出版社1997年版，第84页。
③ 谢维扬、房鑫亮主编：《王国维全集》第15卷，浙江教育出版社、广东教育出版社2009年版，第365页。

缮录，并于1924年7月在北京面交蒋汝藻。

在王国维与蒋汝藻的相互交往中，从蒋汝藻这方面来看，他对王国维不仅给予生活上的照顾，还斥资为王氏出版了《观堂集林》，还"任校勘之役"。蒋汝藻自言校勘《观堂集林》的辛苦与乐趣："此书之成，余实任校勘之役，比年以来，牵于人事，百务之谣诼，宾朋之谈宴。辄夜分始得休，休则检理书画。或为君校此书，往往漏尽始就枕。顾以为一日之乐，莫逾于此时者。"①从王国维与蒋汝藻的通信中可知，在1923年7月左右，《观堂集林》已刊行。王国维对蒋汝藻表达了深切的谢意："敝集已印就，深拜佳惠！"此后，王国维与蒋汝藻的交往日益深厚。这段交游，在王国维的学术生涯中也留下了浓重的印记。

从日本回国后，王国维的生活逐渐安定，经济情况日渐好转。相比于寄居京都的"客中书籍无多"，回到国内后，无论借书或购书，都更加便利。他的藏书数量有所增加。从王国维的书信、日记中也可以发现，王国维有逛书肆的习惯，因此也藏有一定数量的珍本、善本书。

1916年10月，王国维在上海书肆中购得嘉靖年间景宋刊本的《孔子家语》。10月22日，他在致罗振玉的信中提到："前晚于坊间以小洋八角得明季刊本《孔子家语》，卷末有'岁甲寅（实万历四十二年）吴时用书、黄周贤金贤刻'小字两行，《天禄琳琅后目》所谓宋本者即此本，板式精雅，似嘉靖景宋本，而刻手较粗。连日借石印影宋本校之，甚有胜于景宋本处。其卷三以下与影宋本同，前二卷则注文比景宋本甚少，然景宋本所增之注不似王肃注，乃有用陈灏集说者，显系后人加入，当再借翻刊蜀本一校之。又于蟫隐得孙颐谷《家语疏证》，徐积余物，乃非二元不售（徐价）。沪上书价大率如是耳。"②

---

① 蒋汝藻：《观堂集林·序二》。王国维著，彭林整理：《观堂集林》（外二种），河北教育出版社2001年版，第5页。
② 谢维扬、房鑫亮主编：《王国维全集》第15卷，浙江教育出版社、广东教育出版社2009年版，第222页。

1918年春节前夕，王国维在书肆中购得张船山旧藏明嘉靖黄勉之刊本《楚辞章句》，他以此来校汲古阁本的《楚辞补注》。

1921年，江阴缪荃孙的藏书散出，王国维欣喜地买到了光绪四年吴兴陆心源十万卷楼刻本《尔雅单疏》、道光二十三年日照许印林刻本《孟子音义》。他校过之后还写了跋，以其为"家塾善本"。

1923年12月，王国维购得《水经注笺》，为了感谢马衡事先通告，他在12月8日致马衡的信中说："昨日出城至述古堂，见其《水经注笺》乃陶文毅藏书，有文毅印章及小像，印书亦干净，心甚爱之，乃与文友堂商，告以原价令其取易。今日竟以书来，文友意颇惭，亦不索增价，此吾兄见告之惠也。弟思一校傅沅叔所藏宋刊残本，故思得较善之书，今日入手，甚为满意，故以奉闻。"①

王国维购书，一旦遇到心仪之书或所需的资料，也会立即买下。王国维之子王东明在回忆父亲时说：

> 我们住在城里时，他最常去的地方是琉璃厂。古玩店及书店的老板都认识他，在那里，他可以消磨大半天。古玩只是看看而已。如果在书店中遇到了想要的书，那就非买不可了。所以母亲知道他要逛琉璃厂，就要先替他准备钱。迁居清华以后，很少进城，到书店去的时间也就减少了。记得有一次他从城里回来，脸上洋溢着笑容，到了房内把包裹打开，原来是一本书。他告诉母亲说：我要的不是这本书，而是夹在书页内的一页旧书。我看到只不过是一张发黄的书页，而他却如获至宝一般，我想一定是从这页书里找到了他很需要的资料。②

---

① 刘寅生、袁英光编：《王国维全集·书信》，中华书局1984年版，第374页。
② 王东明：《怀念我的父亲王国维先生》，收录于陈平原、王枫编：《追忆王国维》，中国广播电视出版社1997年版，第486—487页。

总体来说，王国维在治学的过程中，非常善于抄书、借书或者利用朋友的图书，可以说他的学术成就与他对图书的利用密不可分。王国维逝世后，他的学生姚名达在《友座私语之一》中写道：

> 成学固不易。静安先生所以有如此成就，固由其才识过人，亦由其凭借弥厚。辛亥以前无论矣，辛亥以后至丙辰，则上虞罗氏之书籍碑版金石甲骨任其观摩也。丙辰以后至壬戌则英伦哈同吴兴蒋氏刘氏之书籍听其研究也。癸亥甲子则清宫之古本彝器由其检阅也。乙丑以后至丁卯则清华学校之图书禀其选择也。计其目见而心习者，实至可惊。人咸以精到许先生，几不知其渊博尤为有数。返观身后所遗藏书，则寥寥万卷，无以异人，古物尤不数数觏。后以学者，可以省矣。①

由此可以看出，王国维多是利用友人或者图书馆的公共藏书来做学问的。如前所述，他使用最多的主要是罗振玉、蒋汝藻以及清华大学图书馆的藏书。

与他善于大量利用他人图书资源相比，就其学术成就而言，王国维自己的藏书并不算多。他在谈到自己的藏书时，也说"余家无书"。王国维在为蒋汝藻五十寿辰所写的《寿序》中说："丙辰之春，余归海上，始识居士……余有意乎其为人，遂与定交，由是得尽览其书。居士获一善本，未尝不以诏余，苟有疑义，未尝不与余相商度也。余家无书，辄假诸居士，虽宋椠明钞，走一力士取之，俄顷而至。"②这里王国维自言"余家无书"，并非他没有藏书，而是说他与罗振玉、蒋汝藻等藏书家相比，个人藏书的确数量不多。

---

① 姚名达：《友座私语之一》，《国学月报》1927年第2卷第8期。
② 王国维：《乐庵居士五十寿序》，收入陈乃乾编：《观堂遗墨》，民国石印本。

王国维的儿子王东明曾回忆父亲在清华任教时书房的情况：

> 十六号是父亲的书房，为研究写作的地方。书室为三间正房的西间，三面靠壁全是书架，书籍堆放到接近屋顶，内间小室亦放满了书。南面靠窗放大书桌一张，藤椅一只，书桌两旁各有木椅一把，备学生来访时用。另有藤躺椅一只，置于书架之间空隙处，备疲乏时休息或思考时用。①

又说：

> 清华宿舍西苑十六、十八号打通合成一幢，是我们在北平的家。房子是三开间形式，父亲的书房在前幢左侧。一扇木框的大玻璃窗，紧挨着是张书桌，置有文房四宝。三面砖墙全安上书橱，线装书一部部地往上摞，都快顶到屋梁了。大部分的书父亲都仔细读过，并加注眉批。
>
> 父亲一生爱书，除了吃饭，时间几乎都在书房里消磨掉。平时他读书，我们兄弟姊妹围在旁边打架吵闹躲迷藏，他都无动于衷，丝毫不显厌烦之色，依旧读他的书，写他的文章。②

从以上这些回忆文字来看，王国维的藏书数量并不算少，而且其中绝大多数应该是自己购买的。那么王国维逝世后，他的藏书去向又是怎么样的？

王国维在自沉昆明湖前，留有遗嘱。遗嘱中提到"书籍可托陈吴二

---

① 王东明：《怀念我的父亲王国维先生》，收录于陈平原、王枫编：《追忆王国维》，中国广播电视出版社1997年版，第475页。
② 王东明：《最是人间留不住》，收录于陈平原、王枫编：《追忆王国维》，中国广播电视出版社1997年版，第456页。

先生处理"。"陈"即陈寅恪,"吴"指吴宓。这两人是王国维在清华研究院的同事,交往较多,故而托付。吴宓的日记中,还有关于这件事的记录。1927年6月3日记:"王先生之命宓与寅恪整理其书籍,实宓之大荣矣。"6月6日又记:"四时,罗振玉先生(叔蕴)来。在西院十八号王静安先生宅中,邀宓与陈寅恪往见。"①这里所说托陈、吴二人处理的书籍,并不是王国维藏书的全部。王氏的词曲类藏书,在从日本回国之前,就全部赠予罗振玉。王国维在日记中说:"复从韫公乞得复本书若干部,而以词曲书赠韫公,盖近日不为此学已数年矣。"②可见,由于经济的原因,王国维以治学而藏书的目的十分明确。

前文已述,王国维的学术成就与他的勤奋读书、校书、抄书以及藏书等活动密不可分。王国维的阅读和藏书对他治学的影响主要体现在以下几个方面。

首先,古籍是王国维治学的文献基础。学术研究,尤其是史学研究,必须精通文字学、音韵学等。王国维为了更好地进行史学研究,在罗振玉的提点下,读了戴震、程易畴、钱大昕、段玉裁、王念孙、王引之等乾嘉学者的论著。1913年,王国维寄居京都时,利用安稳的环境,细读了"三礼""说文""尔雅"等基础文献。"是岁圈点三礼,细读一过,并时作疏记。自二月初九日起,至三月十八日,读《周礼注疏》毕。先生自跋注疏本后云:'此时注意于疏,而于经注反觉茫然。'自四月二十一日起,至六月九日,读《仪礼注疏》毕,日尽一卷,中二日尽二卷,幸无间读。又自八月十一日起至十月十二日,读《礼记注疏》毕,并跋其后云:'冲远比疏,除大典制尚存魏晋六朝古说外,可取殊少,其敷衍经旨处,乃类高头讲章,令人生厌,不及贾氏二礼疏远甚,

---

① 吴宓著,吴学昭整理:《吴宓日记》第3册,生活·读书·新知三联书店1998年版,第346、350页。
② 谢维扬、房鑫亮主编:《王国维全集》第15卷,浙江教育出版社、广东教育出版社2009年版,第911页。

若去其芜秽，存其菁英，亦敬义得失之林也。'先生读三礼时，又圈读段茂堂《说文解字注》一过。自二月二十七日起，至三月十二日毕第三篇。时因作《明堂寝庙通考》，中断四十余日。四月二十六日起至五月下旬，又毕第七卷及第十五卷。七卷以下，浏览一过，不复圈校，盖当时又治他业故也。"①

不仅是古文字学、音韵学方面的古籍，王国维对史部书籍也十分熟悉，在其研究中，经常根据需要信手拈来。例如，关于新疆农田水利中的坎儿井问题，伯希和曾撰文说吐鲁番的坎儿井是从波斯传入中国的。王国维作《西域井渠考》，引用了《史记·河渠书》和《史记·大宛列传》的相关记载，证明坎儿井为中国旧法，当是由中原传入西域的。正是这样深厚扎实的文献基础，使得王国维的治学能够事半功倍。王国维非常熟悉传世文献，并将其与出土文献互证，提出了"二重证据法"。王国维在其《古史新证》中说："吾辈生于今日，幸于纸上之材料外更得地下之新材料，由此种材料，我辈固得据以补正纸上之材料，亦得证明古书之某部分全为实录，即百家不雅驯之言亦不无表示一面之事实。此二重证据法惟在今日始得为之。"②

其次，图书是王国维进行目录学、版本学研究的重要对象。王国维在与缪荃孙、蒋汝藻等藏书家的交游中，受其影响，曾遍校历史上重要的目录学著作，如《直斋书录解题》《文渊阁书目》《千顷堂书目》《拜经楼藏书题跋记》《金石录》《宋元释藏刊本考》《纪元编》等。王国维在校书时，常以多种版本互校，以求最精者。校书的同时，还对古代藏书及著录者的失误进行指正。如1922年3月，王国维"于蒋氏密韵楼，

---

① 赵万里：《王静安先生年谱》，《国学论丛》1928年第1卷第3号，第97页。
② 王国维：《古史新证》，清华大学出版社1994年版，第2—3页。陈寅恪将王国维的治学方法概括为三点："一曰取地下之实物与纸上之遗文互相释证……二曰取异族之故书与吾国之旧籍互相补正……三曰取外来之观念与固有之材料互相参证。"陈寅恪：《王静安先生遗书序》。

得见《永乐大典》四册,自卷一万一千一百二十七至三十四,乃《水经注》河水起至丹水止,正得原书之半,即戴东原校本所自出之本,因以戴本校之,始知凡戴本所云据《大典》改校者,实与《大典》十不一合。自十一日校起至十九日校毕。二十三日,又假沈乙庵先生藏嘉靖间黄省曾本以勘戴本,至三月五日校毕"①。王国维的版本研究,较前辈学者的长处在于:一是,他不仅注意刻本的时代,还注意其刊刻的地域。二是,他注意各个版本之间的关系,将它们联系起来进行考证。三是,他的研究范围不局限于合本注疏,还注意合本之前的经注和单疏的研究,《覆五代刊本尔雅跋》《宋刊本尔雅疏跋》就是这种研究的代表作。王国维的版本学研究在近代以来的版本学历史上,可以说取得了大大超越前人的成就。

再次,图书是王国维治学的重要凭借,王氏往往能从藏书中发现学术研究之线索或依据。例如,他的甲骨金文与殷周史研究中两篇著名的论文《殷卜辞中所见先公先王考》和《殷卜辞中所见先公先王续考》,分别依据罗振玉所藏《铁云藏龟》《殷墟书契》和哈同园所藏殷墟文字拓本中获得的线索。王国维自言:"丁巳二月,余作《殷卜辞中所见先公先王考》时,所据者《铁云藏龟》及《殷墟书契·前后编》诸书耳。逾月,得见英伦哈同氏戬寿堂所藏殷墟文字拓本凡八百纸,又逾月,上虞罗叔言参事以养疴来海上,行装中有新拓之书契文字约千纸,余尽得见之。二家拓本中,足以补正余前说者颇多。乃复写为一编,以质世之治古文及古史者。"②王氏的这两篇论著,系统厘清了殷王室的世系,有力地证实了《史记·殷本纪》记载的可靠性,将中国古代信史整整向前推进了一代。此外,他在《殷周制度论》《殷墟卜辞中所见地名考》《殷

---

① 赵万里:《王静安先生年谱》,《国学论丛》1928年第1卷第3号,第122—123页。
② 王国维:《殷卜辞中所见先公先王续考》,《观堂集林》上册,中华书局1959年版,第438页。

礼徵文》《古史新证》等文中,将地下的材料甲骨文同纸上的材料中国历史古籍互相对比来研究,用卜辞补正了书本记载的错误,而且进一步对殷周的政治制度做了探讨,得出崭新的结论。他的考证方法极为缜密,因而论断堪称精审。

总的来说,王国维一生勤奋治学,兴趣广泛,成就斐然。这与他勤奋读书、校书、抄书以及善与藏书家交游是分不开的。虽然经济拮据,生活并不富裕,但他也会购聚心爱之书。与藏书家相比,就学术成就而言,他的自购藏书虽不十分充沛,但多为珍本、善本。他的藏书基本皆为学术而购聚,专业性较强,皆能为其所用。这为他成为成就卓越的国学大师提供了强大的保障。

陈寅恪

读书、藏书、教书

陈寅恪（1890—1969），字鹤寿，江西义宁人，出生于书香世家，祖父陈宝箴曾任湖南巡抚。1900年举家迁居江苏金陵，陈寅恪的父亲陈三立在家中开办思益学堂，设有"四书五经"、数学、英文、体育、音乐、绘画等课程，先后延聘的教师有国学大师王伯沆、柳诒徵、周大烈。陈寅恪儿时启蒙于家塾，学习"四书五经"、算学、地理等知识。可以说，陈寅恪同时接受了中国传统文化和西方科学知识的教育，这对他的知识结构形成和日后的治学皆大有裨益。

一、幼年时期

陈寅恪自幼便喜读书。父亲陈三立是著名诗人，也是藏书家。舅氏俞明震为南洋陆师学堂总办，家中藏书亦不在少数。陈寅恪少年得纵观两家之书，学识日增。陈寅恪在《柳如是别传》中说：

> 寅恪少时家居江宁头条巷，是时海内尚称乂安，而识者知其将变。寅恪虽年在童幼，然亦有所感触，因欲纵观所未见之书，以释

幽忧之思。伯舅山阴俞觚斋先生明震同寓头条巷。两家衡宇相望，往来便近。俞先生藏书不富，而颇有精本。如四十年前有正书局石印戚蓼生抄八十回《石头记》，其原本即先生官翰林日，以三十金得之于京师海王村书肆者也。一日寅恪偶在外家检读藏书，获睹钱遵王曾所注《牧斋诗集》，大好之，遂匆匆读诵一过，然实未能详绎也。（上册第2—3页）①

陈寅恪的侄子陈封怀亦回忆说：

……还具备良好的读书条件：祖父藏书很丰富，六叔在他十几岁以及后来自日本回国期间，他终日埋头于浩如烟海的古籍以及佛书等等，无不浏览。（此回忆录系小从一九八〇年春初去穗时，封怀口述，小从笔录。）②

因十分喜爱读书而阅读不分昼夜，甚至灯光昏暗也不辍阅读，陈寅恪目力渐损。王钟翰的《陈寅恪先生杂忆》记：

1944年冬，而先生突患左眼视网膜剥离症，移住存仁医院医疗。……一日见告："我之目疾非药石所可医治者矣！因龆龄嗜书，无书不观，夜以继日。旧日既无电灯，又无洋烛，只用小油灯，藏之于被褥之中，而且四周放下蚊帐以免灯光外露，防家人知晓也。加以清季多有光纸石印缩印本之书，字既细小，且模糊不清，对目力最有损伤。而有时阅读，爱不释手，竟至通宵达旦。久而久之，

---

① 卞僧慧纂，卞学洛整理：《陈寅恪先生年谱长编》（初稿），中华书局2010年版，第46—47页。
② 蒋天枢：《陈寅恪先生编年事辑》（增订本），上海古籍出版社1997年版，第20页。

形成了高度近视，视网膜剥离，成为不可幸免之事了！"先生语毕，不胜感慨系之！①

由此可见，陈寅恪父亲陈三立的藏书数量不少。但陈三立到了晚年，由于生活窘迫，不得不卖书来贴补家用。他在苏州开了书肆来出售自己的藏书，两年间，其善本珍本书皆被书商买去，所剩无几。至陈寅恪治学时，家中几无藏书。

由于从幼年时就有良好的阅读条件，陈寅恪很早就已通读了《十三经》，不仅能够背诵，而且对每字必求正解。在这样的阅读基础上，他对传统经典文献，都有自己的精当评论。陈寅恪认为，无论你的爱憎好恶如何，《诗经》《尚书》是我们先民智慧的结晶，乃人人必读之书。关于《尚书》今古文之辨，他认为古文《尚书》，绝非一人可杜撰，应当是据秦火之后所传的零星断简的典籍，采取有关《尚书》部分编纂而成。关于《春秋》，陈寅恪虽不如王荆公之讥讽《春秋》为"断烂朝报"，但他除认为《左传》为优美的文学外，对《公羊传》三科九旨之说兴趣很少。陈寅恪很注意"三礼"。关于《周礼》，他虽认同一般人的看法，认为不是周公所作，然亦不可能是一人所撰。他说，《周礼》是记载法令典章最完备的书，不论其真伪，都不可不研读。他尤其佩服孙诒让的《周礼正义》。关于《仪礼》，陈寅恪认为"礼"与"法"为稳定社会的因素。礼法虽随时俗而变，但礼之根本，则终不可废。他常强调"礼教"思想在《唐律疏议》中的地位，是人人应该重视的。对于《礼记》，陈寅恪评价说，《礼记》是儒家杂凑之书，但包含儒家最精辟的理论。除了解释仪礼即杂论部分之外，其他所谓通论者，如《大学》《中庸》《礼运》《经解》《乐记》《坊记》等，不但在中国，就是在世界上，

---

① 王钟翰：《陈寅恪先生杂忆》，《纪念陈寅恪教授国际学术讨论会文集》，中山大学出版社1989年版，第50页。

也是最精彩的作品。我们不但须看书,且须要背诵。①

陈寅恪爱好读书,他所读之书不仅限于经典文献,亦有小说、弹词等通俗文学。他曾回忆说:"寅恪少喜读小说,虽至鄙陋者亦取寓目。独弹词七字唱之体则略知其内容大意后,辄弃去不复观览,盖厌恶其繁复冗长也。"②总之,他的阅读范围非常广泛,在他海外求学期间,仍然如此。

二、留学海外

陈寅恪自小除打好深厚的国学底子,眼界并扩及东西洋,留学日本前便从学于友人留日者学日文。1902年,陈寅恪随长兄东渡日本,入日本巢鸭弘文学院。三年后,因足疾辍学回国,后就读上海复旦公学。1910年,自费留学,先后到德国柏林大学、瑞士苏黎世大学、法国巴黎高等政治学校就读。第一次世界大战爆发,于1914年回国。1918年冬,又得到江西官费的资助,再度出国游学,先在美国哈佛大学随篮曼教授学梵文和巴利文。1921年,陈寅恪又转往德国柏林大学随路德施教授攻读东方古文字学,同时向缪勤学习中亚古文字,向黑尼士学习蒙古语。在留学期间,他勤奋学习,积蓄各方面的知识,具备了阅读梵、巴利、波斯、突厥、西夏、英、法、德八种语言的能力,以梵文和巴利文特精。陈寅恪负笈海外,前后共14年,精通十余种语言。

陈寅恪在游学海外时,积极购置图书,尤其是外文书籍。在哈佛读书时,他的生活费与当时的留美官费生相当,除去伙食等必需费用外,他将结余的钱拿来购买图书,且基本为西文图书。当时与陈寅恪同在哈佛读书的吴宓也在他的影响下,积极购置书籍。吴宓在1919年8月

---

① 俞大维:《怀念陈寅恪先生》,张杰、杨燕丽选编:《追忆陈寅恪》,社会科学文献出版社1999年版,第4—5页。
② 陈寅恪:《寒柳堂集》,生活·读书·新知三联书店2001年版,第1页。

18日的日记中写着:"哈佛中国学生,读书最多者,当推陈君寅恪,及其表弟俞君大维。两君读书多,而购书亦多。到此不及半载,而新购之书籍,已充橱盈笥,得数百卷。陈君及梅君,皆屡劝宓购书。回国之后,西文书籍,杳乎难得,非自购不可。而此时不零星随机购置,则将来恐亦无力及此。故宓决以每月膳宿杂费之余资,并节省所得者,不多为无益之事,而专用于购书。先购最精要之籍,以次类及,自本月起,即实行焉。"①吴宓的《自编年谱》中也提及陈寅恪购书的情况:"陈寅恪君之豪华,第一表现于购书。前言,此间只有梅光迪君购书甚多。宓购书,只计划回国后讲授某门课程用者。独陈寅恪君则主张大购、多购、全购。陈君初到时,云:'我今学习世界史。'遂先将英国剑桥大学出版社之Cambridge Modern History十余巨册全部购来,续购Cambridge Ancient History及Cambridge Mediaeval History共约十巨册,成一全套。按,陈君后专治梵文及波斯文、阿剌伯文,等,则购书只限于专门,少而精。不同以前之办法矣。"②那时,陈寅恪频繁地去波士顿的旧书店淘书,Smith& Me Cance, Croodspeed, Arcnway等家是他们光顾最多的。在吴宓1919年8月22日的日记中,他写道:"旧书极多,索价之廉与昂,初无定事,惟凑巧而已。陈、俞二君,熟悉其中情形,以其踪迹常密故也。"③可见,当时这几家书店中的旧书极多,价格之贵贱不定,有时可以买到非常便宜的书籍,因为陈寅恪和俞大维常去逛书店,故总能买到便宜的书。

陈寅恪非常珍惜在海外购置图书的机会,即使在生活比较拮据的

---

① 吴宓著,吴学昭整理:《吴宓日记》第2册,生活·读书·新知三联书店1998年版,第55页。
② 吴宓著,吴学昭整理:《吴宓自编年谱》,生活·读书·新知三联书店1995年版,第191页。
③ 吴宓著,吴学昭整理:《吴宓日记》第2册,生活·读书·新知三联书店1998年版,第56页。

境况中，他依然节衣缩食，省钱来购书。从1921年9月开始，陈寅恪在德国柏林大学研究梵文、巴利文、藏文。这一时期，由于国内局势的混乱，留学生的官费不定期停发，因此他的经济状况亦不甚理想。即使如此，陈寅恪仍坚持购书、藏书。后来回国时，他带回不少德文原版书籍，其中仅歌剧剧本类的书籍就有瓦格纳的《尼伯龙根的指环》《帕西法尔》，韦伯的《奥伯龙》，罗西尼的《塞维利亚的理发师》，吉斯兰佐尼的《阿依达》等。

虽在海外求学，但陈寅恪对国内图书的出版动态也长期关注。1923年，在柏林大学期间，他听说国内预订《大藏经》，立即写信给身在国内的妹妹，请国内亲友代为订购该书，并请其大哥和五哥在北京收购满、蒙古、回、藏文书。这封《与妹书》全文载于1923年《学衡》第20期，现节录如下：

> 我前见中国报纸告白，商务印书馆重印日本刻《大藏经》出售，其预约券价约四五百元。他日恐不易得，即有，恐价亦更贵。不知何处能代我筹借一笔款，为购此书。因我现必需之书甚多，总价约万金。最要者即西藏文正续藏两部，及日本印中文正续大藏，其他零星字典及西洋类书百种而已。若得不之，则不能求学。我之久在外国，一半因外国图书馆藏有此项书籍，一归中国，非但不能再研究，并将初着手之学亦弃之矣。我现甚欲筹得一宗巨款购书，购就即归国。此款此时何能得，只可空想，岂不可怜。……旧藏文既一时不能得，中国大藏，吾颇不欲失此机会，……又蒙古、满洲、回文书，我皆欲得。可寄此函至北京，如北京有满、蒙、回、藏文书，价廉者，请大哥五哥代我收购，久后恐益难得矣。[①]

[①] 陈寅恪：《与妹书》，《学衡》1923年第20期，第18—20页。

陈寅恪在读书时非常注意做笔记，仅他在德国留学期间的学习笔记本，保存下来的就有六十四本之多。"这些笔记本都是当年先生随手札记写成的，绝大部分用的都是铅笔，字迹十分潦草，内容异常复杂，现在辨认起来并不容易。""这些笔记本原来没有编号。寅恪先生多半在封面上用钢笔或铅笔注明其中的内容，但有时候也不完全符合。"①经季羡林先生整理，按照内容，这些笔记本可以分为：藏文（13本），蒙古文（6本），突厥回鹘文一类（14本），吐货罗文（吐火罗文，1本），西夏文（2本），满文（1本），朝鲜文（1本），中亚、新疆（2本），佉卢文（2本），梵文、巴利文、耆那教（10本），摩尼教（1本），印地文（2本），俄文、伊朗（1本），希伯来文（1本），算学（1本），柏拉图（实为东土耳其文，1本），亚里斯多德（实为数学，1本），金瓶梅（1本），法华经（1本），天台梵本（1本），佛所行赞（1本），共21种。由此可见，陈寅恪治学范围十分惊人。专就外族和外国语言而论，数目就十分可观。

由其笔记数量之丰富，可以推断，陈寅恪游学海外期间，藏书、读书必不在少数，而且其购书以外文图书为主。

三、执教清华

1925年陈寅恪回国，1926年秋他正式到清华大学国学研究院任导师。当时的研究院主任吴宓很器重他，认为他"最为学博识精"。他当时在国学研究院指导研究生，在清华大学开设语文和历史、佛教研究等课程，并在北京大学兼课，同时对佛教典籍和边疆史进行研究、著述。

1930年，清华国学研究院停办，陈寅恪任清华大学历史、中文、哲学三系教授兼中央研究院理事、历史语言研究所第一组组长，故宫博物院理事等职。

---

① 季羡林：《从学习笔记看陈寅恪先生的治学范围和途径》，收录于《纪念陈寅恪教授国际学术讨论会文集》，中山大学出版社1989年版，第74—87页。

陈寅恪在清华大学工作的十几年间生活稳定。这一时期他的治学与著述都取得了相当大的成就,也是聚书、购书最多的时期。

归国任教后,陈寅恪依然购书成癖,与游学海外时相比,这时他更多地购买中文典籍。他的书房里到处都是书,甚至堆积满地,无处下脚,却不愿让别人代为整理或收拾。陈寅恪的侄子陈封雄回忆说:"寅恪叔购书成癖,毫不吝惜。他在清华的书房里满地都堆放着书,几乎无插足之处。也不让别人收拾整理,因为一整理就会搞乱了。每年春节琉璃厂市集期间,他总要去逛旧书摊。带我去过两次,一去就钻到旧书摊中流连忘返,使我这十来岁的孩子跟着他转,不但感觉不出逛厂甸的乐趣,反而苦不堪言,第三次我就不跟他去了。""一次他将积蓄的二千元买了一套日本印的《大藏经》,大约有二三百巨册,可见他对佛经研究兴趣之深。"①这一时期,生活稳定,环境宽松,藏书日渐丰富,这些都为陈寅恪治学提供了良好的条件,他这一时期的学术成果大量产出。在清华大学的这十年,可以说是陈寅恪学术生涯中的关键一段。抗战期间,流亡云南时,他相当怀念这段时光,赋诗说:"景物居然似旧京,荷花海子忆升平。"②

在清华大学担任国学研究院导师时,陈寅恪不仅本人大量购书,同时也为研究院操持购书事宜。吴宓主理研究院事务时,向曹云祥校长推荐了陈寅恪。当时陈寅恪尚在柏林大学,他在回信中同意就聘,并强调宜多购书为是。吴宓1925年4月27日的《雨僧日记》中记云:"陈寅恪复信来。(一)须多购书;(二)家务,不即就聘。"吴宓感叹:"介绍陈来,费尽气力,而犹迟疑,难哉。"清华大学同意,在陈寅恪到校之前就预支薪水,同时"又给予购书公款二千元",后又"加给陈寅恪为研

---

① 陈封雄:《卅载都成断肠史——忆寅恪叔二三事》,张杰、杨燕丽选编:《追忆陈寅恪》,社会科学文献出版社1999年版,第440—441页。
② 陈美延、陈流求编:《陈寅恪诗集》,清华大学出版社1993年版,第22页。

究院购书之款（二千元），于十月十日以前汇出"。校长曹云祥嘱咐吴宓"编制赵陈二教授所购西书目，以备呈交董事会"。①为了丰富研究院的教学用书，陈寅恪上书校长，要求增加研究院的藏书，还"请购王国维先生所开研究甲骨文字及敦煌古物应用书目，又多次陪同王国维先生进城'参观书籍展览会'，'至琉璃厂文友堂，为校中购书。在薄玉堂及中华书局各处细行检阅'，'至琉璃厂在文德堂、述古堂、文友堂为校中检定书籍十余种，交图书馆购买'"。②

如前所述，由于工作、生活稳定，陈寅恪在这一时期购书成癖，其藏书量十分丰富，这可以从其亲友、学生的回忆中略窥一二。陈寅恪的女儿陈流求在《回忆我家逃难前后》一文中说："这段时期家中生活紧凑而有规律。父亲的书房不大，窗前放下的那张深褐色书桌可不小，靠墙是高高的书柜，还铺设了一张小铁床，屋内很挤，孩子不可进去玩。……父亲每天出门老夹着一个夹层的布包袱，包着许多书本，大多是线装书，晚上照例伏案工作……"③他在清华研究院的学生说："他（陈寅恪）的书房中各国各类书均有，处处是书，我们进去要先搬搬挪挪才能坐下。"④从这些叙述中可以想见，陈寅恪书房中的书桌上、小床上、椅子上，甚至地上都堆满了书。可见其藏书数量之多。

这种情况一直持续到1937年七七事变爆发。之后他的藏书就逐渐散佚了。

四、辗转岭南

1939年春，英国牛津大学聘请他为汉学教授，并授予英国皇家学

---

① 吴学昭：《吴宓与陈寅恪》，清华大学出版社1992年版，第31页。
② 吴学昭：《吴宓与陈寅恪》，清华大学出版社1992年版，第33页。
③ 张杰、杨燕丽选编：《追忆陈寅恪》，社会科学文献出版社1999年版，第411页。
④ 陈哲三：《陈寅恪先生轶事及其著作》，张杰、杨燕丽选编：《追忆陈寅恪》，社会科学文献出版社1999年版，第86页。

会研究员职称。他原拟全家搭英轮转赴英国牛津大学任教，因战事的爆发，被逼暂居香港，任香港大学客座教授兼中文系主任。

1942年春，他先后任广西大学、中山大学教授，后移居燕京大学任教。这一时期，在繁忙的教学中，他仍致力于学术研究，先后出版了《隋唐制度渊源略论稿》《唐代政治史述论稿》两部著作，对隋唐史提出了许多新的见解，为后人研究隋唐史开辟了新的途径。1945年秋，飞赴英国。他此次抱着"眼暗犹思得复明"的希冀重游故地，无限感慨。但其目疾并未医好，反而被下了失明成定论的诊断书。陈寅恪非常绝望，辞去牛津大学教席，于1946年6月回到国内。同年10月，清华大学在北平复校，陈寅恪回到清华任教。陈寅恪在家里授课，有五六个研究生，因为当时眼睛几乎完全失明，由两位讲师为他查书和写黑板。他闭着眼睛，凭着深厚的文献基础和惊人的记忆力，能说出某书某页记载着某事。

1949年后，他到广州，任教于广州岭南大学。院系调整，岭南大学合并于中山大学，遂移教于中山大学。"文化大革命"开始之后，陈寅恪遭到残酷折磨。使他最伤心的是，他珍藏多年的大量书籍、诗文稿多被洗劫。1969年10月7日，他在广州忧愤以终。

1937年离开清华大学后，陈寅恪的藏书逐渐开始散佚。至中山大学后，虽又购聚了一些藏书，但在数量、版本上已远不及散前的藏书，过去的善本古籍基本已消失殆尽。

陈寅恪的侄子陈封雄回忆说："'七七事变'爆发，日本飞机首先轰炸北京西苑兵营。寅恪叔一个人被阻隔在清华，费了很大力气才乘人力车逃进城与家人团聚。他一到家就急切地惦记着他的书籍。他说其他东西都可牺牲，但求能保住他留在清华的手稿和常用书。后来总算雇了一辆出租小汽车，由我乘车去抢救。慌乱中，我只能把他书桌内外一些手稿及书桌周围的书胡乱地装满一车。汽车刚要驶出清华大学西校门时，正好碰见一辆日军坦克迎面驶入，经过检查，一看都是线装书，就放行了。当时日本飞机仍在西苑投弹。以后清华大学成了日军兵营,寅恪叔的《大藏经》和其他许多书就不知下落了。"①经过这次动荡,陈寅恪的藏书损失不少,这可以说是他藏书的第一次劫难。

陈寅恪在处理完父亲的丧事后,偕全家离开北平南下。南迁时,他把一些教学需要的书籍打包后托人寄往长沙,但过程中却出现变故。陈寅恪的"第一次交代底稿"中谈及此事:"抗日战争开始时清华大学迁往长沙。我携家也迁往长沙。当时曾将应用书籍包好托人寄往长沙。当时交通不便,我到长沙书尚未到。不久我又随校迁云南,书籍慢慢寄到长沙堆在亲戚家中。后来亲戚也逃难去了,长沙大火时,亲戚的房子和我很多书一起烧光。"②这次大火,令陈寅恪的重要藏书再次遭受重大损失。

陈寅恪的一些藏书虽然随身携带,跟随他辗转而行,却不幸遭遇了被偷盗的厄运。陈封雄回忆说:"1938年,他从香港取道越南去昆明,特地买了一只高级皮箱装他的手稿和书籍,交火车托运。当时的滇越铁路上难民拥挤,交通混乱,小偷猖獗。他的那只沉甸甸新皮箱被小偷误认为必藏有贵重财宝而受到'照顾'。寅恪叔却因失掉了他一部分最珍惜的心血结晶,精神上受到很大打击,使他以后花了不止双倍的精力(因为当时已患眼疾)来弥补损失。"③陈寅恪的大女儿陈流求对这件事也有所回忆:"岂料父亲把自己多年心血聚集的文稿及批注书籍,装入最好的皮箱,被人在海防市盗走,伤感之情,更摧残着他的心身,不久即染病在床。"④王子舟在《陈寅恪读书生涯》中也对这段经历进行了叙述:"在赴云南途中,寅恪取道迂回进滇,而把随身仅剩之书籍专用两只木箱装好,从铁路托运。这两箱书籍非常珍贵,寅恪藏书精华尽在其

---

① 陈封雄:《卅载都成断肠史——忆寅恪叔二三事》,张杰、杨燕丽选编:《追忆陈寅恪》,社会科学文献出版社1999年版,第441页。
② 蒋天枢:《陈寅恪先生编年事辑》(增订本),上海古籍出版社1997年版,第116页。
③ 张杰、杨燕丽选编:《追忆陈寅恪》,社会科学文献出版社1999年版,第441页。
④ 张杰、杨燕丽选编:《追忆陈寅恪》,社会科学文献出版社1999年版,第414页。

中。有古代东方语文书籍及拓本、照片等，还有多部经年批注之《世说新语》，本欲携出据此为著述。不料，路上被人窃去，另易砖头装满木箱内。此番图书损毁，大伤寅恪元气，精神遭到前所未有之打击。"①

　　这部分被盗之书，极有可能在当地被书商售出，《论衡》一部还经人寄回陈寅恪手中。1955年6月，陈寅恪在给蒋天枢的信中曾提到：越南华侨彭禹铭购得陈寅恪被盗的《新五代史》批注本两册，并将此消息告知陈寅恪本人，但"因不能寄出，故尚在其家"。然彭所得的《新五代史》两册，后来也毁于西贡大火之中。陈寅恪在信中说：

> 　　有一事忘告，即去年安南华侨彭禹铭君来，言其家住西贡，曾在海防搜买旧书，得到弟当年遗失之《新五代史》两册（竹简斋石印本只两册）。现因不能寄出，故尚在其家。弟当日取欧史与《六一居士集》及《续资治通鉴长编》附勘，李书未注，卷帙又繁，故未随身携带。《六一居士集》及《集古录》，乃用万有文库小本，所注颇多。彭君未收到此书。此时西贡一带秩序甚坏，彭君家中虽有人看守，亦恐有遗失。又有梁秩风君，买得弟遗失箱中之《论衡》一部，此书不过当时为填塞箱子起见，偶尔放置其中，实非欲带之书也。当日两箱中中文书及古代东方文书籍及拓本、照片几全部丧失。此时身边旧箱中原物，仅余填补空隙不足轻重之《论衡》一种，可叹也。寅恪六月十一日②

　　经历了这几次劫难，或被焚，或被盗，或不知所踪，陈寅恪藏书大部分已经散佚。然而，除了这些不幸遭遇外，陈寅恪藏书甚至遭受了被出售的厄运。

---

① 王子舟：《陈寅恪读书生涯》，长江文艺出版社1997年版，第116页。
② 蒋天枢：《陈寅恪先生编年事辑》（增订本），上海古籍出版社1997年版，第160页。

在抗战结束后，清华在北平复校，陈寅恪亦偕家人随校迁回清华园。在"第七次交代稿"中他提到："复员重返清华。天气很冷，常发心脏病。将所藏最好的东方语言学书籍全数卖与北京大学东方语言学系。以买煤取暖。"蒋天枢所编《陈寅恪先生编年事辑》中载："是岁寒甚。清华各院住宅本装有水汀，经费绌，无力供暖气，需住户自理。先生生活窘苦，不能生炉火。斥去所藏巴利文藏经及东方语文各书，如蒙古文蒙古图志、突厥文字典等等，卖与北京大学东方语文系。（此师昔年所告）用以购煤。闻仅一室装火炉而已。"①对于这件事情的细节，季羡林先生在《回忆陈寅恪先生》一文中写道："在解放前夕，政府经济实已完全崩溃……到了冬天，他（陈寅恪）连买煤取暖的钱都没有，我把这情况告诉了已经回国的北大校长胡适之先生。胡先生最尊重最爱护确有成就的知识分子……适之先生想赠寅恪先生一笔数目颇大的美元。但是，寅恪先生却拒不接受。最后寅恪先生决定用卖掉藏书的办法来取得适之先生的美元。于是适之先生就派他自己的汽车——顺便说一句，当时北京汽车极为罕见，北大只有校长的一辆——让我到清华陈先生家装了一车西文关于佛教和中亚古代语言的极为珍贵的书。陈先生只有收二千美元。这个数目在当时虽不算少，然而同书比起来，还是微不足道的。在这一批书中，仅一部《圣彼得堡梵德大词典》市价就远远超过这个数目了。这一批书实际上带有捐赠的性质。"②陈寅恪希望"能让这些书发挥作用，所以并不计较书款多少，售价是否抵值"。③这批图书为后来北京大学东方语言学系的创建和发展起了至关重要的作用。这批外文藏书至今仍然被保存在北京大学东语系资料室中，以供

---

① 蒋天枢：《陈寅恪先生编年事辑》（增订本），上海古籍出版社1997年版，第141—142页。
② 季羡林：《怀旧集》，北京大学出版社1996年版，第197—198页。
③ 陈流求、陈小彭、陈美延：《也同欢乐也同愁》，生活·读书·新知三联书店2010年版，第218页。

研究者使用。

任教岭南大学后，陈寅恪陆陆续续又购买了一些书籍。"来岭大时，我自己先来，将书籍寄存北京寡嫂及亲戚家中。后某亲戚家所存之书被人偷光。不得已将所余书籍暂运上海托蒋天枢代管。卖书的钱陆续寄来补贴家用。并将书款在广州又买一些书。"①这些新购的书籍与陈寅恪早年购买而幸未散佚的藏书，后在"文革"中被查抄，还有一些在他去世后，由家属上交给中山大学。

陆键东所著《陈寅恪的最后二十年》一书中，描述了"文革"中被抄家时，陈寅恪藏书的命运：

> 抄家开始了。不幸中的万幸，头一批抄家者来自历史系的"革命群众"，他们查封了陈寅恪的书籍和一批未刊书稿、手稿，陈寅恪的存稿没有遭到"灰飞烟灭"的劫难。当年参与其事的一位目击者回忆，查封是"平静"的，陈寅恪的手稿与书籍都专门堆放在一间房子里，等候处理。所谓"平静"，不过是相对于后来已形同抢劫的情形而言。数月前，陈寅恪还是只能敬仰的一个人物，不要说登堂入室，就是慕名晋谒的要求，也不一定能被接受。历史系的"革命群众"，终于乘着时势肆意地踏上了这块"神秘的领地"，一睹庐山真面目，痛快地做了一回主宰者。据说首次抄家成功，令"革命群众"受到了极大的鼓舞。陈寅恪除了书籍、手稿被查封外，他多年精心保存的一些文物字画也被抄掉。给抄家者印象最深的是这么一批"四旧"：陈寅恪保存了二十多封陈宝箴与清朝官员的往来信札，看得出，这些信札数十年来保管得很好。②

---

① 蒋天枢：《陈寅恪先生编年事辑》（增订本），上海古籍出版社1997年版，第116页。
② 陆键东：《陈寅恪的最后二十年》，生活·读书·新知三联书店1995年版，第474—475页。

关于陈寅恪在"文革"中失书,蒋天枢所编《陈寅恪先生编年事辑》(增订本)中有几处记载:

> 丙午　一九六六年　先生七十七岁
> ……本年年底,历史系二年级学生某拿去《寒柳堂记梦未定稿》清抄稿一份,迄无下落。另一份清抄稿因屡遭抄家,不知何时遗失。先生最后所著文一篇竟至湮没。今所存者,仅《弁言》及第一章《先世中医之学》、第六章《戊戌政变及先祖先君之关系》三部分不完全之残稿。①

> 己酉　一九六九年　先生八十岁
> ……旧历五月十七日,先生八十诞辰。小彭又回家探亲。【曾告小彭我将来死后,一本书也不送给中大。及先生逝世后,形势所逼,师母让学校将书全部拿去,即先生借我的抄本《有学外集》十二册,亦被拿走。我曾数次函索均云查无。】②

以上我们从历时角度略述了陈寅恪藏书的聚散情况,对其藏书内容有大体了解。因文献缺乏,陈寅恪藏书的具体书目我们已无从知晓。

一生为学术

陈寅恪长期致力于史学研究,研究范围甚广,在魏晋南北朝史、隋唐史、宗教史(特别是佛教史)、西域各民族史、蒙古史、古代语言学、敦煌学、中国古典文学以及史学方法等诸多领域都有开创性的成果。陈

---

① 蒋天枢:《陈寅恪先生编年事辑》(增订本),上海古籍出版社1997年版,第179页。
② 蒋天枢:《陈寅恪先生编年事辑》(增订本),上海古籍出版社1997年版,第184页。

寅恪治学不仅继承了清代乾嘉学者考据的传统，同时吸取西方的"历史演进法"，从事物的演化和联系考察历史，探究史料。他以考据为手段，在考证历史事实的基础上，还注意探求历史发展的规律。陈寅恪的考据，超越了乾嘉学派传统意义上的考据，发展了中国的历史考据学。陈寅恪与王国维、陈垣等形成了中国史学史上具有代表意义的"新考据学派"。

陈寅恪的学术研究成果以史学为中心，兼及佛经和文学。从治学历程看，大体可分为三个阶段：第一，在游学结束刚回国的几年中，陈寅恪学术重点在佛经与边疆民族史。在研究佛经时，尤其注意佛教与语言、文学、社会之关系。第二，在四十四岁之后，陈寅恪学术重心逐渐转至中国中古时期历史，尤其是两晋南北朝隋唐史，涉及当时的政治、宗教、社会、学术以及文学各个方面，这一时期的代表作有《天师道与滨海地域之关系》《隋唐制度渊源略论稿》《唐代政治史述论稿》《元白诗笺证稿》等。其中《元白诗笺证稿》虽为论诗，但其以诗证史，仍属于史学研究之范围。第三，晚年失明后，陈寅恪仍克服困难，不辍治学，这时他的《论〈再生缘〉》和《柳如是别传》可推为代表之作。

陈寅恪的学术成就与他的藏书密不可分，陈氏"欲纵观所未见之书"，"释幽忧之思"。前文已提到，陈寅恪为了购买自己喜爱、需要的书籍，有时不惜重金，只求"大购、多购、全购"。他竭尽全力搜求所需书籍，关注出版动态，就是为了在学术上"不甘逐队随人，而为牛后"。陈寅恪藏书与其学术的密切关系主要体现在以下几方面。

首先，陈寅恪治学中非常重视史学文献。因陈寅恪一生治学之重点即在国史，史部书籍几乎无所不读。他曾说："寅恪平生颇读中华乙部之作，间亦披览天竺释典，然不敢治经。"[①]陈寅恪读史书，尤其正史，与一般人不同，不仅阅读其中的本纪、列传，还非常重视其中的"志

---

① 陈寅恪：《金明馆丛稿二编》，生活·读书·新知三联书店2001年版，第262页。

书"，例如《史记》的《天官书》《货殖列传》，以及《汉书·艺文志》《晋书·天文志》《晋书·刑法志》《隋书·经籍志》《新唐书·地理志》等。关于各种会要，他也非常重视，因为研究唐史，又十分注意《五代会要》。他也非常重视"三通"，即《通典》《通志》《文献通考》。"三通"的序文，陈寅恪皆能背诵。陈寅恪研究重点是历史，目的就是在历史中寻求教训，所以他常说"在史中求史识"。中国历代兴亡之原因、中原王朝与边疆民族之关系、历代典章制度的嬗变、社会风俗以及中国文化传承久远之原因，都是他研究的对象。①

他对史学文献的重视可以从他引用的文献中窥见一斑。王子舟所著《陈寅恪读书生涯》中对陈寅恪引用的文献进行过统计和分析。他以陈寅恪早期和中期的学术成果《寒柳堂集》、《金明馆丛稿初编》（1980年8月版）、《金明馆丛稿二编》（1980年10月版）、《隋唐制度渊源略论稿》（中华书局1963年5月版）、《唐代政治史述论稿》（三联书店1956年2月版）、《元白诗笺证稿》（上海古籍出版社1978年3月版）中的论文89篇（除去《论〈再生缘〉》，外加在《学衡》发表的《与妹书》），专著三部，进行了文献统计，其结论是，陈寅恪共参考、引用各类文献达907种6144次之多。作者特意解释，其所说"参考"，是指"寅恪在著述行文中，明确提及某书（或文章）某卷页之内容，而未引用者。此可注意者有三：一、表示出寅恪精读过此书，二、在行文中标出出处，亦为读者核考之便，三、寅恪常用括号将所参考文献之关节点括出，或有'参''见''同'等字样"。其所说"引用"，是指"寅恪在著述行文中，不但明确提及某书（或文章），并且引用了该书（或文章）之文字"。从引用文献内容来看，陈寅恪使用的文献中，"以史地类、佛教类的文献

---

① 俞大维：《怀念陈寅恪先生》，张杰、杨燕丽选编：《追忆陈寅恪》，社会科学文献出版社1999年版，第6页。

数量最大"①。由此亦可见，陈寅恪作为史学家，更看重历史类图书文献的购聚、阅读和使用。这里，我们顺带说一下，陈寅恪在读书时，注重做读书笔记，这些笔记在他治学过程中发挥了重要作用。陈寅恪的读书札记能够很好地帮助我们认识其治学范围和特色。

其次，陈寅恪藏书是其治学的强大工具。陈寅恪的藏书种类丰富，有外文，有中文，涉及多个学科门类，使他研究视野开阔，能够运用不同学科的知识来做学问。前文已述，陈寅恪游学海外期间，购买了不少外文图书，从其读书笔记来看，其中语言学类的书籍十分丰富。这些语言学方面的图书在陈寅恪的宗教学研究中发挥了重要作用，是强有力的工具。陈寅恪对宗教学的研究，是他学术生涯的重要组成部分。他早年受过系统的方法论训练，又有深厚的驾驭语言文字的功底，故能够在宗教学研究里游刃有余。

陈寅恪从语言学角度对佛经翻译进行比勘考证，从而解决了不少中古语言学发展史上的问题。他在《与妹书》中说："我今学藏文甚有兴趣，因藏文与中文，系同一系文字，如梵文之与希腊拉丁及英俄德法等之同属一系。以此之故，音韵训诂上，大有发明。因藏文数千年已用梵音字母拼写，其变迁源流较中文为明显。如以西洋语言科学之法，为中藏文比较之学，则成效当较乾嘉诸老更上一层。""我偶取金刚经对勘一过，其注解自晋唐起至俞曲园止，其间数十百家，误解不知其数。我以为除印度西域外国人外，中国人则晋朝唐朝和尚能通梵文，当能得正确之解，其余多是望文生义，不足道也。"②陈寅恪在与吴宓等谈及东方语言学时曾说："非通梵藏等文，不能明中国文字之源流音义，不能读《尔雅》及《说文》云。"③在研究中，陈寅恪常常对比异同，从而进行印

---

① 王子舟：《陈寅恪读书生涯》，长江文艺出版社1997年版，第167—171页。
② 陈寅恪：《与妹书》，《学衡》1923年第20期。
③ 吴学昭：《吴宓与陈寅恪》，清华大学出版社1992年版，第62页。

证。例如，中文《大般若波罗蜜多经》原本有"无上"，而斯坦因从黑城所获西夏文的《大般若经》译为"最上"，陈寅恪依据其语言学知识，指出该词当为梵文的anuttara，藏文为bla-na-med-pa。梵文的uttara源出于ud，其最高级形式为uttama，比较级为uttara，在比较级前加an（意为"无"），就成了anuttara，直译当为"无更上"。从语法功能上看，是以比较级形式表示最高级的含义，中文的"无上"取直译，而西夏文则以"意译"。①经过这一番考证，陈寅恪不但解释了经书的内涵，也揭示出中文、藏文在翻译梵文文献时的不同习惯。

类似方法还见于陈寅恪在魏晋史中的研究。《三国志·魏书·司马芝传》载："特进曹洪乳母当，与临汾公主侍者共事无涧神"。裴松之注云："无涧，山名，在洛阳东北"。陈寅恪认为，其中"无涧神"乃"无间神"，即指地狱神，是由梵文的Avici意译而来，音译则为"阿鼻"，当时意译亦作"泰山"。他说，"裴谓无涧乃洛阳东北之山名。此山当是因天竺宗教而得名，如后来香山等之比"，并由此得知"释迦之教颇流行于曹魏宫掖妇女间"。②又《三国志》的《武文世王公传》中和《方技传》中分别有曹冲和华佗关于佛教的故事，陈寅恪在《三国志曹冲华佗传与佛教故事》一文中，考证了"华佗"之名来自天竺语中"agada"（即"药"义）一词。他说："检天竺语'agada'乃药之义。旧译为'阿伽陀'或'阿羯陀'，为内典中所习见之语。'华'字古音，据瑞典人高本汉字典为rʷa，日本汉音亦读'华'为'か'。则'华佗'二字古音与'gada'适相应，其省去'阿'字者，由'阿罗汉'仅称'罗汉'之比。盖元化固华氏子，其本名为旉而非佗，当时民间比附印度神话故事，因称为'华佗'，实以'药神'目之。此魏志后汉书所记元化之字，所以

---

① 陈寅恪：《斯坦因Khara-Khoto所获西夏文大般若经考》，原载1933年历史语言研究所单刊甲种之八西夏研究第一辑。本书引自《金明馆丛稿二编》，生活·读书·新知三联书店2001年版，第216页。
② 陈寅恪：《金明馆丛稿二编》，生活·读书·新知三联书店2001年版，第89—90页。

与其一名之旁相应合之故也。"①陈寅恪的这一研究方法为中古历史研究开辟了新的视角。

再次，陈寅恪藏书是他进行各种专题研究的重要基础。以敦煌学为例，陈寅恪之于敦煌学，可谓有开拓之功。"敦煌学"一词由陈寅恪在1930年给陈垣所编北京图书馆馆藏敦煌卷子目录（即《敦煌劫余录》）作序时首次提出：

> 一时代之学术，必有其新材料与新问题。取用此材料，以研求问题，则为此时代学术之新潮流。治学之士，得预于此潮流者，谓之预流（借用佛教初果之名）。其未得预者，谓之未入流。此古今学术史之通义，非彼闭门造车之徒，所能同喻者也。敦煌学者，今日世界学术之新潮流也。自发见以来，二十余年间，东起日本，西迄法英，诸国学人，各就其治学范围，先后咸有所贡献。吾国学者，其撰述得列于世界敦煌学著作之林者，仅三数人而已。夫敦煌在吾国境内，所出经典，又以中文为多，吾国敦煌学著作，较之他国转独少者，固因国人治学，罕具通识，然亦未始非以敦煌所出经典，涵括至广，散佚至众，迄无详备之目录，不易检校其内容，学者纵欲有所致力，而凭藉未由也。②

陈寅恪以"预流"的姿态和高度，论述了敦煌文献和敦煌学研究的重要意义，第一次在中国学术界提出"敦煌学"的概念，指出其性质和特征，并把它纳入世界学术领域中，得到各国学术界的认可。陈寅恪就自己阅读所及，从九个方面列举了这些卷子的重要价值：一、有关摩尼教经者；二、有关唐代史事者；三、有关佛教教义者；四、有关小说文

---

① 陈寅恪：《寒柳堂集》，生活·读书·新知三联书店2001年版，第179页。
② 陈寅恪：《金明馆丛稿二编》，生活·读书·新知三联书店2001年版，第266页。

学史者；五、有关佛教故事者；六、有关唐代诗歌之佚文者；七、有关古语言文字者；八、有关古译经之别种本者；九、有关学术之考证者。[①] 以上这些，可以说为当时的敦煌学研究开阔了视野，也促使人们对北京图书馆所藏敦煌残卷进行重新审视。不仅如此，陈寅恪自己在敦煌学研究中，也在佛经、文学、史学等方面做出了不可磨灭的贡献。

众所周知，敦煌遗书中数量最多的是佛经卷子，还有一部分讲唱佛经、佛经故事的变文。这些文献不少已有千年以上的历史，而且以多种文字书写而成，要对其进行正确辨认，有相当难度。甚至罗振玉曾直言他所收藏的《佛曲三种》中的《有相夫人生天因缘曲》《须达起精舍因缘曲》"不知演何经"。但陈寅恪因为通晓梵文、突厥文、西夏文等多种文字，且精于佛教典籍研究，故不仅能指出类似《有相夫人生天因缘曲》这类变文的性质和真伪，还可以就经卷内容本身，对当时的社会、历史、文化等进行研究，得出有益的结论。例如陈寅恪在1927年所撰《有相夫人生天因缘曲跋》中，对《有相夫人生天因缘曲》进行了令人信服的考证。他发现魏吉迦夜与昙曜共译的《杂宝藏经》卷十中"优陀羡王缘有相夫人生天事"和义净所译《根本说一切有部毗奈耶》（卷四十五）"入宫门学处第捌贰之贰"《仙道王及月光夫人事》，虽其中有人物名称之异，然事与此相同。又"梵文Divyāvadāna第叁柒Rudrāyana品（见一九零七年通报Prof. Sylvain Lévi论文），西藏文甘珠尔律部卷玖，均载此事"。陈寅恪还曾见柏林人类学博物馆吐鲁番部壁画中有欢喜王观有相夫人跳舞图。根据这些文献资料，陈寅恪指出："有相夫人生天因缘，为西北当日民间盛行之故事，歌曲画图，莫不于斯取材。"他说："今观佛曲体裁，殆童受喻鬘论，即所谓马鸣大庄严经论之支流，近世弹词一体，或由是演绎而成。此亦治文化史者，所不可不知者

---

① 陈寅恪：《金明馆丛稿二编》，生活·读书·新知三联书店2001年版，第267页。

也。"①这一结论不仅解答了弹词的来源,更为后来研究弹词的学者提供了新的材料和广阔的研究空间。再如《忏悔灭罪金光明经冥报传跋》一文。陈寅恪见合肥张氏藏敦煌写本《金光明经》残卷卷首有《冥报传》,载温州治中张居道人冥事,日本所藏敦煌写经亦有之。又指出,宋、明僧徒所藏佛经中,"亦略记此事",俄罗斯人所藏突厥系文本、德国人所藏吐蕃文断简所载类似的灭罪冥报故事,皆冠于经首。由此,陈寅恪指出:"是佛经之首冠以感应冥报传记,实为西北昔年一时风尚。今则世代迁移,当时旧俗,渺不可稽,而其迹象,仍留于外族重翻之本。征考佛典编纂之体裁者,犹赖之以为旁证,岂不异哉。"陈氏并列举了他所知道的《金光明经》诸版本,如梵文本、中文本、蒙古文及Kalmuk文均有译本,并由此可知"此经于佛教大乘经典中流通为独广,以其义主忏悔,最易动人故也。至灭罪冥报传之作,意在显扬感应,劝奖流通,远托法句譬喻经之体裁,近启太上感应篇之注释,本为佛教经典之附庸,渐成小说文学之大国。盖中国小说虽号称富于长篇巨制,然一察其内容结构,往往为数种感应冥报传记杂糅而成。若能取此类果报文学详稽而广证之,或亦可为治中国小说史者之一助欤"②。这一结论为中国古代小说研究提供了新的思路。

类似的还有《大乘稻芉经随听疏跋》《敦煌本维摩诘经文殊师利问疾品演义跋》《敦煌本十诵比丘尼波罗提木叉跋》等多篇文章,或考证佛经之源流,或考证佛经故事之演变,或探究佛经翻译中的文字问题。文章虽然不长,却能为后来的研究者提供研究空间,引领了研究方向。

---

① 陈寅恪:《有相夫人生天因缘曲跋》,原载1927年9月清华学校研究院《国学论丛》第1卷第2号,本书引自《金明馆丛稿二编》,生活·读书·新知三联书店2001年版,第192页。

② 陈寅恪:《忏悔灭罪金光明经冥报传跋》,原载1928年6月《北京图书馆月刊》第1卷第2号,本书引自《金明馆丛稿二编》,生活·读书·新知三联书店2001年版,第290—292页。

可以说，陈寅恪在敦煌学资料的抢救、整理，敦煌学的确立及发展等各方面都做出了突出的贡献，使敦煌学终于成为21世纪的"显学"。

陈寅恪在隋唐史研究领域也有非常重要的影响。《剑桥中国史》（第三卷）的主编崔瑞德（D.C.Twitchett）在该书导言中评价陈寅恪关于唐代政治与制度的研究，思路缜密、理论严谨、令人信服，他说："此书的每一章节都得益于陈的研究成果，虽然陈对其具体问题的明确的观点受到了挑战。"①

隋唐时期是中国中古阶段的极盛时期，社会发展水平居于当时世界前列，"其文物制度流传广播，北逾大漠，南暨交趾，东至日本，西极中亚"，在周边甚至实际上都产生着重要影响。在陈寅恪的时代，学界对隋唐历史阶段中的很多重要问题研究得不够，尤其是文物制度渊源及流变，缺乏令人信服的论著，"迄鲜通论其渊源流变之专书，则吾国史学之缺憾也"。鉴于此，陈寅恪钩稽文献，著有《隋唐制度渊源略论稿》一书，"兹综合旧籍所载及新出遗文之有关隋唐两朝制度者，分析其因子，推论其源流"。②

在熟悉旧籍文献的基础上，陈寅恪于众人认为"无用"的文献中，提取出有价值的材料，用以说明重要的历史问题。这与他丰富的历史类书籍的购聚不无关系。陈寅恪在书中说：

> 隋唐之制度虽极广博纷复，然究析其因素，不出三源：一曰（北）魏、（北）齐，二曰梁、陈，三曰（西）魏、周。所谓（北）魏、（北）齐之源者，凡江左承袭汉、魏、西晋之礼乐政刑典章文物，自东晋至南齐其间所发展变迁，而为北魏孝文帝及其子孙摹仿

---

① 崔瑞德编，中国社会科学院历史研究所、西方汉学研究课题组译：《剑桥中国隋唐史》，中国社会科学出版社1990年版，第12页。
② 陈寅恪：《隋唐制度渊源略论稿 唐代政治史述论稿》，生活·读书·新知三联书店2001年版，第3页。

采用,传至北齐成一大结集者是也。①

以往治史者,在论及北魏、北齐制度时,往往简单地将其归为汉魏制度,但从其流变情况来看,实不仅限于汉魏,东晋南北朝的前半期都应包括在内。陈寅恪同时分别分析了南北朝前后两期文物制度之异同:

> 旧史又或以"山东"目之者,则以山东之地指北齐言,凡北齐承袭元魏所采用东晋南朝前半期之文物制度皆属于此范围也。又西晋永嘉之乱,中原魏晋以降之文化转移保存于凉州一隅,至北魏取凉州,而河西文化遂输入于魏,其后北魏孝文、宣武两代所制定之典章制度遂深受其影响。故此(北)魏、(北)齐之源其中亦有河西之一支派,斯则前人所未深措意,而今日不可不详论者也。所谓梁陈之源者,凡梁代继承创作陈氏因袭无改之制度,迄杨隋统一中国吸收采用,而传之于李唐者,易言之,即南朝后半期内其文物制度之变迁发展乃王肃等输入之所不及,故魏孝文及其子孙未能采用,而北齐之一大结集中遂无此因素者也。旧史所称之"梁制"实可兼该陈制,盖陈之继梁,其典章制度多因仍不改,其事旧史言之详矣。所谓(西)魏、周之源者,凡西魏、北周之创作有异于山东及江左之旧制,或阴为六镇鲜卑之野俗,或远承魏、(西)晋之遗风,若就地域言之,乃关陇区内保存之旧时汉族文化,所适应鲜卑六镇势力之环境,而产生之混合品。所有旧史中关陇之新创设及依托周官诸制度皆属此类,其影响及于隋唐制度者,实较微末。故在三源之中,此(西)魏、周之源远不如其他二源之重要。然后世史家以隋唐继承(西)魏、周之遗业,遂不能辨析名实真伪,往往于李唐

---

① 陈寅恪:《隋唐制度渊源略论稿 唐代政治史述论稿》,生活·读书·新知三联书店2001年版,第3页。

之法制误认为（西）魏、周之遗物，如府兵制即其一例也。①

陈寅恪的论述着眼于制度的发展演变，钩稽文献，对隋唐时期的礼仪、职官、刑律、音乐、兵制、财政等各方面制度的源流进行考察，指出旧说认为隋唐制度源出于西魏、北周之误。

在隋唐制度论述中，陈寅恪有其讨论的重点。有感于前人对礼仪制度研究之缺乏，故陈氏在"礼仪"部分着墨最多。陈寅恪说："旧籍于礼仪特重，记述甚繁，由今日观之，其制度大抵仅为纸上之空文，或其影响所届，止限于少数特殊阶级，似可不必讨论，此意昔贤亦有论及者矣。"陈氏引沈垚云："六朝人礼学极精，唐以前士大夫重门阀，虽异于古之宗法，然与古不相远，史传中所载多礼家精粹之言。至明士大夫皆出草野，与古绝不相似矣。古人于亲亲中寓贵贵之意，宗法与封建相维。诸侯世国，则有封建；大夫世家，则有宗法。"对于这一说法，陈寅恪深以为是，他说："礼制本与封建阶级相维系，子敦之说是也。唐以前士大夫与礼制之关系既如是之密切，而士大夫阶级又居当日极重要地位，故治史者自不应以其仅为空名，影响不及于平民，遂忽视之而不加以论究也。"②由于极为熟悉文献，在论述中，陈寅恪广引例证，做出了令人信服的论证。这也正是有赖于他史部书籍的购聚和收藏。

最后，陈寅恪的藏书帮助他形成了"诗文证史"这一研究方法，可以说这是对史学研究方法的一大贡献。前代已有学者注意到古诗的题目或内容可以与某些史事相呼应，认同"诗史"之说。例如，明末清初学者钱谦益在《胡致果诗序》中云："孟子曰：《诗》亡然后《春秋》作。《春秋》未作以前之《诗》，皆国史也。人知夫子删《诗》，不知其为定

---

① 陈寅恪：《隋唐制度渊源略论稿 唐代政治史述论稿》，生活·读书·新知三联书店2001年版，第4页。
② 陈寅恪：《隋唐制度渊源略论稿 唐代政治史述论稿》，生活·读书·新知三联书店2001年版，第6—7页。

史；人知夫子之作《春秋》，不知其为续《诗》……三代以降，史作史，诗自诗，而诗之义不能不本于史。曹之《赠白马》，阮之《咏怀》，刘之《扶风》，张之《七哀》，千古之兴亡升降、感叹悲愤，皆于诗发之。驯至于少陵，而诗中之史大备，天下称之曰诗史。"[1]钱谦益所著《钱注杜诗》对地理、职官、典章制度等有详细的笺注，且资料翔实，被后人视为"以诗证史"的先行者。清人杨钟羲在《雪桥诗话》中也提到诗的题目可以核正史事。但前人的论述仍是将其作为"诗"的研究范围，真正将其作为史学研究方法大量使用的，当首推陈寅恪。他把这一工作（"以诗证史"）视为他新开的园地，日日夜夜加以精耕细作，也由此得到很大的收获。[2]

陈寅恪认为，要提高史学的科学性，就要有准确翔实的史料作为支撑。然历代官修史书，未免有"为尊者讳"或"为贤者讳"的传统，在某种程度上隐蔽了真实的历史，使后来的读者难以了解历史的真相。而利用古代的诗文，则可以从中获得史料的佐证。

陈寅恪从20世纪30年代开始，就注意到用诗文证史。例如，他以李商隐的《无题》（万里风波一叶舟）一首考证了李德裕的归葬日期为大中六年的夏季；以韦庄的《秦妇吟》补述了黄巢起义的事迹；还以李复言的《续玄怪录》揭露了中堂宫闱斗争这样隐秘的历史。其后，他以元稹、白居易两人诗歌之笺注来证史事，这就是他的专著《元白诗笺证稿》。该书可视为陈寅恪治学过程中的里程碑。此外，在陈寅恪晚年，他以十年之工夫，写成《柳如是别传》。该书通过笺释钱谦益、柳如是的诗文，系统论述了明末清初的历史，其中甚至涉及了复社事迹、钱谦益投清之原因、郑成功复明等重大历史事件，所述甚详，且为正史所不

---

[1] 钱谦益：《胡致果诗序》，陈伯海主编：《历代唐诗论评选》，河北大学出版社2003年版，第831页。
[2] 黄萱：《怀念陈寅恪教授——在十四年工作中的点滴回忆》，《纪念陈寅恪教授国际学术讨论会文集》，中山大学出版社1989年版，第70页。

载。该书可谓以诗文系统考证一代史事之杰作,陈寅恪曾自称此书目的在于"欲自验所学深浅"。

陈寅恪所倡导的"诗文证史"实际上包含两个方面的内容:一是以诗文为史料,补史书之缺或另备异说;二是以史释诗,从而更好地阐释诗意。陈寅恪的诗文证史,以唐诗为主。学者历来多重视唐诗的文学价值,而较少注意到其史料价值。陈寅恪认为,唐诗中多叙述成分,其中很多包含了时间、地点、人物、事件等信息,对研究唐代不同时期、不同社会阶层的思想、生活状况,都大有助益。例如杜甫诗《哀王孙》中"朔方健儿好身手,昔何勇锐今何愚",关于"朔方健儿"所指,旧注皆以为是指朔方军或泛指北方军队。陈寅恪在分析史事后指出,杜甫应不会讥讽当时对抗安史之乱的主力朔方军及其将领,且朔方一词系当时行政区的专有名词,不作泛指用。因此"朔方健儿"当指同罗部落。杜甫以此二句讥讽当时的同罗部落一再反叛而自取灭亡,并表达了收复京师指日可待的期望。又如元稹诗《遣悲怀》(三首)系悼亡之作,诗中表达了对亡妻韦氏的深挚感情。陈寅恪先生对历史极为熟悉,从诗中发现其时代排序有误。从第一首"今日俸钱过十万"句,推断出此诗当作于韦氏去世后较长的时间即元和十二年五月元稹权知通州刺史任内。韦氏于元和六年去世,今本第三首有"邓攸无子寻知命"及"唯将终夜长开眼"等诗句,说明此诗系元稹未有子女且未再娶之前。今本第二首的"衣裳已施行看尽"句,从诗句之意看,这首当作于韦氏逝世未久,即元稹初贬江陵之时。故此,今本《遣悲怀》三首中,应将第一、三首的位置互换。①

值得注意的是,陈寅恪在使用"以诗证史"这一方法时,必先确认诗文的真实性、可靠性,并结合当时的社会文化背景,来决定这条

---

① 以上内容参见胡守为:《陈寅恪先生的史学成就与治史方法》,《纪念陈寅恪教授国际学术讨论会文集》,中山大学出版社1989年版,第106页。

资料是否可用。由于藏书丰富，陈寅恪的论著中搜集了大量的文人往来应酬之作，除诗之外，其他如文、词、赋，乃至小说、杂记都在其搜集之列。这些都是以其丰富的藏书为必要之基础。可以说，陈寅恪在史学研究领域所取得的非凡成就，与他大量购置图书、使用图书是密不可分的。

齐如山

藏书之聚散

一、藏书世家

齐如山（1877—1962），原名宗康，字如山，河北高阳人。著名京剧理论家、编剧、藏书家。齐家藏书由其先祖奠基，累世经营，到齐如山乃成大观。齐家原为务农之家，素无藏书。其藏书始自明末清初齐如山的九世祖齐林玉（国琳）。在好友李恕谷（塨）、颜习斋（元）二人的鼓励下，齐林玉购置了大量图书，奠定了齐家藏书的基础。后来经过齐如山之高祖齐乘礼、曾祖齐正训等人的经营，已颇有可观之数。据齐如山回忆，在清代咸丰、同治年间的河北，齐氏藏书丰富，称得上"是前几名的收藏家"。但此后屡遭厄运，捻军起义时，损失惨重。父亲齐令辰好不容易保存下来的藏书，又在义和团运动时遭受损失。不过大量古籍的散出，也让齐如山有机会新购不少图书。《百舍斋所藏戏曲存书目》自序对此有记述：

> 庚子年，北平商号全数被抢，只书铺有幸免者。被抢之物，即在大街摆摊售卖，价极便宜，旧书一项更是毫无买主，只若肯买，

则等于白拾，但因系抢得之物，故多残缺，大部头之书，完整者尤少，所以特别便宜。例如我买过一部王先谦的《续经解》，才合现大洋三元。余可类推，因此又收购了若干，小说戏曲尤多。至此舍下藏书的宗旨总算又恢复了一部分。①

日寇侵占北平后，出售旧藏器物的人家更多，齐如山"又收得了一大部分，且有许多不易见到之书，这次算是舍下收书最多的一次"②。

二、国剧学会藏书

齐如山在和司徒雷登接洽梅兰芳出国事宜的时候，曾经设想如果演出成功，可以募集一些善款，用于办国剧研究所、戏剧博物馆兼图书馆、戏剧学校、新式剧场。关于办戏剧博物馆和图书馆，他说那时候"个人收藏关于戏的物品已有三万余件（此事详后），各省的东西，应搜罗的还很多，关于书籍，我收藏的只有二百余种，不过是杂剧、传奇等剧而已，即此亦应该仍继续搜罗。关于各省的小唱本及各种戏的剧本，都应该多方搜购"。③1931年齐如山从美国回来之后，创立了国剧学会，为研究国剧原理，开始广泛收罗国剧文物、资料。搜求的途径大致有如下几种：一是到戏界各种公共场所去搜求，二是到各梨园世家家中去搜求，三是到清宫中去搜求，四是在市面及街上小摊各处留神。

在公共场所主要搜集公文、碑文、墓志。所谓公共场所有几处：一是精忠庙，在前门外东珠市口南，大市西头。自乾隆年间，梨园公会办

---

① 蔡毅编著：《中国古典戏曲序跋汇编》第1册，齐鲁书社1989年版，第266—267页。
② 蔡毅编著：《中国古典戏曲序跋汇编》第1册，齐鲁书社1989年版，第267页。
③ 梁燕主编：《齐如山文集》第11卷，河北教育出版社2010年版，第127页。

公所就设在这里,①凡在北平成立戏班或改组、更名,都要在此注册,再由公会保结呈递内务府堂郎中批准。此外,除民刑诉讼外,戏界争执都由公会裁断。政府命令公告也由公会向戏界传达。齐如山在这里找到一本人名册,还在幸存的翼宿星君庙(又名喜神庙)中为翼宿星君及十二音神的牌位、神图留下了照片资料。二是阜城门外专葬升平署太监的坟地。升平署是专管宫中演戏的衙门,齐如山把那里所有关于戏剧的碑文都抄录下来,其中最重要的是皇帝敕建之碑。三是从前各大戏班之义园。义园即公共团体购买的梨园公墓,为团体中人所免费使用。永定门外、南苑北、大红门外以西、天坛东北、宣武门外、窑台之东、珠市等处皆有义地。齐如山去过多次,将有关考证及文献的碑文、墓志抄录下来。②

从梨园世家那里主要搜求剧本、物品。家中有剧本的梨园世家很少,但是两种人家可能存有:一是从前创立戏班之家,二是笛师之家。齐如山从这两类人手里抄了几百种较成规模的剧本。又从各处搜集了一千多种单本(即只有一人之词者),有很多破烂不堪,甚至只剩残页。其中较为珍贵的收藏有程长庚、徐小香、胡喜禄等亲手改过的剧本。几十种注明身段的本子也非常宝贵,齐如山把它们用金镶玉的方法装成两套三十几本,题签曰《详注身段谱》。还有一套行头单子,共约三十几份,虽然多是残本,但由此可以考察出许多梨园变迁的情形。③搜集到的零星纸本、纸片、物件等亦不在少数。

---

① 杨连启著《精忠庙带戏档考略》曰,京城精忠庙始建于明,康熙年间倒塌,雍正、乾隆年间修缮、扩建。管理戏曲的衙门和梨园公会都设在精忠庙里,在康熙、乾隆年间,不少方志中常有梨园公会的记载。梨园的社团组织,虽自清初即已有活动,但组织较松散,活动也不多;直至同治年间,自程长庚任精忠庙首后,组织渐趋严密,活动亦逐渐增多。参见杨连启:《精忠庙带戏档考略》,中国戏剧出版社2012年版,第4—12页。
② 梁燕主编:《齐如山文集》第11卷,河北教育出版社2010年版,第138—140页。
③ 梁燕主编:《齐如山文集》第11卷,河北教育出版社2010年版,第140—141页。

在清宫搜集的材料除了剧本，还有档案、戏箱。齐如山在宣统末年、民国初年就开始留意故宫的资料了。他自述道："自民国六七年间，就不断地找在升平署当过差的太监，陆陆续续得到的剧本也不少，但没有大宗的。因为彼时他们还不敢公然出卖。后来渐有一包一包的卖出来了。大批的归国立北平图书馆买去，不过他们买的档案公事册子多，剧本则较少；我买的剧本多，而档案较少。我前后共买到了八百多本，又替南京国立编译馆买了一百多种。"①齐如山从白纸坊造纸厂得到一批被内务府废弃的档案，其中有关于戏剧的，虽捡起来的不过百分之一二，但也属万幸了。宫中管戏箱的王太监（人称箱王老爷）对齐如山讲了宫中戏箱逐渐零落之况，还送给他一大包戏衣行头单子。故宫博物院开放之后，齐如山被聘为文献馆委员，负责查验各种戏箱及剧本，故而有机会把历朝的戏箱都查验一番，知悉其下落。他系统整理过清宫戏的家底，"月令承应"类共有一百多种，"法宫奏雅"类约有二百几十种，此外又有所谓"四大本"（《昭代箫韶》《鼎峙春秋》《升平宝筏》《劝善金科》）、《阐道除邪》等剧本、开团场等名目。

市面及街上的小摊，亦是齐如山搜罗戏曲材料的重要去处。他在这些地方收获了剧本、档案、乐器、脸谱、戏画等诸多材料。崇文门外，天坛以北，有一大街名曰"晓市"，街东头每天凌晨三点起有"夜市"。齐如山在回忆录中说："我在此市上得到的东西相当多，如前边所说的精忠庙会首处所存的戏班人名册，都是由此市得来。第一次遇到两本，我便狂喜，过了几天，又遇到三本，共买到十一本。自同治二年始到光绪末年止，差不多可以说是全份。"②在烟袋斜街得到的东西也很多，包括不少宫中的剧本、乾隆年间宫中所绘扮相谱一百多帧，还有清宫提纲

---

① 梁燕主编：《齐如山文集》第11卷，河北教育出版社2010年版，第142页。
② 梁燕主编：《齐如山文集》第11卷，河北教育出版社2010年版，第145页。

戏剧本二十几张。前门外珠市口往南，一直到天桥，路东所有的铺子，大多数都是挂货铺。[①]齐如山在这一带的挂货铺里，买了不少乐器，加上别人送的，共有三百余件，存在国剧学会。其中明朝的埙、箜篌、旧筝和昆弋腔所用的筛，都很有价值。齐如山在宣武门内大街西侧的书摊上，买到了升平署的剧本和档案、内务府为演戏所上的奏折、老名脚画像及照片等。在东安市场的小摊上搜罗到许多罕见的宫中乐器。在琉璃厂的小铺子中买到元朝的脸谱一百多帧、明朝的二十几帧、清初的几十帧，此外还得到很多戏剧年画。[②]1932年，因梅兰芳移居上海，国剧学会停办了。此后齐如山埋头写作，并以前述资料为基础，完成《中国剧之组织》《京剧之变迁》《戏剧脚色名词考》《国剧身段谱》《上下场》《脸谱》(亦名《脸谱说明》)、《国剧脸谱图解》《戏班》《行头盔头》《国剧简要图案》《梅兰芳游美记》《梅兰芳艺术一斑》《国剧浅释》《故都市乐图考》《皮簧音韵》《戏台楹联辑》《戏馆子》《戏中之建筑物》《戏中桌椅摆设法》《剧词谚语录》《歌场趣谈》《剧学獭祭编》(后八种未出版)等重要著作。有不少著作为资料汇编性质，得益于他这一阶段的购藏。

三、百舍斋藏书目

1937年初，在韩复榘的支持下，国剧学会有望恢复，齐如山开始第二次集中搜集国剧资料。他搜集了大量有关各省名脚、戏台、戏剧事迹、演剧场所及建筑物等的照片资料，以及有名的整本戏、各省戏班之脸谱、乐器等。他整理国剧学会所藏清宫戏二百多种，以及清宫中内务府、升平署两处的戏剧文献，详列于国剧陈列馆目录中。各地

[①] 挂货铺与古玩铺一样，都是卖旧货，但精粗好坏不同，挂货铺是卖较为低等的旧货的地方。
[②] 梁燕主编：《齐如山文集》第11卷，河北教育出版社2010年版，第145—150页。

抄本以北平居多，大概千八百种，其中"百本张抄本"二百多种。山西、山东、陕西、四川、云南等地的有十几种、几十种不等。印本四川、广东两省最多，各有八百多种。堂会戏单六百几十张。请人绘制脸谱共四百几十种。国剧学会集中存放的有：场面提纲、检场提纲、把子提纲、龙套提纲、行头提纲；各省戏台照片二百几十张；乐器三百多件。此外尚有名伶相片、名伶纪念品、大小文件、物器共十万余件。以此次搜集和之前积累的藏书为基础，齐如山撰写了《戏班题名录》《承应戏的研究》《故都百戏图考》《小说勾陈》《齐氏百舍斋收存戏曲目录》《齐氏百舍斋收藏小说目录》。《戏班题名录》依据精忠庙所得的名册和白纸坊所得公文，梳列整理出八百多个戏班组织。《承应戏研究》的写作主要参考了此前所得清宫戏本。《故都百戏图考》搜集了民间与宫廷的百戏图百余种，一面写文字，一面求人画，定稿时画了八十几种。

《小说勾陈》《齐氏百舍斋收存戏曲目录》《齐氏百舍斋收藏小说目录》是齐如山专门介绍自己小说戏曲藏书的。"百舍斋"为齐氏书斋名，由齐如山父亲的老师所题。《齐如山回忆录》说："先严业师武昌张廉卿先生名裕钊，曾为舍下书一斋额曰'百舍斋'，故即以此名之，以致不忘先泽也。"[①] 齐氏藏书，多钤有"齐如山""高阳齐氏百舍斋存书之印""齐林玉世世子孙永宝用""齐氏所藏戏曲小说印""如山过目""高阳齐如山珍藏"等印。

（一）小说藏书目录

齐氏所藏小说共四百余种，见《齐氏百舍斋收藏小说目录》。齐如山说：

[①] 梁燕主编：《齐如山文集》第11卷，河北教育出版社2010年版，第209页。

国人讲收藏小说者，二百年来固不乏人，但近几十年来此风始盛，收购最早者为故友马隅卿先生，他替孔德学校买得不少，自己留的也很多。后来他全部小说都卖给北京大学，于是北京大学图书馆收藏的小说，在国内可以说是最多的了。舍下收藏小说早就很多，先君看过的也很多，自己常说，在社会中看到一张世俗小画，听一段小曲，或听一出戏，看一眼听几句之后，便可知道它出自什么小说，因为自己看过的很多，且还都记忆也。光绪十几年间，先君掌易州棠荫书院，有涞水县白麻村张君送过一部《红楼梦》，其收场便是贾宝玉与史湘云成为夫妇，但都讨了饭。此书后被人拿去，已六十年矣，始终未再找到，恒以为可惜。后来又收到百十种，余始勉强写成这本目录，也曾交北平国立图书馆同仁代为修正，今尚存该馆中。①

齐氏藏书不乏稀见版本，齐如山以此为基础，写成《小说勾陈》。齐如山说："舍下收藏小说很多，约有四百多种，其中有许多不容易见到的，有的见于丁日昌禁书目的，有的不见的，有的从未见过著录的，且有许多孤本，久想把难见之若干种用简单短文介绍于世，但因为其狎亵的较多，后与朱桂辛、刘半农、马幼渔三位先生谈及，他们都说这件工作应该做，提倡人看狎亵小说自是不可，但为保存旧籍，则实应该。且文人对此亦可明了该时文风之俗尚及社会人心之好恶，因此我才写了几十种，然想写的仍未写完，已写者曾登民国三十五年的北平《新民报》。"②齐如山自云此书在《国立北平图书馆季刊》中曾载之，但几种秽亵者未登。

在王重民、孙楷第的鼓动下，齐如山从《小说勾陈》中抽出24种写

---

① 梁燕主编：《齐如山文集》第11卷，河北教育出版社2010年版，第209—210页。
② 梁燕主编：《齐如山文集》第11卷，河北教育出版社2010年版，第208页。

成书录，①以"百舍斋所藏通俗小说书录"为题，1947年发表于《图书季刊》新第8卷，第3、4合期。

(二) 戏曲藏书目录

1949年以前，雅好戏曲文献收藏的不乏其人，如吴梅、傅惜华、周志辅、齐如山等，但以周、齐为最著。前文曾述齐氏所藏国剧文献包括书籍、图画、拓本、照片、实物等多种形式。其藏书亦包含古代戏本、清代升平署抄本、各省地方戏本等丰富内容。他自云：

> 舍下向来存书颇多，仅戏曲便有四百来种，仍只是杂剧、传奇，至于其他梆子、皮簧等戏还都不在内。按全中国存戏曲最多的，当推国立北平图书馆为第一，其次恐怕就是舍下。私人中收藏戏曲者，也很有些家，但他们所藏者多系精品及难得之本，常见或价值稍差者，他们都不要。舍下从前所买都是平常看的，无所谓难得不难得，不过从前虽觉平常，后来变得也很有价值了。我写这本书目是因自己对于目录学没什么研究，即送到北平图书馆诸位，请他们代为改正，他们说在清朝初年这一段时间的出品，要以舍下所藏最多。他们代为整理之后，便在该季刊中全部登出。可惜当时疏忽，未曾抽印单行本，只好俟将来再出版了。②

齐如山说的这个书目即1948年发表于《图书季刊》新第9卷1、2合

---

① 24种为：《醒梦骈言》《警寤钟》《美人书》《巧联珠》《剿闯小说》（又名《忠孝传》）、《玉娇梨》《人间乐》《鸳鸯媒》《玉楼春》《醒名花》《万斛泉》《生花梦》《世无匹》《梦花想》《章台柳》《五凤吟》《双奇梦》《三妙传》《快士传》《蝴蝶媒》《麟儿报》《雨花香》《通天乐》《双飞凤》。除以上24种外，《小说勾陈》还有《雨肉缘》《桃花影》《妖狐艳史》《觉世梧桐影》《春灯迷史》《浓情秘史》《浪史奇观》《载花船》《觅莲记》9种。
② 梁燕主编：《齐如山文集》第11卷，河北教育出版社2010年版，第209页。

期上的《齐氏百舍斋戏曲存书目》。①书目所列戏曲目录分元人杂剧、明人传奇杂剧（分万历以前、万历崇祯年间）、清人传奇杂剧（分顺康间、道光以前、道咸间、清承应戏、明清杂剧传奇丛书）、近人所著传奇、散曲及总集、曲谱曲律六大类，共363种。清代曲藏最为丰富，尤其是承应戏，有升平署抄本、内务府堂官用本②、安殿本③、稿本、后台公用本、存库本、内廷刻朱墨本等多种珍本。

四、齐如山藏书的散失及下落

1949年12月，齐如山抵达台湾。④他从北京到青岛，从青岛到上海，从上海到台湾，一路波折，未带书籍。到台湾后，齐如山根据自己的记忆和读者提供的以往著作，写了《国剧概论》，约七八万字。在为报刊写文章的时候，他也着意兼顾论述的系统性，例如谈脚色，谈国舞，谈编剧，谈北平四种大戏之盛衰，谈梨园掌故，谈北平掌故，等等。

齐如山此前搜集的大量资料留在北平。吴晓铃先生说，新中国成立后齐氏藏书于燕市散出，大部归于戏曲研究所（今中国艺术研究院戏曲研究所）及北京图书馆。但是新版《高阳县志》上却说齐氏旅居台湾后，所藏书籍由其女齐唐保存，除少数散出外，余者仍藏于北京旧宅。⑤齐氏在台北去世后，藏书即由他的哲嗣让价美国哈佛大学哈佛燕京图书

---

① 梁燕作《齐如山年表》载，《齐氏百舍斋存戏曲剧目》1945年发表于《国立北平图书馆季刊》，齐如山1946年出版《小说勾陈》及《齐氏百舍斋存小说目录》。《图书季刊》显示，应是1947年发表小说目录《百舍斋所藏通俗小说书录》，1948年发表戏曲目录《齐氏百舍斋戏曲存书目》。
② 清代，北平戏界都归内务府堂官管，堂官有钱有势，家中常演戏，各路名脚都竭力侍奉，故内务府堂官本也是极为讲究的。
③ 皇帝观剧时，御案上必须摆放所演之剧本，名曰安殿本。安殿者，安于殿上之意。这种剧本写得极工整，以黄色封皮装裱，为宫中最规矩之本。
④ 据《齐如山回忆录》："大约是十二月二十七日到的台湾。"梁燕《齐如山年表》载，1949年9月（72岁），齐如山前往台湾定居。此依回忆录。
⑤ 沈津：《书城风弦录：沈津读书笔记》，广西师范大学出版社2006年版，第203页。

馆，共计小说戏曲72种328册，多为稀见的明清图书，如明读书坊刻本《怡云阁金印记》、明金陵唐氏刻本《新刻全像汉刘秀云台记》和《新刻全像点板张子房赤松记》、明世德堂刻本《新刊重订出像附释标注音释赵氏孤儿记》、明崇祯刻本《盛明杂剧》等12种。清代所刊，有《载花船》《杏花天》《桃花影》《蝴蝶媒》《浓情快史》《玉娇梨》《梦花想》《两肉缘》《浪史奇观》《世无匹》《万斛泉》《麟儿报》等。①1982年，吴晓铃先生到哈佛大学哈佛燕京图书馆访书三周，辑出齐氏之跋，以"哈佛大学所藏高阳齐氏百舍斋善本小说跋尾"为题，发表在百花文艺出版社出的《戏曲小说研究》第一辑上。②

据《齐如山回忆录》载，他1955年撰写《国剧概论》时列出尚未出版的著作目录20种，包括：《清宫剧本之研究》、《家藏南北曲版本考》（共约400余种，曾登载于《国立北平图书馆季刊》）③、《家藏小说版本考》（约集400余种）、《戏界文献录》、《杂剧传奇剧情意义之分析》、《小说勾陈》。齐如山《随笔》中还有一篇《关汉卿与〈西厢记〉》，讨论《续西厢》和关汉卿的关系，具有研究性质。这些成果与齐如山的百舍斋藏书关联极为密切，他的戏曲创作和戏曲论著更是以此为基础。齐如山去世后的1964年，台湾出版《齐如山全集》（共八册），收入其著作22种。

藏书与齐如山的剧学思想

需要指出的是，齐如山百舍斋藏书甚富，发表出来的小说、戏曲藏书目只是其中的一部分。他在回忆录中说："吾族在明朝末叶之前多是务农，讲究读书之家很少。明朝末年才有研究经史之人，……到吾八世

---

① 沈津：《书城风弦录：沈津读书笔记》，广西师范大学出版社2006年版，第203页。
② 沈津：《书城风弦录：沈津读书笔记》，广西师范大学出版社2006年版，第204页。
③ 《图书季刊》中并未找到，不知是刊物遗失，还是齐如山记忆有误。

祖文登公，便专与学者来往。……然总未出有功名之人。……到先高祖治鲁公（讳秉礼）始请得一位大经学家（甘肃省人，偶忘其姓名），教授先曾祖兄弟。此公尤长于三礼，……此种讲书的作风一直传到先严，尚未衰歇。……先祖后成进士，乃阮文达公（元）之门生，先伯祖亦系举人。"①先严受业于武昌张廉卿（裕钊）十余年，中进士后为翁文恭公（同龢）及李文正公（鸿藻）门生。因两辈的老师都有南方人，吸收了很多江浙的学习方式，所以儿童时期的教育优于平常人。齐如山自云，幼年先念《三字经》，接着念唐诗绝句，认篆字，读《说文》，然很浅，不过是《说文建首字读》及《文字蒙求》之类。后即读"四书五经"、《孝经》、《左传》等，到十七岁读完《尔雅》《公羊传》《榖梁传》。在这十几年之中，除读子、史、古文选、古唐诗之外，又带学天文、算学、地理。②十二三岁开始学作八股文、试帖诗，参加过小考（县试）。因而，齐家的经史藏书和齐如山的经史之学，对其思想形成和著述亦有至关重要的影响。

齐如山总结自己的国剧研究方法时说，把所有从名脚那儿听来的话一段一段研究，研究之后进行归纳，归纳之后再断定。这个断定相当难，还要找些旧书来证明。找什么书呢？"例如'十三经'外，'二十四史'中乐志等部分，《文选》中关于歌舞的各篇辞赋，历朝名人的笔记中，都间有记载。我所得益处最多的是《礼记》、《周礼》、宋朝陈旸的《乐书》、明郑恭王世子载堉之《乐律全书》、清朝的《律吕正义》三编，至《图书集成》中之乐律典一部分，虽没什么高尚，但研究此事，则可以说是非看不可。以上所说，乃是国剧整个的来源，若想研究其中各种的姿势及歌唱、音乐等等，则又是考古学，不止历史的关系，连关于四裔的记载及各省各县的风土志等等，都得要看看的。尤其是风土志这种

---

① 梁燕主编：《齐如山文集》第11卷，河北教育出版社2010年版，第4页。
② 梁燕主编：《齐如山文集》第11卷，河北教育出版社2010年版，第7页。

书,于戏剧、小调、杂技及各种艺术等等,都有很大的关系。"[1]齐如山家中所存风土志有六七部,他共看过这类书籍二十几种,包括在琉璃厂找到的两部,于故宫博物院图书馆、国立北平图书馆见到的部分县志及风土志等。

齐如山的外文藏书与阅读,欧洲观剧,也是其学养的重要来源。但这部分在齐如山百舍斋藏书中隐而不彰,显在的部分是有关小说、戏曲的丰富书藏。这部分收藏与幼入同文馆、泛览经史古籍、数次游历海外、涉猎外文藏书和西方戏剧等经验共同影响了齐如山的剧学思想面貌。

齐如山研究国剧的想法,是第二次从欧洲回来看了梅兰芳的戏之后产生的。大概是在民国二年(1913),他因好奇为何票友永远不及戏界人演得好,而产生了研究国剧的心思。他从读曲论方面的书籍开始研究这门学问,先找到二十几种,无非是《燕兰小谱》《明僮录》之类。他认为这些书不但没有讲戏剧理论,且没有讲戏班情形,都是讲的相公堂子,离戏剧太远。于是,他又设法找到几种,如焦循《剧说》之类,他认为虽有研究的性质,但偏重南北曲剧本的记载,关于理论的部分还少得很。至于《度曲须知》、陶九成论曲、燕南芝庵论曲、《录鬼簿》等,虽然都是专门研究戏剧的书,但都是研究歌唱及记录曲中的情形,而没有谈到戏中之动作的。《扬州画舫录》等类的书记载当时的情形似是而非,偏重语句通顺,不十分管实事,如宜于平声字的句子,就将剧种写作秦腔,宜于仄声字的句子,就写成梆子,混淆了梆子和秦腔的区别。[2]齐如山认为,研究戏中动作之书,可以说是一本也没有。

> 自有戏剧以来,已有七八百年的历史,但没有一人将它作为一

---

[1] 梁燕主编:《齐如山文集》第11卷,河北教育出版社2010年版,第85页。
[2] 梁燕主编:《齐如山文集》第11卷,河北教育出版社2010年版,第77页。

种学术来研究,当然也就没有人写书了,偶有一两种,则都是关于南北曲,与现在风行的皮簧格格不入,而且都只是研究歌唱,还谈不到全体的戏剧,尤其是舞台的演法,更没有人谈过。①

以上谈及的曲论,《燕兰小谱》《明僮录》《度曲须知》《唱论》都在百舍斋戏曲藏书目中,未见于书目者也应是齐如山曾有的藏书。齐如山正是通过这些文献,发现了古代曲论的不足,于是专门致力于"戏中动作"的研究,开创了与王国维、吴梅不一样的剧学理论。

一、国剧改良论与经史戏曲藏书

齐如山非常重视戏曲的教化作用。《说戏》写于1913年,时齐如山三十六岁,这是他写的第一本书,由京华印书局出版。《说戏》集中讨论戏曲舞台艺术的改良问题,其参照系有两个,一个是欧美演剧情形,另一个是中国古代戏曲。其中国古代戏曲的视野,由其曲藏可见一斑。

他的戏曲藏书囊括了元杂剧、南戏、明清杂剧与传奇中的名篇,如《西厢记》《琵琶记》《还魂记》《四声猿》等,均有不同版本的珍本。这些戏曲藏本构成了齐如山曲学修养的重要组成部分。齐如山儿童时代有三件得意的事情,其中一件和戏曲藏书与阅读有关。

> 又一次是看昆弋班的《义侠记》之"武松杀嫂"回来,先严说,此戏当然是由《水浒记》编来,《水浒记》在这一段文字中,有三句很好的文词,就是:"有泪有声谓之哭,有泪无声谓之泣,有声无泪谓之号。"当时因为我前两天查过《康熙字典》之"哕"字,下边注有三句,与此情形大致相同,曰:"有物有声谓之呕,有物无声谓之吐,有声无物谓之哕。"我说这三句正好对上三句,

---

① 梁燕主编:《齐如山文集》第11卷,河北教育出版社2010年版,第151页。

先严亦大夸奖。①

齐如山之父不但知道《义侠记》改编自《水浒记》，还能将戏文中的三句文词信手拈来。这说明他于场上之戏和古本之剧都非常熟悉。齐如山还讲了一件童年练习草书的事情，也和戏曲有关。

> 一次偶检书架，见有一部书名曰《草字汇》，系初印本，很精美，我便放在桌上临摹。先君看见说："你不必学这个，因为不但考试用不着，将来公事也用不着，写此者不过供人欣赏，然将来楷书写有根基后，再想写它也还可以，童子时代并不需要。再者草字许多靠不住，尤其是明朝末年，很风行草书，但有许多人都是随意为之，不足为训。李笠翁在他《凰求凤》传奇中有一支曲子，即是讥此。曲曰：'学他道士书符样，连挥一阵笔头忙，从来草字易包荒，纵然写差也难查账，蝇头凤尾，故将怪装，蛇首龟身，好将拙藏，这是书家的秘诀从来尚。'这些话虽然开玩笑，但大部分也是实情，由此可知，若想学此，还得大费一番工夫。"因此我便未接着学习。②

齐如山的父亲引李渔《凰求凤》中的曲文，也是随口道出。前面所讲两件事，齐如山的父亲都不是专门和儿子谈戏，用意只在于引导儿子的文字与书法学习，偏偏都引用了传奇戏文中的词句作为例子，若不是烂熟于心，用起来怎么能随心所欲？可见，齐家的戏曲藏书并非束之高阁，是真正受到主人喜爱的。

《齐如山回忆录》中说，齐家几世都能唱昆弋腔。其先祖竹溪公

---

① 梁燕主编：《齐如山文集》第11卷，河北教育出版社2010年版，第8页。
② 梁燕主编：《齐如山文集》第11卷，河北教育出版社2010年版，第9页。

(名正训)本就能唱,后中嘉庆年进士,为阮芸台(元)之门生,因此多与江浙人往还,故颇知其中之意味。其先祖叔才公(钟庆)能唱百余出。其先君禊亭公(令辰),光绪甲午进士,为翁同龢、潘祖荫诸公之门生,亦常与江浙人谈到昆曲,亦能歌数十曲,与其家乡之昆弋班老脚无不相熟,且能背诵很多昆曲,如《北西厢》《琵琶记》《牡丹亭》《长生殿》《桃花扇》等,差不多都能整部背诵。然只偶尔唱唱,不但未登过台,且未上过笛子,更未正式研究。对于齐如山这一辈儿,虽不禁止观剧,然亦不提倡,所以这一辈儿就不会唱了,但因家藏南北曲很多,不断看看,也能知一二,所以看剧的瘾永远是很大的。[①]光绪初年,由北京到高阳的昆弋腔班子很多,昆腔很盛,不但想以唱戏为业的人学习,就是学界中人学习的也很多。齐如山听老辈儿说,各大书房(旧日书房,凡开笔做八股之书房,名曰大书房)中的学生,多能唱昆曲,并且锣、鼓、笙、笛等乐器都有。平时功课之暇常常练唱,遇学台考试之时,都要到府城中应考,也多带着乐器,闲暇时在店中就唱起来。到光绪中叶,北京已经不容易听到高腔了,但在高阳,昆腔、高腔都很盛行,且保持北京的旧谱,没什么大的变动,脚色的身段也不走样。[②]如此耳濡目染,戏曲文本阅读加上剧场观剧的长期熏陶,奠定了齐如山对国剧的浓厚兴趣,使其熟知昆弋之面貌。

齐如山对戏曲教化功能的重视,与家族的熏陶、儿时父亲以戏文教导他的经历分不开。他认为,看戏固然是一种取乐的事情,却是同别的取乐的事不一样。看戏这件事,不但花钱有限,且于人有许多的益处。比方演名将的戏,就能引起人尚武的精神;演节义的戏,就能感发人的义气;戏中的道德学问,都能影响人的观念,且能启发人美观的审察、

---

① 梁燕主编:《齐如山文集》第11卷,河北教育出版社2010年版,第76页。
② 梁燕主编:《齐如山文集》第5卷,河北教育出版社2010年版,第150页。

美术的思想，甚至爱国心、爱种心也都能够由看戏生出来。① 这一点与明冯梦龙阐述的通俗文学的功能一致："大抵唐人选言，入于文心；宋人通俗，谐于里耳。天下之文心少而里耳多，则小说之资于选言者少，而资于通俗者多。试今说话人当场描写，可喜可愕，可悲可涕，可歌可舞，再欲捉刀，再欲下拜，再欲决胆，再欲捐金。怯者勇，淫者贞，薄者敦，顽钝者汗下。虽小诵《孝经》《论语》，其感人未必如是之捷且深也。噫，不通俗而能之乎？"（《古今小说叙》）②

1961年，齐如山出版《五十年来的国剧》，他在书中重申国剧的社会功能："提起它影响社会力量之大，关于社会教育之重要，那是任何一种教育也比不了它。总而言之，我国千百年来，全国人民的思想是完全被戏剧控制着的，政治的好坏、人臣的忠奸等，戏中怎样说，人民就跟着怎样说，且是极信而无疑。"③齐如山认为国剧的劝惩意义，就是它的价值所在。他的《随笔》中有文《歌舞在育乐中的地位》，倡议发扬中国旧剧，认为其歌舞是最好的育乐方式。

齐如山对国剧的育乐作用，一直非常重视。他一直在谈国剧改良，只是对如何改良，他的认识曾有过重大变化。在《说戏》中，他提出我国的戏园建筑简陋不堪，布置草率，梆子、二簧的词曲、音乐杂乱无章，正如韩愈所谓"其声清以浮，其节数以急，其辞淫以哀，其志弛以肆"④，因此，国剧需要循序渐进地全面改良，词曲要雅俗共赏。他认为："唱戏所以能够改良风俗者，词曲最关紧要，故西洋均甚注意，中国古时候也最讲究。"⑤元明时代，昆弋腔的曲文都是文人之作，戏园里唱的和文人编的本是一事。清代以来，文人作曲专尚古雅，不管平常人懂不

---

① 梁燕主编：《齐如山文集》第1卷，河北教育出版社2010年版，第19—20页。
② （明）冯梦龙编，恒鹤等标校：《古今小说》，上海古籍出版社1992年版，第1页。
③ 梁燕主编：《齐如山文集》第4卷，河北教育出版社2010年版，第166页。
④ 梁燕主编：《齐如山文集》第1卷，河北教育出版社2010年版，第3页。
⑤ 梁燕主编：《齐如山文集》第1卷，河北教育出版社2010年版，第3页。

懂；戏园子的戏词专拣大家爱听的编，不管雅不雅。于是文人的词曲和戏园的词曲便走向了两个极端。改良戏曲的词曲若都往古雅改，大家都听不懂，便不去戏园听戏了，影响票房。如果专往大家爱听的方向上改，如《十杯酒》《五更天》之类，淫词亵语不但雅人听着难受，而且戏园不能尽到改良风俗的责任。脚色不妨先从细节处留意，慢慢再加工全出的曲文，自然可以改到雅致而大家又能懂的地方。[①]雅致又能懂，这是戏曲的词曲在美学上的基本原则。这一思想，当是从戏曲发展的规律中总结而来。

齐如山写《说戏》是在三赴欧洲回来之后。他在欧洲期间，曾在巴黎、柏林、伦敦等地观看过许多西洋戏剧，也曾研究过话剧。在受到西洋戏剧强烈冲击的状态下讨论国剧改良，脑筋西化，立场是完全反对国剧的，态度不免有偏颇之处。在舞台美术方面，他推崇西洋戏剧美学则属矫枉过正，比如否定中国戏曲布景的虚拟性、写意性，推崇西洋戏剧的写实性。他说西洋戏园"台上的景致都跟真的一样"[②]，"我们中国戏台上可就省事多了，无论什么地方都是那么一张桌子、两把椅子。一块青布就算城，两布旗子就算车，拿着鞭子就算马，摇着木板就算船"[③]。再比如，否定中国戏曲服装、脸谱的程式化，戏曲人物造型的类型化，推崇西洋戏剧的个性化、典型性。他认为："西洋唱戏，装束尤其讲究。若装一个大名人，连脸盘都要像真；就是装平常人，老少态度也得真像，常见有一个二十岁的脚色装一个老头，胡子、头发、脸皮、口齿、声音、样式，都像七十岁的。穿衣裳更认真，演哪一朝的戏就得考清那一朝的衣裳制度，演哪一国、哪一省的戏，就得考察那一国、那一省的衣裳样式，考好了照着做。再者，无论哪一出戏，所有的脚色都是穿的

---

① 梁燕主编：《齐如山文集》第1卷，河北教育出版社2010年版，第4—5页。
② 梁燕主编：《齐如山文集》第1卷，河北教育出版社2010年版，第10页。
③ 梁燕主编：《齐如山文集》第1卷，河北教育出版社2010年版，第11页。

很好，若装穷人，另当别论。"我国的戏，无论哪一朝，都穿一样的衣裳。名脚出来，穿的衣裳很好，次一等的脚色，就差得多。说到画花脸更没讲儿，有人说是形容人的好坏，就比方白脸三角眼便是奸臣，这种印象的形成是因为我们从小看戏就这样，假如我们自小没看过戏，头一回看戏，便不知道他是好人坏人。到了唱武戏的，画的花脸更难懂。①

这些观点在后来的论著中有了根本的修正。比如对脸谱的看法，约在1931年出版《脸谱》一书，②说脸谱含有褒贬的性质，"中国自有历史以来，《春秋》固然是能够寓褒贬、别善恶的了，《史记》《汉书》尚有几分公道，以后史书哪一部是能替民间说句话的？不过是皇帝家乘而已。《史记》《汉书》以后，能继续仲尼之意、秉《春秋》之笔法者，惟有戏剧一门；而用意之最显要者，以勾脸之法为最。其见解之高，立法之严，实为各种书史论断所不及，则戏中之脸谱岂可不重视乎？"③这里对脸谱给予了极高的评价。及至齐如山1955年撰写回忆录的时候，对自己曾经撰写的《说戏》和《观剧建言》都是持否定的态度。他认为"《说戏》太错，《观剧建言》又不够理论"④，把《中国剧之组织》当作自己的第一部论著。毋庸讳言，齐如山撰写《说戏》的时候，对国剧艺术、国剧价值的理解确实存在偏颇之处，但他的出发点是要充分发挥国剧的"育乐"作用。他曾在正乐育化会⑤第一次周年大会上发表三个小时的演讲，讲的就是《说戏》中关于戏剧改良的思想，大家非常欢迎。

---

① 梁燕主编：《齐如山文集》第1卷，河北教育出版社2010年版，第12—13页。
② 《国剧脸谱图解》完成于民国二十一年（1932），在著作前面的"说明"中，齐如山说："余著《脸谱》一书既成，恐所注解释之文字仍不易明了，特请人绘此图谱，以备参证。"则《脸谱》成书必在1932年之前。1931年，齐如山与余叔岩、梅兰芳、庄清逸、张伯驹、傅芸子成立"北平国剧学会"。《脸谱》和《国剧脸谱图解》当是由北平国剧学会出版的系列著作。故《脸谱》一书或成于1931年。
③ 梁燕主编：《齐如山文集》第1卷，河北教育出版社2010年版，第154页。
④ 梁燕主编：《齐如山文集》第11卷，河北教育出版社2010年版，第167页。
⑤ 1912年，戏界总会精忠庙庙首改组为正乐育化会，谭鑫培、田际云为正、副会长，所有戏界人员都是会员。齐如山也曾加入。每年开大会一次。

谭鑫培也说:"听您这些话,我们都应该愧死了。"可以说,正是齐如山这番"非常偏激"的演讲,打开了戏界的世界眼光,刺激了国剧真正的改良。他本人的认识也在研究国剧以后发生了转变。和梅兰芳合作二十年之后,"分手"之际,齐如山对梅兰芳说:

> 我今日郑重其事地告诉您一句话,倘有人怂恿您改良国剧,那您可得慎重,因为大家不懂戏,所以这几年来,凡改良的戏都是毁坏旧戏,因为他们都不懂国剧的原理,永远用话剧的眼光来改旧戏,那不但不是改良,而且不是改,只是毁而已矣。有两句要紧的话,您要记住,万不可用看话剧的眼光衡量国剧。凡话剧中好的地方,在国剧中都要不得;国剧中好的地方,在话剧中都要不得。①

此时,齐如山的改良思想变得"传统"了。齐如山从批判国剧到重新认识国剧的本质,在为梅兰芳编剧的实践中探索改良的正道。他的《京剧之变迁》专讲"变"字,合情合理的变他认可,但伤害国剧的改良,他是不支持的。在《国剧漫谈二集》中有《国剧演法的改良》一文,对加序幕、加灯光、加布景、去检场人等做法表示异议,他提出:"若想改良则必须恢复了原来合理的动作歌唱,再按其原理设法改良,方能达到真正改良的境界。"②他的《杂著》中有《改良先要明了旧的》一文,谈及戏剧中加序幕、加布景、废检场、添乐器不当的毛病,指出要想改一件事情,就得先彻底明了旧的。在戏界看来,齐如山是一个"改良派",但他骨子里是一个守旧派。他的改良思想的形成,与其家庭曲藏、曲学修养之影响密不可分。

---

① 梁燕主编:《齐如山文集》第11卷,河北教育出版社2010年版,第163页。
② 梁燕主编:《齐如山文集》第5卷,河北教育出版社2010年版,第253页。

二、国剧体制论与戏曲小说藏书

（一）戏曲脚色论

齐如山提到王国维有论脚色的著作，所指应为王国维的《古剧脚色考》，说其太简单，而且有相混之处。例如"邦老"等名词，乃等于现在戏中之员外及家院等，不能算是脚色。王国维的考证基于宋元及以前的文献，故所述符合宋元戏剧的实际。齐如山打通古今，梳理出各种脚色的变迁，故以为王国维之说未能尽善。

齐如山为梳理脚色变迁，自称很下过一番功夫，搜罗的名词有百余种之多，引证的书籍也有七八百种[①]。他从国剧剧本文献出发，对国剧脚色的古今流变，有比较清晰的梳理：

> 按元人杂剧中，是没有"生"字的，只有末、净、旦、丑四种。且此四种之中，也时时互用，界限有时并不大清楚。……这因为是当时戏剧组织还简单，不及后来完备。各脚的举止动作的样子相去都不远，唱歌声音的曲折也大致相同，所以各脚有时可以彼此通用。这又因为是元人杂剧的规矩，只正末、正旦两个脚色可以唱，其余均不许唱。所以扮演主要脚色，无论何种人物，只要用他歌唱，便须正末、正旦，……到了明朝一代及清初，传奇的组织就较元朝完备多了，各脚的分门别类又精多了。在明朝生、旦、净、末、丑分得极清，各剧本中各脚色分配得亦较元朝精细。……到了清朝乾隆以后，脚色的分工更多了。比方生脚一项，就有生、小生、武生、雉尾生、纱帽生、巾生等等名目，且各脚的举止动作各有专式；说白唱工也各分门类，大不相同。……到了皮簧梆子班中脚色的分工又较前为多，就说净一项，就分大花脸、铜

[①] 梁燕主编：《齐如山文集》第11卷，河北教育出版社2010年版，第169页。

锤花脸、二花脸、架子花脸。武戏尤其多了，各脚中均添入武的一行，如武老生、武小生、武生、武旦、武丑，可是把末之一脚算是取消了。①

齐如山谈戏曲脚色的流变，结合大量翔实的剧本做例证。这些剧本大都在百舍斋藏书目中。元杂剧《隔江斗智》《昊天塔》《李逵负荆》《薛仁贵》《黄粱梦》《张天师》《谢金吾》《陈州粜米》《小尉迟》《东坡梦》《货郎旦》《竹坞听琴》见于齐如山藏《孤本元明杂剧》《元曲选》，明汤显祖传奇《牡丹亭》之臧懋循改订明万历刻本、朱元镇校怀德堂刻本、清三妇人评梦园刻本、清冰丝馆刻本、同文书局影印本，毛晋汲古阁《六十种曲》，亦在齐如山藏书目中。

齐如山不但勾勒出中国戏曲脚色日益丰富的发展轨迹，而且指出古今脚色的差异："元朝脚色的名目，现时废而不用的也很多。比方元朝的小末、冲末、大旦、搽旦②、外旦、副旦等等名目，不但现时不用，其中有几种连明朝的时候已经不见。可是明朝又有小净、小外等名目，现时也不多见了。"③

齐如山对于戏曲脚色体制的总结，也是站在戏曲史角度上的全面梳理。比如生行，不但有明清传奇里的生、付生、花生④、小生，还有昆曲中的正生、扇子生、巾生、纱帽生、官生，二簧和梆子里的老生、做功

---

① 梁燕主编：《齐如山文集》第1卷，河北教育出版社2010年版，第41—43页。
② 齐如山《戏剧脚色名词考》第三章"论旦行"的"搽旦"条说，这个名词元人杂剧里头最多，它的性质大致与花旦、彩旦有相同的地方。明朝剧本也有这个名称，比如《南柯记》中公主的大儿就用搽旦扮演，皮簧、梆子中就没有这个名词了。但是汤显祖的《南柯记》几为孤例，乃其酷嗜元剧所致，不能看作明传奇中也用的常例。
③ 梁燕主编：《齐如山文集》第1卷，河北教育出版社2010年版，第43页。
④ 花生，此名词不多见，《三笑姻缘》传奇中第二出之周文彬，即用花生扮之。皮簧中就不见这个名词了。参见梁燕主编：《齐如山文集》第1卷，河北教育出版社2010年版，第41页。

老生、靠把老生、红生、雉尾生、武小生、穷生、娃娃生、武生、靠把武生、短打武生。

论旦行，有元杂剧中的正旦、大旦、旦儿、二旦、外旦、副旦、色旦、搽旦、茶旦、卜旦（卜儿），元明都有的小旦、花旦、贴旦、贴，明传奇里才有的小贴、老贴、占（"贴"的简写）、粉旦、作旦、杂旦，"近来"才有的青衣、悲旦、花衫子、玩笑旦、泼辣旦、武旦、刀马旦、彩旦、宫女丫环。连清抄本传奇《玉龙球》里才有的"贝"（"贴"的简写）、《永乐大典戏文三种·张协状元》里才有的"后"，这样生僻的旦行类别都搜罗其中。对于正旦、老旦的论述尤其精到："几十年以来，北京演剧的情形，趋重花哨放浪，学戏的都趋重花旦。……于是资质面貌好点的都去学花旦，只剩下那笨一点或是面貌差一点的，只有条好嗓子，没法子才学青衣。……二十年来，青衣大讲做工，如《武家坡》、《汾河湾》、二本《虹霓关》中的丫头（原为乳娘），都是越唱越活泼，把闺门旦的价值又恢复回来了。青衣在戏界又占重要位置了！……这个情形与乾隆嘉庆以前一样，原先正旦算正脚，贴算副脚，后来管正旦叫青衣，管贴叫花旦。现在的情形可真是青衣算正旦，花旦算帮差儿了。"①这段论述，描述了梆子、皮簧中的正旦由青衣到花旦，又由花旦到青衣的嬗变过程，非戏界内行不能为也。关于老旦，他说："元人杂剧中老旦时时扮梅香及各不重要的脚色，以后也是如此。比方《牡丹亭》中老旦扮贼兵，这都是因为古时脚色少而剧中用人多，所以也须带着扮演，大致都是不重要的人物。可是也有俊扮吃重的时候，比如《狮吼记》中的琴操唱'才子佳人际会奇'，以及《凰求凤》中的许仙俦、《桃花扇》中的卞玉京等等，都是老旦扮演。到了《义侠记》中的花荣也用老旦，那仍是脚色不够带演的性质。现在皮簧班中老旦须扮太监已

---

① 梁燕主编：《齐如山文集》第1卷，河北教育出版社2010年版，第51—52页。

为定例,这是与古稍有不同地方。"①老旦扮演戎装武者,在古代戏曲中还有他例,"脚色不够带演"的解释未必是定论,但对我们进一步考察判定"老旦"脚色的流变有重要启发。

齐如山论净行不如论旦行精彩。他虽然也归纳了元明清戏曲中的正净、大净、副净、付净、中净、小净、外净、帖净、白净,皮簧班中的铜锤花脸、架子花脸、大花脸、二花脸、三花脸,以及弋阳腔中独有的红净,但是因为他对于宋金杂剧的脚色体制并不熟悉,因此对元明清戏曲中净色的渊源和传承描述不清,也未能很好地解释净所演角色庞杂的现象。他是以皮簧班里的"花脸"净色的属性去比照元明清戏曲。元明清戏曲中的"净色"和皮簧班里的"净色",名目虽然一致,但是本质不同。在宋金杂剧中,净色以插科打诨为能事,"副净色发乔,副末色打诨"(《梦粱录》卷二十),副净、副末配戏。宋元戏曲中,净、末、丑三人成戏。在元明清戏曲中,净色这一特点有沿袭,也有改变。皮簧中的净色是新发展出来的脚色,戏界谓之"勾脸",所扮演的人物,"以关于粗鲁莽撞或奸猾的人为多"。②齐如山由今推古,自然不能得其要领。

齐如山论丑行时和论净行相关联。他认为,"大致戏中的大坏人是归净脚扮演,丑脚扮演的是小坏人或小滑头之类",元明清戏曲和皮簧、梆子都是如此,总之"丑脚所扮之人关乎滑稽性质的多,关乎坏人的少"③。在皮簧、梆子中,情况大致如此。虽然齐如山把元明清之净和梆子、皮簧中的净混为一谈,故对净的"滑稽"并未注意,但对"丑"的梳理是很到位的。元杂剧《盆儿鬼》中的店小二、《酷寒亭》中的解子、《城南柳》中的酒保,都是丑,明朝以后似乎都是小丑,在梆子、皮簧中又有文丑、方巾丑、小丑、小花脸、女丑、武丑、丑婆子、开口跳。

---

① 梁燕主编:《齐如山文集》第1卷,河北教育出版社2010年版,第60—61页。
② 梁燕主编:《齐如山文集》第1卷,河北教育出版社2010年版,第62页。
③ 梁燕主编:《齐如山文集》第1卷,河北教育出版社2010年版,第73页。

末行虽然在民国的戏界已经消失了，但在元明清三朝都很重要，在元杂剧中还是主要脚色。齐如山也对其门类进行了系统总结，可见其对古代戏曲脚色的重视。他总结的末类脚色有末、正末、冲末、副末、付末、小末、小末尼、二末、外末。对元杂剧中的"正末主唱"和明清传奇中的"副末开场"都有介绍。不过，齐如山把外类脚色如外、老外、二外、小外也放到末类中，似不妥。戏曲脚色一正众外，外即主脚之外，元杂剧中的正末是主唱脚色，和外绝非同类，且误把"切末"（王骥德《曲律》）也当作脚色名。

齐如山对于一些特别少见的脚色，如外旦、小末、小末尼、副旦、小净等都有论述。"而《三笑姻缘》中之周文彬，则用'花生'扮演。《包龙图智赚合同文字》杂剧中，张氏用'二旦'扮演。《陈抟高卧》杂剧中，美女用'色旦'扮演。《冤家债主》杂剧中，乞僧之妻用'大旦'扮演。最特别的是《永乐大典》中《张协状元》剧，胜花小姐用'后'扮演。"①这些脚色人们知之甚少，齐氏亦网罗殆尽。这与他丰富的戏曲藏书、广泛的曲本阅读有莫大的关系。

（二）剧本组织论

1.齐如山论"中国剧之组织"之"唱白"，也时时观照中国古代戏曲的情况。

第一是引子，即脚色上场最初开口所说的话。或总言全部事迹之大意，或自述本人身世性情之大概，或指明本出之大旨意，然总是虚空笼罩。最普通者两句，有四句的，叫大引子。但昆曲则不然，各调有各调之引子，有两句者，有三四句者，有十余句者，无论多少句都是散板，与皮簧引子有稍同之点。元人杂剧概不用引子。②

---

① 梁燕主编：《齐如山文集》第11卷，河北教育出版社2010年版，第169页。
② 梁燕主编：《齐如山文集》第1卷，河北教育出版社2010年版，第89页。

第二是上场联，即脚色上场时念的两句对联，齐如山指出其渊源是元人杂剧。而且元人杂剧中多为"上场诗"，后来剧本中各场以引子、诗、联、导板参互用之。

第三是定场诗，齐如山将其渊源追溯至说部，并详论元杂剧中已经有后世干板性质的定场诗，昆曲中已有干板，实亦诗词之变体。元人杂剧中，若官员、闺秀、文人上场，则大致都念诗，无引子。至如工商不重要脚色，则连诗亦不念，开口便是说白。①唯齐如山贯通古今戏曲，方能仔细辨别定场诗之诸种形式。

第四是通名②。齐如山指出，元杂剧中无论场上有多少人，都是一人代报，明传奇没有这种情形。民国年间的规矩都是自己报自己之名。昆曲、皮簧，如二人以上脚色各自通名，一定是地位平等的人；若有家长或长官，那么只有家长或长官一人通名，其他人便不通名。也有一人叙述家族成员者，但均为一人在场，叙述完毕再将其余人唤出。③齐如山对元杂剧通名的情况描述并不准确，元杂剧中其实也是每人单独出场，各自通名，几人同时出场一人代报为多。明清传奇中通名的传统反而不如元杂剧那么清楚。

第五是定场白。齐如山说，定场白是"大致将自己家事及本剧，或本出、本场之详细情节，一一交代清楚，如本场杂剧前场情节日期太远，则亦须由脚色于白中补叙明白，但是古人只管第一出第一场之白名曰定场白，近来则管各场之此段话白都名曰定场白，是与从前不同处"④。能将定场白的古今变迁描述清楚，也非得有对古典戏曲的积累不可。

还有下场对联。齐如山认为其来源亦是说部。中国小说几无一部

---

① 梁燕主编：《齐如山文集》第1卷，河北教育出版社2010年版，第91页。
② 通名：通报姓名。
③ 梁燕主编：《齐如山文集》第1卷，河北教育出版社2010年版，第92页。
④ 梁燕主编：《齐如山文集》第1卷，河北教育出版社2010年版，第93页。

不有结语，每回有每回之结束，末尾有末尾之结束，每回结束用对联者多，末尾结束用诗者多。在剧本中亦是诗、联互用。如元人杂剧结尾处均用联，但每出结处则不用。传奇则每出结处都用诗，也有诗、联共用者。

齐如山论中国戏剧的文本结构，时时将元杂剧、明清传奇与昆剧、梆子、皮簧相参照，有时以说部参照。可见齐如山对通俗文学具备涵盖古今的视野，故能辨别源流，述其变化。

2.齐如山论"中国剧之组织"之"动作"，时时以说部呼应释义。

如"交战"时的"会阵"，将官自打，兵丁不过排列门阵而已，即所谓压住阵脚。此种情形见于历史说部者甚多，戏中会阵情形即本于此，所以会阵时兵丁各列两旁，高举旗帜，大将当先，手下将校稍后，此保护将帅之意。与历史说部之阵战，意义相同。"起打"即两旁说翻，开始交战，与历史说部中古人交战情形亦同。"过河"应为"过合"，即古人书中所写二人战了多少回合。"拉开"即交战时双方走到对面，便将兵器或手往两旁一伸，退行几步，亦即说部中战了几十回合之"回"字。"亮住"为剧中二人打仗，正在打时忽然二人及锣鼓均停住，彼此对面一亮相。小说中卖个破绽、逃出圈外等语，亦即此意。"耍下场"即战胜之人在场上将兵器大舞特舞。古人交战，战胜之将在场上自鸣得意，舞枪弄棒，此系恒情，尤为说部中常写之事，"耍下场"即本于此。"几股当"即几人来了几人挡之意。交战时，此方二人，彼方二人，名曰"四股当"；彼此各三人，名曰"六股当"，以至"八股当"。历史或说部中形容打仗之事，往往写此方之人见本阵将军不敌对手，赶紧出阵相帮。此方加入一人，对方也加入一人，如此接续，双方分别加入几人，形成群战之势，此即几股当之意。"结攒"为一人在场上，敌方之人上一人打一人，又续上一人，至四人或六人、八人，仍由一人抵挡。说部中叙述交战，常云某人与某人交战，又来某人某人，三人（或几人）同战一人等语，"结攒"即由于此。"连环"即打仗时，此方之人将彼方之人打下，彼方一人又将此方之人打下，如此循环不已。说部中常云，甲乙二人交战，丙见甲力将不支，于是赶紧上前，帮着打乙。乙见丙来，将甲丢下，专来斗丙，甲遂回阵。丁恐乙战丙不过，亦赶紧加入，丙遂回身斗丁。种种情形，即剧中"连环"之意。"出手"，剧中凡彼此传递兵器，此扔彼接，叫"打出手"。此系形容神仙斗法之意，其来源完全由于《封神演义》。①《国剧艺术汇考》中论这一部分内容时，常举《三国演义》《封神演义》的例子说明。

齐如山对中国古代通俗小说非常熟悉，说起清朝的考试，曾言《儿女英雄传》对乡试、会试写得很详细。他还曾专门撰文《漫谈〈儿女英雄传〉》驳胡适《儿女英雄传》是"光绪年间人所撰"的说法。②其百舍斋所藏通俗小说虽以清初的才子佳人小说以及豪侠小说为主，但是从他的书录来看，他对于中国通俗小说的全貌是了然于胸的。《百舍斋所藏通俗小说书录》③在叙述藏书的存佚情况时，援引孙楷第的《中国通俗小说书目》、日本内阁文库及丁日昌《同治七年禁书目录》等国内外小说书目，断言其"不见著录"，或于某目录书著录，藏于何处；叙述其艺术特点，则时时以"三言二拍"、旧小说之情节惯例、常见主题、清初小说体制等相参照；为藏本断代时，则以版式、避讳、与现存其他版本比较等加以考证。可以说，齐如山在小说文献学方面，有深厚的造诣。他能够以说部情形来描述中国戏曲之动作，得益于他对小说历史和文献的全面把握。齐如山的《京剧之变迁》对京剧剧目、名角、脚色、装扮、唱腔、方言、场面、乐器、动作、名词、习俗等各方面的变化进行总结，也时时以元明清之剧本为参照，又引《闲情偶寄》《唱论》为证。

---

① 梁燕主编：《齐如山文集》第1卷，河北教育出版社2010年版，第101—103页。
② 梁燕主编：《齐如山文集》第10卷，河北教育出版社2010年版，第125—131页。
③ 载《图书季刊》1947年新第8卷第3—4期，第17—27页。

三、国剧歌舞论与清承应戏、昆剧藏书

中国戏曲作为一种综合艺术,包含故事、诗歌、音乐、舞蹈、杂技、讲唱文学叙述方式、俳优装扮、代言体、狭隘剧场等多种艺术要素。由于学者们对各种艺术要素在戏曲形成过程中的作用的认识有差异,因此,对哪些是戏曲艺术的核心要素众说纷纭。齐如山剧学不同于古代曲论的创新之处就在于对"戏中动作"的研究,而"戏中动作"的舞台表现即歌舞。齐如山认为,国剧原理最根本的就是"无声不歌,无动不舞"。这是其剧学思想的核心,他的国剧改良论、国剧体制论都围绕"歌舞"二字立论。

(一)戏剧源于歌舞

齐如山认为"戏剧源于歌舞"。他于1928年出版的《中国剧之组织》提出"演剧乃由歌舞嬗变而来":

> 中国剧则自出场至入场,无时不用音乐相随,并须与音乐节奏相合(说亦屡见前)。此盖因演剧乃由歌舞嬗变而来,后世演剧,唱即是古时歌,做即是古时舞,不过演剧乃扮演故事,然古时歌舞亦有演故事者,《旧唐书·音乐志》所载,陈隋《清商四十四曲》、《太宗破阵舞》、《大面》(即《兰陵王入阵曲》)、《拨头》等舞即可窥见一斑。演剧既由歌舞嬗变而来,故脚色上场一举一动,如转身举步,手指目视,应对进退,庆吊礼节,私斗公战等等情事,无一不含舞意。①

1935年出版的《国剧身段谱》设专章进一步讨论"戏剧与唐朝之舞有密切关系"。齐如山认为,国剧的身段固然是由古舞嬗变而来,但是

---

① 梁燕主编:《齐如山文集》第1卷,河北教育出版社2010年版,第105页。

从唐朝起才有了具体的规模。①他还从历代乐论、舞论中寻找依据，在理论上阐明国剧来源于歌舞的合理性。

"歌"的方面，齐如山以《乐记》所言"乐者，心之动也"论叫板，以"声者，乐之象也"论锣鼓、琴笛配合起唱工，以"文采节奏，声之饰也"说唱工起后琴笛的烘托铺垫、锣鼓的点染。齐如山还以《乐记》陈澔集说所云"乐之将作，必先击鼓，以耸动众听，故曰先鼓以警戒"说国剧拉过门之前先起锣鼓的作用，以陈澔集说"舞将作，必先三举足以示其舞之方"论出场之时在帘外必先有整衣转身等身段。以《乐记》所云"诗言其志也，歌咏其声也，舞动其容也"，和《毛诗序》所云"永歌之不足，不知手之舞之，足之蹈之，盖乐心内发，感物而动，不觉手之自运，欢之至也。此舞之所由起也"，证戏场言情必以歌舞的必然性。以《周礼》郑注"乐之声音节奏，未足以感人；而舞之发扬蹈厉，为足以动人"言做工之重要。②

"舞"的方面，齐如山引刘濂《舞议》所云"舞之容生于辞者也"，说国剧在念白或歌唱时，必须将词句中的意思通过身段表现出来。又以傅毅《舞赋》之"其始兴也，若俯若仰，若来若往，雍容惆怅，不可为象"，说演员上场时整冠、捋须、抖袖、端带，欲行不行，走一步停一停之情形；以"其少进也，若翔若行，若竦若倾，兀动赴度，指顾应声"论戏场动作，快板及【急急风】的走法或圆场就是"若翔"，"趟马"就是"若行"，"高亮相"便是"若竦"，亮矮相或卧于台上，或斜身向前或左右，便是"若倾"。演员做身段与锣鼓合拍，便是"兀动赴度"，说白或歌唱时手眼要跟着腔调走，即"指顾应声"。又引唐无名氏《霓裳羽衣曲赋》所云"趋合规矩，步中圆方"，论国剧的手眼身法步，无论何种身段都要做到家，一毫不得先或后，圆处要圆，方处要方。引

---

① 梁燕主编：《齐如山文集》第1卷，河北教育出版社2010年版，第260页。
② 梁燕主编：《齐如山文集》第1卷，河北教育出版社2010年版，第254—255页。

谢偃《观舞赋》所云："留而不滞，急而不促，弦无差袖，声必应足"，论演员身段停滞之时要保持精神活泼充沛，急步之时要步步有板、脚下稳健，长袖舞动要合乎腔调锣鼓，唱腔要与步法呼应、关合。齐如山认为，古人形容歌舞的文字，并非专为戏剧而做，可是拿它与戏剧身段一一参证，却非常吻合，就仿佛专为今人戏剧做的一样。足见戏剧之身段与古来之舞有直接关系。①1935年出版的《国剧浅释》，其中"舞谱"一章集中论述"舞之容，生于词者也"。齐如山认为，古来舞之姿势，无不有所象也。他从舞论中总结出，舞蹈起源于游戏运动，最初为运动舞，进而为祭祀舞，再进而为美术舞。②国剧之舞蹈动作，从古人描写舞式之文字中寻绎而来，与所表现之词义，无不呼应。③1953年出版的《国剧概论》，"论国剧舞蹈化"一章在"舞容生于词"的基础上进一步论述国剧舞容三大类别，即形容人的心思意志，形容人所做之事，形容歌咏词句之意义。

（二）"无声不歌，无动不舞"的提出

齐如山将国剧的特征概括为"无声不歌，无动不舞"。齐如山在1928年出版《中国剧之组织》（北华印刷所）时，还没明确提出"有声必歌，无动不舞"，但已经有了这样的观念：

> 按西洋话剧固无音乐，而歌剧于脚色行动之时，亦往往有音乐随之，惟其步法与音乐之节奏，并不相呼应。中国剧则自出场至入场，无时不用音乐相随，并须与音乐节奏相合（说亦屡见前）。④

---

① 梁燕主编：《齐如山文集》第1卷，河北教育出版社2010年版，第255—259页。
② 美术，即审美，艺术。
③ 梁燕主编：《齐如山文集》第4卷，河北教育出版社2010年版，第291—292页。
④ 梁燕主编：《齐如山文集》第1卷，河北教育出版社2010年版，第105页。

最早正式表述这一思想是在1933年出版的《梅兰芳游美记》中：

> 各国的剧本宗旨大概都大同小异。说到演剧的方法，可以用"歌舞"两个字概括中国剧。因为在中国剧里，没一点声音不是歌，没一点动作①不是舞，处处都用美术的方式表演出来。这种地方是与美国剧像真动作不同的。②

他将国剧歌舞的特点用"美术"二字进行总括。他认为："中国剧处处都用美术化的方法来表演，实在是艺术界极高的组织。"③1935年出版的《国剧身段谱》，对这一观念进行了全面而深入的论述。书中设专章"论戏剧来源于古之歌舞""论戏剧与唐朝之舞有密切关系"。为什么说古舞与中国戏剧有直接关系呢？齐如山认为，古之娱乐场所都有歌舞，国剧完全是娱乐之事，且又完全是歌舞，所以与古舞有直接的关系。④为什么说中国戏剧与唐朝之舞的关系尤其密切呢？齐如山说，国剧的身段固然是由古舞嬗变而来，但是由唐朝起才有了具体的规模。⑤齐如山还将历代论歌舞之文字与国剧之规矩相对照，以证明戏剧来源于歌舞，在理论上也是有依据的。1953年《国剧概论》"论国剧美术化"一章专门论述国剧动作、发声、化妆的美术化。他认为国剧来源于古舞，它处处须美，所以一切动作都须避去写实，变成美化，这个"美"字在旧戏中是主要宗旨。1955年《齐如山回忆录》重申国剧歌舞之美在于"非写实"："国剧无论何处何时都不许写实。有一点声音，就得有歌

---

① "动作"原书中为"作用"，当误。
② 梁燕主编：《齐如山文集》第2卷，河北教育出版社2010年版，第96页。
③ 梁燕主编：《齐如山文集》第2卷，河北教育出版社2010年版，第102页。
④ 梁燕主编：《齐如山文集》第1卷，河北教育出版社2010年版，第253页。
⑤ 梁燕主编：《齐如山文集》第1卷，河北教育出版社2010年版，第260页。

的意味；有一点动作，就得有舞的意味。"①1961年出版的《国剧艺术汇考》，首次明确提出国剧的基本意义是"有声必歌，无动不舞"：

> 有声必歌：极简单的声音，也得有歌唱之义。
> 无动不舞：极微小的动作，也得有舞之义。
> 不许真物器上台：一切像真的东西在台上不许应用。
> 不许写实：一点像真的动作不许有。②

齐如山还详细阐述了国剧歌舞的构成。国剧的"舞化动作"，有以曲线表现的动作，有以舞的姿势表现的对阵动作；有成套的舞蹈，如一人独演的"跳"和众人合演的"堆"；有成片段的舞蹈，如形容音乐之舞、形容心思之舞、形容做事之舞、形容词句之舞。国剧的"歌化声音"分为四级：有乐器伴奏的、纯粹的正式歌唱为第一级；虽无音乐伴奏，但有工尺腔调的念引子、念诗、叫板、念对联、数板为第二级；一切话白为第三级，话白虽无工尺，但有腔调、有韵味、有顿挫、有气势、有音节，与锣鼓配合；凡因笑、哭、怒、忧、惧、悔、恨、叹以至咳嗽等发出来的声音，为第四级。齐如山此后的著作《五十年来的国剧》《国剧要略》《国剧的原则》也一直重申这一观点。值得注意的是，齐如山对国剧基本特点的表述和王国维一样，都是"以歌舞演故事"。他1962年出版的《五十年来的国剧》指出，国剧的特点是歌、舞、演故事三要素兼备，《国剧漫谈二集·戏剧节谈国剧的价值》说国剧特别的组织就在于把扮演故事、唱歌、舞蹈三种事情归弄到一起。③在这一基本特征的基础上，齐如山把歌舞看作更为根本的要素。

---

① 梁燕主编：《齐如山文集》第11卷，河北教育出版社2010年版，第170页。
② 梁燕主编：《齐如山文集》第3卷，河北教育出版社2010年版，第8页。
③ 梁燕主编：《齐如山文集》第5卷，河北教育出版社2010年版，第239页。

（三）从百舍斋藏书看"无声不歌，无动不舞"的思想来源

1.清宫承应戏的影响

对歌舞的重视，是齐如山戏曲美学观的核心。而这种美学观念的形成，由其藏书可见一斑。在《齐氏百舍斋戏曲存书目》中，清承应戏近百种。"九九大庆""月令承应""法宫奏雅"三类宫廷剧，均以群仙庆祝为主要的戏剧场面，歌舞是最为重要的戏剧元素。齐如山重视戏曲歌舞，与此不无关系。

齐如山搜集到的清宫戏文献很多，在这上面也花了很多心血，并且有重要的发现。他认为，宫中承应戏的结构，可能是直接来自宋杂剧，且可能没有多大的变动。齐如山在光绪年间看过两本承应戏，其中有些句子有宋朝致语的意味。看的承应戏多了，他又发现承应戏不但意义，且结构也有些像致语。看到商务印书馆出的《孤本元明杂剧》后，他认为最末几十出都是承应戏，其结构、性质与清朝一点分别都没有。①1937年以后，他写出《承应戏的研究》，约三万余字，专考承应戏的结构及其来源。指出：

> 按清宫中的承应戏，除张德天他们所编六七种长本剧外，其余所有的承应戏都是杂剧的体裁，故宫博物院出版了几十种，但都是月令承应，其他如《九九大庆》《法宫雅奏》等等，尚未付印。故此书也征引了几种，有的全剧都抄上，以便证明它的来源。总之是元明清三朝的承应戏，结构没什么变化。②

杂剧体承应戏的特点就是轻情节重场面，以歌舞群戏为主要关目。承应戏的研究对他理解国剧核心要素有直接影响。他还关注到承应戏的

---

① 梁燕主编：《齐如山文集》第11卷，河北教育出版社2010年版，第195页。
② 梁燕主编：《齐如山文集》第11卷，河北教育出版社2010年版，第206页。

场面,"按司鼓者,本为最重要之人,倘无鼓手则乐器停顿,歌者不能歌,演者不能演,全场停顿矣。前清升平署剧本及提纲本子,除将某脚去①某人详细开列外,并须将司鼓人之名列入,亦足见其重要矣。"②对司鼓作用的重视,也从侧面反映出齐如山对歌舞场面的重视。

2.昆剧的影响

百舍斋还有曲谱曲律类藏书12种,包括明代的《啸余谱》《度曲须知》,清代的《钦定曲谱》《太古传宗》《九宫大成》《南曲九宫正始》《审音鉴古录》《乐府传声》,近人的《集成曲谱》《与众曲谱》《缀玉轩曲谱》《琵琶谱》。齐如山认为,其中大部分论著在"戏中行动"方面都是极为欠缺的,《审音鉴古录》却与众不同,具有昆剧身段规范的地位。

《审音鉴古录》是成书于清代乾隆年间的昆剧折子戏选本,王继善编,现存道光本和咸丰本,前者有琴隐翁序,后者有王世珍序,正文同。王秋桂主编"善本戏曲丛刊"收录道光本,选录昆剧9种66折。《审音鉴古录》有旁批、眉批、折尾总批,用以正讹;有集曲样式,指导唱法;有详尽的舞台提示,说明脚色、服饰、道具、方位、动作、表情、身段等。在《审音鉴古录》之前,苏州钱德苍编《缀白裘》收录昆剧90种400余折,集乾隆年间昆剧舞台流行剧目之大成,奠定了"实用歌本"的地位。逮《审音鉴古录》一出,其"身段谱"的规范性堪称圭臬,成为昆剧"乾嘉传统"的杰出代表。

齐如山曾援引《审音鉴古录》。他讨论国剧身段时,曾说:"如《武家坡》说'全凭皓月当空',或唱'八月十五月光明'的时候,必伸两手作圆月式以形容之。昆曲中对于此等地方,句句要形容,处处须认真,不必尽举。"③他在讨论手势时,对"摊式"(或名"摊手")的释

---

① 去:扮演。
② 梁燕主编:《齐如山文集》第2卷,河北教育出版社2010年版,第215页。
③ 梁燕主编:《齐如山文集》第1卷,河北教育出版社2010年版,第255页。

义援引《审音鉴古录》，曰："原名指手，《审音鉴古录》中亦书摊手，今宗之亦名摊式，摊手之姿势也。"①如此细节，齐氏均能注意到，其对《审音鉴古录》之"身段谱"必了然于心。齐如山于国剧学会创立后，开始搜罗戏剧资料、文物。大家赠送的本子有1000多种单本，他从中检出几十种注身段的本子，并且说："这乃是极可宝贵的东西。按印版书中注有身段者，只有《审音鉴古录》一种，但其所注只是唱某句或说某句时，本人应站立在何处做何身段而已，不够完备。这种本子则把该脚的手、眼、身、法、步都注得很详，看情形都是名脚所注，故极有价值，且尤足证明国剧无一处不是歌舞。"②彼时梆子尚有一点身段，皮簧却一点也没有。齐如山把这些本子装成三十几本，题签曰《详注身段剧本》。

齐如山第一次给梅兰芳写信，指出梅兰芳扮演的柳迎春的身段表情问题时，就以昆曲作为规范，他说："昆曲对于此等处更为认真，如果不信，请看《风筝误》中的'诧美'及《琵琶记》中的'赏荷'等戏，③就可明了一个大概。'诧美'中的丑丫环有白有做，'赏荷'中的四家院、四丫环都有舞的姿势，且有群曲。随便的家院、丫环尚且如此，何况柳迎春一个主脚呢？"④齐如山为梅兰芳访美而写的《中国剧之组织》，舞谱26条，共166种，舞目8条，共328种。齐如山对歌舞的重视，与齐家几代喜唱昆弋、熟悉昆剧场上特点有关，《审音鉴古录》这种"场上规范"之书对他的影响也是不可忽视的。

---

① 梁燕主编：《齐如山文集》第1卷，河北教育出版社2010年版，第302页。
② 梁燕主编：《齐如山文集》第11卷，河北教育出版社2010年版，第141页。
③ 《齐氏百舍斋戏曲存书目》中录有李渔撰《笠翁十种曲》，步月楼刻本。高明《琵琶记》有诵芬室影印明嘉靖刻本，冰丝馆刻本，清康熙刻袖珍本，清毛德音评、映秀堂刻本，《六十种曲》本。
④ 梁燕主编：《齐如山文集》第11卷，河北教育出版社2010年版，第95页。

四、国剧分类法与古代戏曲藏书

齐如山在《国剧要略》中,第一次讨论剧本的特点。他认为,好的剧本一要结构好,二要意义好。齐如山对中国剧的分类就是以"意义"为基础的。他说:"中国剧本的意义,大多数都是提倡忠孝节义,借以改良风气,不过这只是关于善良的一方面,对于恶劣的行为也是攻击得不遗余力的。……这种地方在国剧中是最有价值的地方。"①齐如山根据杂剧、传奇对国剧进行分类,而不考虑梆子、皮簧,因为后者大多是由杂剧或传奇改编的。

他自称看了七八百种杂剧、传奇剧本,依据善恶褒贬,共分成二十几门。良善类的有忠臣孝子、义夫节妇、忠义侠烈、扶危济困、受恩图报、平反冤狱、怀才不遇、鼓励朋友。恶劣类的有奸臣逆子、奸夫淫妇、贪官污吏、恶霸土豪、忘恩负义、嫌贫爱富、倚势凌人、谄媚小人、欺诈倾陷、图财害命。平常事迹类的有骨肉团圆、释道神化、演述史迹、颂扬帝德、循环果报、僧道医卜。此外,国剧中有极大部分是才子佳人剧,对才子佳人也极尽恭维之能事。每一种类型,齐如山都举出十几种甚至几十种剧目作为例子。他认为,无论哪种类型,都以提倡忠孝节义为主旨。《国剧漫谈二集·国剧的论评》中,他重述此分类法,为了使读者明白,把"才子佳人"换成了"婚姻自由"。他的分类法以家藏的七八百种杂剧、传奇剧本为基础,又受到经史"风化"思想的影响,不同于朱权的"杂剧十二科"②、吕天成的"传奇六门"③的分类法。

---

① 梁燕主编:《齐如山文集》第4卷,河北教育出版社2010年版,第231页。
② 朱权《太和正音谱》把杂剧分为十二科:神仙道化、隐居乐道(又曰"林泉丘壑")、披袍秉笏(即"君臣杂剧")、忠臣烈士、孝义廉节、叱奸骂谗、逐臣孤子、钹刀赶棒(即"脱膊杂剧")、风花雪月、悲欢离合、烟花粉黛(即"花旦杂剧")、神头鬼面(即"神佛杂剧")。
③ 吕天成《曲品》把传奇分为六门:一曰忠孝,一曰节义,一曰风情,一曰豪侠,一曰功名,一曰仙佛。

戏本中的趣味

齐如山对编剧产生兴趣,源于他在欧洲的经历。他三次去欧洲,在德、法、英、奥、比等国家看过不少戏。那时候他和哥哥在法国经营豆腐公司,因为属于外国机构,经常能得到免费或者打折的戏票,大多数是歌剧票,也有话剧票。当时欧洲正风行神话戏,且编排高洁雅静,齐如山反观中国的戏,要么是妖魔鬼怪,要么是婆婆妈妈,烟火气太重,没有神话戏清高的意味;再看西洋的言情戏,也相当"高尚",而中国的言情戏,都是猥亵不堪。所以他才想着手编写神话戏和言情戏。但一时之间觉得力不胜任,所以先从话剧开始,《女子从军》就这样出炉了。写成后他请几个朋友排演了两次,效果不好。过了些时日又编了一出旧戏《新请医》,因为主角为丑脚,丑脚在戏班中不是重要脚色,难以排演,因而他编剧的热情就冷了。但编写格调高雅的神话戏与言情戏的想法,始终在齐如山心里装着。1915年他开始为梅兰芳写戏,就从这两类题材开始。

齐如山写戏对题材的选择固然受西洋戏剧的影响,但戏的风度趣味却是中国的。他对当时梨园流行戏的出处了如指掌,可参其著述《京剧之变迁》中对《汾河湾》《搜孤救孤》《六月雪》《桑园寄子》《奇冤报》《珠帘寨》《刺汤》《请医》等剧目来源的阐述。

一、取法昆腔,神追宫廷

据《齐如山回忆录》,齐如山将自己所编之戏分成四类。

第一类是自编之戏,均已演出。包括《牢狱鸳鸯》《嫦娥奔月》《黛玉葬花》《晴雯撕扇》《天女散花》《洛神》《廉锦枫》《俊袭人》《一缕麻》《西施》《太真外传》《红线盗盒》《霸王别姬》《生死恨》《木兰从军》《凤还巢》《童女斩蛇》《桃花扇》《麻姑献寿》《上元夫人》《缇萦救父》《春灯谜》《空谷香》。

第二类是自编之戏,尚未演出。包括《新请医》《新顶砖》《珍珠塔》《团花凤》《双珠记》《群美集艳》①。

第三类是改编之戏。包括《三娘教子》《春秋配》《宇宙锋》《游龙戏凤》《天河配》《窃符救赵》《二度梅》。除《二度梅》外,均经演出。

第四类是到台湾后所编之戏。包括《征衣缘》《新打城隍》《新送京娘》《勾践复国》《新小放牛》。除《新小放牛》外,均经演出。②

齐如山所谓自编,是在皮簧剧中没有,他编成皮簧剧。所谓改编,是皮簧剧中已有,他加工改编。所以,即便是自编,也并非没有来源。现将其题材来源及相关藏书情况列于下表:

表1 齐如山编剧剧目及题材来源

类别	剧目	题材来源	齐如山相关藏书
自编之戏(均已演出)	《牢狱鸳鸯》	事本清许奉恩笔记小说《兰苕馆外史》之《小卫玠》	
	《嫦娥奔月》	民间传说,见《淮南子》及干宝《搜神记》	清承应戏"月令承应"类有中秋庆节戏十六出、中秋承应戏二出
	《黛玉葬花》	事本清曹雪芹《红楼梦》第二十七回"埋香冢飞燕泣残红";清孔昭虔著杂剧《葬花》,嘉庆抄本	《红楼梦》二卷五十六折,清仲云涧撰,清嘉庆己未绿云红雨山房刻本,五册一函。《红楼梦》八卷八十折,清陈钟麟撰,清道光乙未刻本,八册一函。《红楼梦》散套,清吴镐撰,蟾波园刻本,四册一函。《红楼梦》,清仲云涧撰,绿云红雨山房刻本,见《奢摩他室曲丛》,吴梅编,涵芬楼印本,二十四册二函
	《晴雯撕扇》	事本清曹雪芹《红楼梦》第三十一回"撕扇子作千金一笑"	清仲云涧《红楼梦》、陈钟麟《红楼梦》、吴镐《红楼梦》散套,详见本表《黛玉葬花》栏
	《天女散花》	取材于《维摩经·观众生品》	清承应戏"法宫奏雅"类

---

① 《群美集艳》,一作《群芳集艳》。
② 梁燕主编:《齐如山文集》第11卷,河北教育出版社2010年版,第108—109页。

续表

类别	剧目	题材来源	齐如山相关藏书
自编之戏（均已演出）	《洛神》	事本曹植《洛神赋》，明汪道昆著杂剧《洛水悲》	《盛明杂剧》初集三十种，二集三十种，明沈泰编，董氏诵芬室刻本，二十册二函
	《廉锦枫》	取自明李汝珍小说《镜花缘》"君子国"故事，见第十三回"美人入海遭罗网，儒士登山失路途"	
	《俊袭人》	事本清曹雪芹《红楼梦》第二十一回"贤袭人娇嗔箴宝玉"	清仲云涧《红楼梦》、陈钟麟《红楼梦》、吴镐《红楼梦》散套，详见本表《黛玉葬花》栏
	《一缕麻》	根据1909年《小说时报》刊登的包天笑同名小说改编	
	《西施》	事本明梁辰鱼传奇《浣纱记》	《浣纱记》二卷，明梁辰鱼撰，李卓吾评，明刻本，二册一函。《浣纱记》又见汲古阁《六十种曲》十二集，明毛晋编，汲古阁刻本，一百二十册六函；又一部，开明书店铅印本，六十册六函
	《太真外传》	事本唐白居易《长恨歌》，元白朴杂剧《梧桐雨》，清洪昇传奇《长生殿》	《长生殿》二卷，清洪昇撰，坊刊本，四册一函。《乞巧》，阙名，康熙原刻本。《长生殿》，洪昇，稗畦草堂刻本，见《奢摩他室曲丛》，吴梅编，涵芬楼印本，二十四册二函
	《红线盗盒》	事本唐杨巨源《红线传》，明梁辰鱼《红线女》杂剧及《双红记》传奇演此事，二剧已佚	
	《霸王别姬》	根据《史记》及明代沈采所著《千金记》传奇铺叙成篇	《千金记》见汲古阁《六十种曲》，《六十种曲》藏本情况详见本表《西施》栏
	《生死恨》	由明代董应翰所作《易鞋记》传奇改编	

续表

类别	剧目	题材来源	齐如山相关藏书
自编之戏（均已演出）	《木兰从军》	事本明徐渭《四声猿·雌木兰替父从军》杂剧	《四声猿》四折，明徐渭撰。沈景麟、李成林同校，明刻本，二册一函；澂道人评，大成斋刻本，二册一函；抱青阁刻本，五册一函。《歌代啸》四出，明徐渭撰，国学图书馆石印本，一册。《昆仑奴》，明梅鼎祚撰，徐渭润，影钞本，一册一函。《四声猿》四种，徐渭，山阴李告辰本，见《奢摩他室曲丛》，吴梅编，涵芬楼印本，二十四册二函
	《凤还巢》	据清宫藏本《循环序》改编，原名《阴阳树》，又名《丑配》。与清李渔《风筝误》传奇情节相似	明传奇《循环序》，明隆庆、万历以前人作。《笠翁十种曲》，清李渔撰，步月楼刻本，二十册二函
	《童女斩蛇》	事本晋干宝《搜神记》	
	《桃花扇》	由清孔尚任《桃花扇》传奇改编为皮簧，只摘取四出《媚座》《守楼》《寄扇》《骂筵》	《桃花扇》二卷四十折，清孔尚任撰，刊本，六册一函。《桃花扇》，孔尚任，云亭原刻本，见《奢摩他室曲丛》，吴梅编，涵芬楼印本，二十四册二函
	《麻姑献寿》	事本清褚人获《坚瓠秘集》卷三引《一统志》麻姑故事	清承应戏"九九大庆"类
	《上元夫人》	取材于唐裴铏《传奇》中的《封陟》。宋官本杂剧有《封陟中和乐》，金院本名目有《封陟》。宋罗烨《醉翁谈录》己集卷二有小说名目《封陟不从仙姝命》。元庾天锡有《封鹭先生骂上元》杂剧（见《录鬼簿》），明初杨文奎亦有杂剧《封陟遇上元》（见《今乐考证》著录三明杂剧），皆不传	

续表

类别	剧目	题材来源	齐如山相关藏书
自编之戏（均已演出）	《缇萦救父》	事本《史记·扁鹊仓公列传》	《后缇萦》十折，清汪宗沂撰，清光绪乙酉泰州夏氏刻本，一册
	《春灯谜》	改编自明阮大铖《春灯谜》传奇	《咏怀堂新编十错认春灯谜记》二卷，明阮大铖撰，玉夏斋传奇十种本，二册一函。又一部，明刻袖珍本，八册一函。《石巢传奇四种》，明阮大铖撰，董氏诵芬室刻本，五册一函。《雪韵堂批点燕子笺记》二卷四十二出，明阮大铖撰，明刻本，四册一函。《双金榜》《燕子笺》《春灯谜》《牟尼合》，阮大铖，石巢园原刻本，见《奢摩他室曲丛》第一、二集，吴梅编，涵芬楼印本，二十四册二函
	《空谷香》	改编自清蒋士铨《空谷香》传奇	《红雪楼九种曲》，清蒋士铨撰，藏园刻本，十册一函
自编之戏（尚未演出）	《新请医》	可能改编自昆曲《幽闺记》中的"请医"一出，昆曲《幽闺记》来源于南戏《拜月亭记》第二十五出"抱恙离鸾"	《幽闺记》见于汲古阁《六十种曲》，《六十种曲》藏本情况详见本表《西施》栏。《幽闺》（陈眉公评本），施惠，见《奢摩他室曲丛》第一、二集，吴梅编，涵芬楼印本，二十四册二函
	《新顶砖》	《顶砖》见清《升平署抄本》，是乱弹戏杂腔南锣传统剧目	
	《珍珠塔》	改编自清代弹词《孝义真迹珍珠塔全传》	
	《团花凤》	改编自明叶宪祖《团花凤》杂剧	《盛明杂剧》，藏本情况详见本表《洛神》栏
	《双珠记》	改编自明沈鲸撰《双珠记》传奇	汲古阁《六十种曲》，详见本表《西施》栏
	《群美集艳》	事本清曹雪芹《红楼梦》第四十九回"琉璃世界白雪红梅，脂粉香娃割腥啖膻"，第五十回"芦雪庵争联即景诗，暖香坞雅制春灯谜"	清仲云涧《红楼梦》、陈钟麟《红楼梦》、吴镐《红楼梦》散套，详见本表《黛玉葬花》栏

续表

类别	剧目	题材来源	齐如山相关藏书
改编之戏（除《二度梅》外，均经演出）	《三娘教子》	本事见清李渔的小说《无声戏》，改编自传统剧目	《笠翁十种曲》，详见本表《凤还巢》栏
	《春秋配》	本事为清无名氏小说《春秋配》，由梆子改编而来	"陕西十大本"《春秋配》，李秋崖编①
	《宇宙锋》	根据京剧传统剧目《宇宙锋》改编	
	《游龙戏凤》	由梅兰芳祖父本、余紫云本、《戏考》本、梆子腔本四个版本的《游龙戏凤》改编而成	杂剧《戏凤》，见《缀白裘》。齐如山藏《缀白裘》十二集，清钱德苍编，清乾隆刻本，二十四册四函；又一部，清道光三年共赏斋刻本
	《天河配》	本事为民间传说，改编自传统剧目	清承应戏"月令承应"类
	《窃符救赵》	本事出自《史记·魏公子列传》	《吟风阁杂剧》四卷三十二种，清杨潮观撰，清乾隆己卯刻本，四册一函。中有《信陵君义葬金钗》剧，演"窃符救赵"后事。《吟风阁三十二种》，杨潮观，见《奢摩他室曲丛》第一、二集，吴梅编，涵芬楼印本，二十四册二函
	《二度梅》	本事出自清代惜阴堂主人编辑，天花主人编次《二度梅全传》	

---

① 据《齐如山回忆录》，齐如山为了找到"陕西十大本"《春秋配》《火焰驹》等，曾写了十几封信给陕西的朋友，都无法找到。"因武军长勉之与吾为好友，且系姻亲，且正驻扎陕西，不得已给他写了封信，他便派人找到几位老脚，供以膳宿，给以报酬，使他们口述，命书记照录，才录成了几种。……后来由西安易俗社同人，遍求别的老戏班，又抄到了两种，才得凑齐。"见《齐如山文集》第11卷，河北教育出版社2010年版，第191页。

续表

类别	剧目	题材来源	齐如山相关藏书
到台湾后所编（除《新小放牛》外，均经演出）	《征衣缘》	《唐诗纪事》中一段唐玄宗开元年间的故事[①]，明沈鲸传奇《双珠记》亦用其事	《双珠记》见于汲古阁《六十种曲》，《六十种曲》藏本情况详见本表《西施》栏
	《新打城隍》	改编自皮簧旧剧《打城隍》	
	《新送京娘》	本事见《续夷坚志·京娘墓》。《辍耕录·院本名目》有《模石江》。元杂剧有彭伯成《四不知月夜京娘怨》，已佚	
	《勾践复国》	改编自明梁辰鱼传奇《浣纱记》	《浣纱记》见于汲古阁《六十种曲》，《六十种曲》藏本情况详见《西施》
	《新小放牛》	改编自皮簧旧剧《小放牛》	

上表所列"齐如山相关藏书"为《齐氏百舍斋戏曲存书目》所载。此外，《齐氏百舍斋戏曲存目》中除了《缀白裘》，还有两个折子戏选本涉及上表所列多个齐如山编创剧目。兹专列于下：

《新镌出像点板怡春锦》六集，明冲和居士辑录，明刻本，16册2函。选"幽期写照礼集"中的《明珠记》"珠圆"；"南音独步乐集"中的

[①] 《齐如山回忆录》云："如今编写旧事迹这种题材，是不易找到的。因而《唐诗纪事》中有一段事迹如下：'开元中颁赐边纩衣，制于宫中，有兵士于短袍中得诗曰："沙场征戍客，寒苦若为眠。战袍经手制，知落阿谁边？蓄意多添线，含情更著棉。今生已过也，重结再生缘。"兵士以诗白于元帅，帅进玄宗，命以诗遍示六宫曰："有作者勿隐，吾不罪汝。"有一宫人自言"万死"，玄宗深悯之，遂以嫁得边人，仍谓之曰："吾与汝结今世缘。"边人皆感泣。'这段事迹，因为有缝衣的事迹，且有边疆用兵的情节。……此事之情节可利用，不过题材太枯窘耳，因拉杂硬添入了写情节，便入手编撰。"见《齐如山回忆录》第15章，载梁燕主编：《齐如山文集》第11卷，河北教育出版社2010年版，第312—313页。

《明珠记》"煎茶",《浣纱记》"行春""采莲",《幽闺记》"分凰";"弦索元音御集"中的《千金记》"追贤""点将",《明珠记》"重合"(又名"却珠")。

《新镌出像点板时尚昆腔杂出醉怡情》8卷,明代清溪菰芦钓叟辑,致和堂刻本,8册1函。选《燕子笺》"奸遁""双逅""合宴""诰圆",《双珠记》"谋奸""持正""击邪""诬罪",《浣纱记》"后访""歌舞""寄子""采莲",《千金记》"追贤""点将""别姬""窘霸",《幽闺记》"错认""旅婚""拜月""重圆"。

由以上情况看,不用说改编戏,就是自编戏也并非毫无依傍,明清传奇是他最主要的题材来源。自编戏共29种,18种有相关明清戏曲藏书,《生死恨》不在其戏曲藏书目中,由友人倡议改编,他也是读过的。《春秋配》为国剧学会藏书。取材于小说的6种是《牢狱鸳鸯》《一缕麻》《廉锦枫》《童女斩蛇》《红线盗盒》《上元夫人》,后两种曾被改编为戏曲,但剧本已经失传,也算在此列。这些小说虽不在齐如山的小说藏书目中,但六朝志怪小说《李寄斩蛇》、唐传奇《红线传》和《封陟》、明代长篇小说《镜花缘》、清许奉恩的笔记小说《兰苕馆外史·小卫玠》都是文学史上的名作,包天笑《一缕麻》为当时有名的"时事小说",齐如山应该读过。取材于清弹词的一种是《珍珠塔》。《嫦娥奔月》《天女散花》《麻姑献寿》没有明确的题材来源,但显然为清宫承应戏的风格,齐如山此类藏书最多。从题材沿袭情况,能更清楚地看到齐如山的剧作与昆剧传奇和清宫戏之间的深厚渊源。

二、重视歌舞的神话戏

民国三年(1914),齐如山与梅兰芳见面后,二人正式来往。次年中秋节前夕,王瑶卿在北京第一舞台演《天香庆节》。《天香庆节》乃宫中的本子,中秋应节戏。梅兰芳怕输给他们,便请齐如山也编一个剧本。齐如山想到嫦娥奔月这段故事中秋节演正合适,于是就编了一出

《嫦娥奔月》。他觉得这出神话剧"不能专注重情节","把衣服、扮相设法都改成古装,并把每句唱词都安上身段,成为一出歌舞剧"。①他借鉴昆腔戏的舞式,为唱词安身段。最初以为不难,没想到一入手设计便很难,因为昆腔的歌唱、音节都圆和,皮簧的腔调都是硬弯儿。身段圆和了,与音乐腔调不呼应;与音乐腔调呼应了,身段又不美观。为南梆子原板安好身段后,慢板的身段却始终不能安好,直到排《天女散花》时才安上。彼时梅兰芳还没演过有身段的戏,昆腔还未学,所有身段都是齐如山亲自传授。演出之后,大受欢迎。经常与梅兰芳配戏的名小生朱素云说:"所有身段,实在是调度有方。"此后,齐如山为梅兰芳编写皮簧剧二十几出,排演昆剧四十几出,都在歌舞身段上花了很大功夫。因昆腔在国剧中品位极高,有歌有舞,念字讲究,齐如山鼓励梅兰芳多学昆腔,可惜教戏的人几乎是没有身段,齐如山只好亲自设计。他根据自己看昆曲的记忆,帮梅兰芳排了《尼姑思凡》《游园》《惊梦》《寻梦》《折柳》《阳关》《乔醋》《琴挑》《瑶台》《金山寺》《昭君出塞》等十几出戏的身段。

  齐如山的歌舞剧实践,主要用于神话戏题材。他打歌舞剧的牌,一是为梅兰芳叫座,二是为国剧走向世界而努力。《嫦娥奔月》之后,齐如山又编写了《洛神》《红线盗盒》《天女散花》《廉锦枫》《太真外传》《上元夫人》等神话戏。这些剧目的题材主要来自中国古代小说、戏曲、传说中的故事。从人物形象来讲,嫦娥、天女、上元夫人、洛神均为神仙,其风度雍容大气,传情极其讲究分寸。杨玉环在下界为唐明皇之妃子,死后成为蓬莱仙女,气度非凡间女子可比。红线在人间的身份是潞州节度使薛嵩的婢女,其实是天曹下界,为仙侠,为主人解忧排难的勇气和巧智不亚于《霸王别姬》里的虞姬。《廉锦枫》取材于明李汝珍的小说《镜花缘》,小说写林之洋、多九公、唐敖在海外君子国的奇遇。

---

① 梁燕主编:《齐如山文集》第11卷,河北教育出版社2010年版,第100页。

廉锦枫为调养母亲的身体，常入深海取参。君子国本为幻笔，廉锦枫入海取参，颇有神异色彩。这些神话戏，在风度上接近于宫廷戏的高贵、典雅、端庄，即齐如山自己所说的"高尚"。他把中国古代的掉袖儿舞、羽舞、拂舞、垂手舞、杯盘舞、绶舞等，设法变通后安置在其中，并对剧中歌舞场面精心打造，以便更好地营造出雍容华贵的氛围。

如《嫦娥奔月》第三场、第四场均表现"奔月"的情形。第三场与第四场的两段唱词描摹了"奔月"的舞姿：

［旦内唱倒板］凌霄驭气出凡尘。（上唱）又见儿夫随后跟。急急忙忙往前进，回看下界雾沉沉。飞来觉得星辰近，不知何处得安身。［下］①

［旦上］（唱）飞来飞去无投奔，举目遥遥见太阴。儿夫后面追得紧，将身跳入月宫门。［下］②

第十场演嫦娥采群芳酿仙酒，有一段采花时的"花镰舞"：

（唱）卷长袖，把花镰轻轻举起。一霎时，惊吓得蜂蝶纷飞。那一枝，那一枝花盈盈，将将委地。这一枝，这一枝开放得，金缕丝丝。最鲜妍，最鲜妍是此株，含苞蓓蕾。又只见，又只见那一树，高与云齐。我这里，我这里举花镰，将他来取。（白）哎呀妙吓。不多一刻，采满花篮。待我携回府去，酿制仙酒便了！（唱）归途去，又只见粉蝶依依。［下］③

---

① 齐如山著，王晓梵整理：《齐如山戏本》，辽宁教育出版社2010年版，第228页。
② 齐如山著，王晓梵整理：《齐如山戏本》，辽宁教育出版社2010年版，第229页。
③ 齐如山著，王晓梵整理：《齐如山戏本》，辽宁教育出版社2010年版，第233页。

"云路奔月"表现的是嫦娥的仙气,"花镰舞"又刻画出嫦娥的清韵。最后一场"思凡"中唱南梆子时还有一段"袖舞"。"花镰舞"和"袖舞"是此剧的精华所在。在排练过程中,齐如山亲自穿上有水袖的褶子为梅兰芳示范。罗瘿公先生看到齐如山为梅兰芳安身段,写过一首《俳歌调齐如山》,发表在1928年4月15日北京《晨报》的星期画刊第129号上,诗云:"齐郎四十未为老,歌曲并能穷奥妙;结想常为古美人,赋容恨不工颦笑。可怜齐郎好身段,垂手回身斗轻软;自惜临风杨柳腰,终惭映日芙蓉面。颏下鬖鬖颇有髭,难为天女与麻姑;恰借梅郎好颜色,尽将舞态上氍毹。梅郎妙舞人争羡,苦心指授无人见;他年法乳看传衣,弟子程郎天下艳。"

《天女散花》在第四场"云路"和第六场"散花"中,有天女载歌载舞的场面。第四场:

> [天女内唱西皮倒板]祥云冉冉婆罗天。[上](唱慢板)离却了众香国遍历大千,诸世界好一似轻烟过眼,一霎时又来到毕钵岩前。(诗)清圆智月广无边,慧业超明不作仙。幻中幻出庄严相,慈悲微妙自天然。(白)吾乃天女。尊奉佛旨,去到净名室中散花。乘风驭气而来,也不知经了多少微尘世界。看旭日腾辉,瑶空散彩,毕钵山头好风景也!(唱二六板)云外的须弥山色空四显,毕钵岩下觉岸无边。大鹏负日把神翅展,迦陵仙鸟舞翩跹。八部天龙金光闪,又见那入海的蛟螭在那浪中潜。阎浮提界苍茫现,青山一发普陀岩。(白)且住。前面已是南瞻部洲,那厢落伽山中,好庄严呵!(唱快板)观世音满月面珠开妙相,有善才和龙女站立两厢。菩提树蓊苜花千枝掩映,白鹦鹉与仙鸟在那灵岩山上下飞扬。绿柳枝洒甘露三千界上,好似我散天花纷落十方。满眼中清妙景灵光万丈,催祥云驾瑞彩速赴佛场。[下]①

---

① 齐如山著,王晓梵整理:《齐如山戏本》,辽宁教育出版社2010年版,第222页。

第六场：

（白）花奴看花！（花奴持花篮上白）有。〔天女散花介，奏锦庭乐、望吾乡〕（天女白）我佛慈悲大旨，宣布已完。俺只索回转西方，去者！①

"云路"表现的是天女遨游天界毕钵山、普陀岩、落伽山，佛国气象通过天女的歌舞渲染出来，"散花"以舞为主。如果说"云路""采花""散花"类的舞蹈是为唱词安的身段，那么齐如山还有一些舞蹈设计具有独立的观赏性，可谓歌舞双绝，如《洛神》中洛神的凌波舞，《廉锦枫》中廉锦枫的刺蚌舞，《红线盗盒》中红线的剑舞，《太真外传》中杨妃的翠盘舞、霓裳羽衣舞、绣球舞。对歌舞的偏好不仅出现在齐如山编的神话戏中，也出现在其言情戏中，如《西施》中西施的羽舞、《霸王别姬》中虞姬的剑舞、《群美集艳》中探春、宝钗、妙玉等十位佳人的雪舞。

齐如山认为，戏之好坏，编的时候自然很重要，但大部分的关系还在演者。因为国剧不同于话剧，话剧是以写实的方式，表现剧词的意义，国剧则是以歌舞的方式，形容剧词的意义。"这里头要分两种技术：一是能够把剧词的意义都表现出来，二是歌唱还要好听，舞蹈还要好看。这两种的原理都要做到，戏才能算演得好，才能算是好脚。"②梅兰芳访美时，最受观众欢迎的，就是齐如山为他设计的各种舞，尤其是剑舞。

齐如山对歌舞的重视，主要来源于他深厚的昆剧涵养，既有家藏曲本的案头阅读，也有齐家几代喜好昆弋传统的熏陶。另外，在民国初

---

① 齐如山著，王晓梵整理：《齐如山戏本》，辽宁教育出版社2010年版，第226页。
② 梁燕主编：《齐如山文集》第11卷，河北教育出版社2010年版，第133页。

年，河北高阳一带是北方昆曲的祖庭，与梅兰芳年纪相当的韩世昌、白云生、侯玉山、侯永奎等都是高阳籍昆曲演员。当时，昆曲在高阳一带还保留着很多班社。齐如山祖籍高阳，他的祖父、父亲都是善唱昆曲的曲友，在文人笔记中还记载着高阳学生赶考带着本村好戏者同行的旧俗。齐如山对国剧的歌舞特性进行理论总结的时候，可见其丰富的场上经验、完备的古代曲论积累和深厚的经史积淀，这些于其藏书中可见一斑。《戏剧丛刊》第三期清逸居士《戏中角色旧规则》一文写道："至民国改元，各名伶虽排演新戏，而顾客仍未重视，自齐君如山，与名伶梅浣华，编辑新戏，取昆曲之舞戏，移入皮黄，（如《嫦娥奔月》，《天女散花》等戏）冶文学艺术于一炉，从此各名伶皆仿效之，争排新戏，风气为之一变，为鞠国数十年之创作！"①可见齐如山艺术创新的影响力。

三、讲究"表情"的言情戏

齐如山所谓"表情"，非限于面部的喜怒哀乐，而是指通过脸部和躯体"表达感情"，也可以理解为刻画人物，表达内心体验。关于梅兰芳表演艺术之"表情"特点，学界注意到了，但存在争议。邹元江认为，梅兰芳对"表情"的重视，显然是与"京剧精神"相悖的，实际上是一个特定历史时代戏曲美学思想泛西方化、泛斯坦尼化的产物。②罗丽认为，邹元江的表述"透露出把中国戏曲表演艺术方法的实质与西方戏剧绝对对立起来的信息，即过分强调两者间非此即彼，而忽略了'戏曲艺术方法的实质是再现基础上的表现'，戏曲是情感体验与技术表现并重的，而并非'有技无情'的艺术"③。梅兰芳表演艺术贯彻了齐如山的戏曲美学思想，但研究者多就梅兰芳论梅兰芳，忽视对齐如山美学思

---

① 天津王守惇藏本《戏剧丛刊》，天津市古籍书店1993年影印，第305—306页。
② 邹元江：《梅兰芳的"表情"与"京剧精神"》，《文艺研究》2009年第2期。
③ 罗丽：《从"表情"溯源现代戏曲理论之建构》，《中国文艺评论》2015年第3期。

想的研究，因此，其结论也只能是"立场"之争，即国剧应不应该有表情。

论"表情"，应从齐如山说起。齐如山所说的"表情"，主要是针对言情的戏而提出来的。齐如山在欧洲观剧的经验，时常让他感到国剧言情的戏猥亵不堪，因此，他一直想着编几出言情的戏，于是有了《晴雯撕扇》《俊袭人》《黛玉葬花》《牢狱鸳鸯》《洛神》等剧目。齐如山1912年第一次与梅兰芳联系，便是给梅兰芳写信，指出他在《汾河湾》中扮演柳迎春"无表情"的问题：

> 此戏有美中不足之处，就是窑门一段，您是闭窑后脸朝里一坐就不理他了，……这是极不应该的，不但美中不足，且甚不合道理。有一个人说他是自己分别十八年的丈夫回来，自己虽不信，当然看着也有点像，所以才命他述说身世，意思是他说来听着对便承认，倘说的不对是有罪的。在这个时候，那个人说了半天，自己无动于衷，且毫无关心注意，有是理乎？……昆曲对于此等处更为认真，如果不信，请看《风筝误》中的"诧美"及《琵琶记》中的"赏荷"等戏，就可明了一个大概。①

请看齐如山所说的"表情"，是按西方戏剧的标准提出来的吗？他对言情题材的编剧兴趣确实由西方"高尚的言情戏"的刺激而产生，但所示的规范是昆曲的"表情"艺术，这可是地地道道的国剧传统。齐如山对"表情"的强调，不是要推翻国剧的表演传统，否定程式，而是在传统基础上的完善。戏界学习方式是师傅带徒弟，先生怎么教，徒弟怎么演，或者看过别人的戏都是如此，所以自己也如此，很少有人想到改变。齐如山看到梅兰芳唱戏有天分，希望他能够比一般人多一些"觉

---

① 梁燕主编：《齐如山文集》第11卷，河北教育出版社2010年版，第95页。

悟",成为一个好脚,所以才用"表情"之说来启发他。齐如山编的《晴雯撕扇》《俊袭人》《黛玉葬花》《牢狱鸳鸯》问世后,梅兰芳在身段、表情方面已经很擅长了。《洛神》完成,齐如山仍在旁指点,他认为《洛神》最难:

> 此戏因《洛神赋》词句的形容,当然是要看舞态的,然洛神与曹植梦中相晤,不能一点表情也没有,这种表情倒相当的难,因为表现得稍一过火,则近于真人,未免烟火气太重,且不似仙;倘做得太雅淡,则大众不容易明了;若想做得不即不离,而观众又能明了,则确非易事。我帮着他安置的虽然不能说怎样好,但还算差强人意,不过这不是一般演员所能领略的,也是他们思想不到的。①

"表情"论的提出,是想他人之未曾想,对国剧表演实践有切实的指导意义。也可以说,表情论与歌舞论相辅相成。歌舞论注重舞台艺术的美感,而表情论则注重传情的准确性、合理性与感染力。齐如山的神话戏和言情戏清高雅静,其歌舞论与表情论分别针对这两种题材提出。在1935年出版的《梅兰芳艺术一斑》中,他对"表情"之要点有详细的阐述:

> 梅君善于表情之要点,则尽在此。看其于演戏时,不但能将女子喜怒哀乐种种心情,曲曲传出,用能于该女子之年龄、性质、身分、境遇种种不同之处,亦能分析得清清楚楚。且于表情之时,与锣鼓腔调高下疾徐,皆能丝丝入扣,不爽毫厘。此外尚有一要点是,各种表情,无论喜怒哀乐,即撒泼打滚,亦须美观,一不美观

---

① 梁燕主编:《齐如山文集》第11卷,河北教育出版社2010年版,第106页。

便无足取，且不能成为美术化矣。①

从他对"表情"的定位看，要"乐而不淫，哀而不伤"，这一方面受到昆剧舞台艺术之严谨精当的影响，另一方面亦可见经史之学纯正典雅风范的影响，这两方面于其藏书中亦可以体现。

四、重视情节的节义剧

齐如山认为，高雅的神话戏和言情戏，社会中一般人是不大会欢迎的，大多数人欢迎的是情节好看的戏。"既名曰情节戏，当然是其中情节有曲折，情节曲折多，则戏一定演的时间长，所以大家多欢迎。""国剧的主要宗旨在发挥忠孝节义及各种旧道德，要想发挥这种道德，则戏须长，且须有曲折，否则烘托不出来。没有奸佞显不出忠来，没有淫邪显不出节来。因为须写反面，则文字当然要多，则戏自然就长了。"②齐如山认为，言情戏、歌舞戏虽也好，但与社会的关系较小，节义戏才能补助社会教育，与社会关系才大。他为梅兰芳编的情节戏多偏重"节义"二字，因为是为旦脚所编，故"忠"字难以表现。如《一缕麻》是节，且是悲剧；《生死恨》是节而义，亦是悲剧；《双珠记》更是节而义，尤为悲剧，此剧乃由《六十种曲》中的头一种改编者，故用原名；《空谷香》是节，而义亦在其中；《春灯谜》是专注重情节之曲折，亦自有孝义在其中，此剧乃由阮大铖之《春灯谜》改编而来，故仍用旧名；《太真外传》意在反面，纵欲者几亡国，恃宠者乃丧身，尤为悲剧。③《太真外传》受洪昇《长生殿》影响尤甚，重要关目如"乞巧""絮阁""献发""梦游月宫""埋玉""骂贼"，均袭用《长生殿》的文词和意趣。

---

① 梁燕主编：《齐如山文集》第2卷，河北教育出版社2010年版，第149页。
② 梁燕主编：《齐如山文集》第11卷，河北教育出版社2010年版，第106页。
③ 梁燕主编：《齐如山文集》第11卷，河北教育出版社2010年版，第107页。

齐如山说，情节剧"可以说是戏中的正格"，这一判断出于他对国剧传统的准确认识。元明清三代戏曲中，忠孝节义戏一直是重要的类型。明朱权《太和正音谱》"杂剧十二科"中就有"披袍秉笏""忠臣烈士""孝义廉节""叱奸骂谗""逐臣孤子"等类，吕天成《曲品》曾将传奇题材分为六门，居于前两位的"一曰忠孝，一曰节义"。齐如山若非对古代戏曲有全面认识，不能有如此断语。

五、有意"箴规"的滑稽戏

齐如山还编过几出滑稽小戏，如《新顶砖》《新请医》等。他说："玩笑戏在国剧中也是很重要的一种，因为各种旧有的玩笑戏其原义多含讽刺性，既云讽刺，则都有箴规的性质，于社会都是很有益处。不过演者有时专重滑稽，把讽的意义给忽略过去，则把该剧的价值就损失了若干，这是很可惜的事情。"① 齐如山能够对滑稽戏另眼相看，乃真戏曲史行家也！中国自秦汉以来的优戏、唐之参军戏、宋杂剧、金院本，哪一种不是以"务在滑稽"为本呢？滑稽之中包含箴规，也是滑稽戏的传统。这两个剧目无剧本留存，都是专为丑脚编的戏。《新请医》改编自《幽闺记》之"请医"。"请医"以插科打诨形容三家村中之庸医，极尽揶揄之能事。这种表演是有传统的。金院本中即有《双斗医》剧目，是戏曲上较早的"请医"小戏。该剧在元杂剧《降桑椹蔡顺奉母》中插演，以庸医宋了人和糊涂虫二人调笑为内容。国剧"无丑不成戏"，受宋金杂剧之"副净色发乔，副末色打诨"（吴自牧《梦粱录》）影响很大。齐如山对丑脚的重视，对滑稽戏的见地，基于其对戏曲史的熟悉，大量戏曲藏书，是我们判断他熟悉戏曲史的重要依据。

总起来看，齐如山把自己的戏分成四类：神话戏、言情戏、情节戏、滑稽戏。这四类中前两类典雅，后两类通俗。前两类重歌舞、重表

---

① 梁燕主编：《齐如山文集》第11卷，河北教育出版社2010年版，第108页。

情，受昆剧影响很深；后两类或注重忠孝节义的伦理教化，或于滑稽中传达箴规之意：都体现出中国古代戏剧文化的深厚传统。齐如山更为用心的是前两类，对国剧有发展有推进的也是前两类。齐如山的戏曲研究作品甚多，但专门研究剧本的著作只有《清宫剧本之研究》，可见他对"高贵"之戏剧风格的钟爱。也正因为这样，他才能将自己所欣赏的欧洲"清高"之美学范式和中国戏剧传统贯通起来。从齐如山藏书来看，他浸淫的是中国文化，包括经史、小说、戏曲。虽然曾在同文馆学习五年，三度去欧洲，但他从未提及自己的外文藏书与外文阅读情况。他的外国文化经验主要从听课与闲谈中获得，他对欧洲戏剧的认识，也主要是观剧的体验。从齐如山的藏书可窥见其知识构成，他仍旧是一个"中国脑袋"，只是多了一点"世界戏剧"的视野而已。从齐如山对其最早的著作《说戏》的否定，也可看到他对当时激进的西化视角的反省。在与梅兰芳合作的二十几年中，他已经彻底回归到国剧的传统中了。他的编剧实践，是将国剧的营养，尤其是将昆剧的营养输送给皮簧的过程。在齐如山的时代，时装新戏流行，反映婚姻自由、社会问题的时事剧流行，但齐如山的剧作中只《一缕麻》有"时尚"气息，其余的作品即便是纯粹原创，于戏剧史上毫无依傍，呈现出的也是传统国剧的面貌。从齐如山的戏曲藏书，可见他于国剧不但博古，而且通今，这使他在一个崇尚变革的时代保持了难得的定力，有所为有所不为，于表演艺术、美学境界上有所为，在弘扬新思想方面有所不为。齐如山的剧作、梅兰芳的表演不是违背国剧传统的，他们二人在理论和实践两方面推动皮簧向"更中国"的方向发展了。

除了在美学方面有所追求，在编剧技巧方面，齐如山也总结了一些规律，在《编剧回忆》一书中，提出以下原则：第一，话剧加唱词的方法，不适用。第二，剧中的副场及过场可以随便编之，不必费力，但正经重要的场子，则非注意不可。根据题目，可以设计以曲折见长、以身段见长、以神气表情见长、以话白见长、以唱工见长、以情节见长、以武工见长的关目。第三,一出戏步步紧随最好,若不能,就得有两三个硬场子撑住,末场要压得住。第四,枯窘的题目要能添材料,事迹长的题目要善于剪裁。第五,绝不可专用正面文章或庄重文字,总要设法加入一些诙谐。第六,编戏最怕平铺直叙,最好是在题外添加曲折,然亦不可出题目之范围。第七,编戏只管随意编制,不管演者,势必不能排演。第八,编戏须分正、副场,不能使观众太疲惫。第九,剧中之词最好是用戏界恒用之语,为的是容易念读、记忆。第十,每场都要有变化才好,就怕怎么上来,还怎么下去。第十一,唱工不能随便安插,有所感触,方能起唱。第十二,国剧必须有歌唱,要合韵。第十三,前后场的上下场方式不同为妙。第十四,国剧最需要反面文章,要凸显忠孝节义,非多在反面着笔不可。第十五,要用蓄势之法。第十六,戏中词句不可太文,亦不可太俗。这些原则,得益于齐如山的"旧剧修养"。他说:"无论哪一种文,都有它恒用的句子,如想创造新的,那在中国是韩退之、苏东坡,在西洋是莎士比亚一流人物,方能做到,万非一知半解、自命为文学家之人所能率尔操觚。"①齐如山编剧的根基,在于他深厚的剧本阅读经验和观剧经验。在《论编剧用典的时间性》一文中,他对很多人质疑的《霸王别姬》中"前代人说后代话"的"毛病",能够举出大量传奇、杂剧作品为证反驳,从理论上阐述了"曲中用事,每不拘时代先后"的惯例,②这也得益于他丰富曲藏培养出来的眼界。

---

① 梁燕主编:《齐如山文集》第6卷,河北教育出版社2010年版,第350页。
② 梁燕主编:《齐如山文集》第6卷,河北教育出版社2010年版,第364页。

胡 适

胡适（1891—1962），安徽绩溪人，原名嗣穈，学名洪骍，字希疆，笔名胡适，字适之。著名学者、思想家、社会活动家。

胡适幼年就读于家乡私塾。1908—1910年期间，胡适曾先后担任中国新公学和华童公学的英文、国文教员。1910年，十九岁的胡适考取庚子赔款官费生，留学美国，入美国康奈尔大学的农科。1912年又转入文科，1914年6月毕业，获文学学士学位，同时开始研究哲学。1915年前往纽约哥伦比亚大学，师从哲学家约翰·杜威学习哲学。1917年6月，胡适在通过博士论文答辩，但尚未被正式授予哲学博士学位之时，就应北京大学校长蔡元培和文科学长陈独秀之聘，同意出任北京大学文科教授。

同年夏胡适回国，受聘为北京大学教授。在哥伦比亚大学读书期间，胡适就热心致力于国内的新文化运动，撰写了《文学改良刍议》发表在《新青年》上。进入北京大学后，他积极参加"文学革命"，加入了《新青年》编辑部，大力提倡白话文，成为五四新文化运动的中坚力量，并很快成为在思想文化界和教育领域中具有举足轻重地位的著名学者和青年领袖。他的文章从创作理论的角度阐述新旧文学的区别，提倡新文学创作，翻译法国都德、莫泊桑，挪威易卜生的部分作品，又率先从事白话文学的创作。他于1917年发表的白话诗是现代文学史上的第一批新诗。他的诗集《尝试集》是"文学革命"和白话文运动最早的产物之一,为新诗的探索和发展奠定了基础。胡适还宣扬个性解放、思想自由,与陈独秀同为新文化运动的领袖。在此期间,他与顾颉刚、俞平伯共同研究《红楼梦》,撰有《红楼梦考证》一书,可谓开创"新红学",标志着红学研究新时代的到来。

20世纪20年代,胡适离开北京大学前往上海,于1928年出任中国公学校长。1930年胡适回到北京,1932年出任北京大学文学院院长兼中国文学系主任。抗战期间,他还被委任为中华民国驻美国大使。抗战胜利后,任北京大学校长。1948年12月,胡适乘飞机匆匆离开北平,因无法携带,他的藏书留存在北京东厂胡同一号的家中。此后数年,胡适旅居美国,后又定居台湾。1962年在台北病逝。

胡适一生的学术活动主要在文学、哲学、史学、考据学、教育学、红学几个方面,主要著作有《中国哲学史大纲》(上)、《尝试集》、《白话文学史》(上)和《胡适文存》(四集)等。他在学术上影响最大的是提倡"大胆假设、小心求证"的治学方法。

平生有书癖

胡适作为近代著名的学者、思想家和社会活动家,有集聚图书之癖,其藏书十分丰富。胡适早年说自己"有书癖,每见佳书,辄徘徊不忍去,囊中虽无一文,亦必借贷以市之"[①]。除图书外,胡适也很重视日记、书信、手稿、图片等资料的保存,这些也是他藏书的一部分。胡适藏书多钤有印章,中文图书上的印章一般有"胡适之的书""胡适的书""适之""胡适""胡适之印""适之长寿"等,西文图书扉页上,则有"HUSHIH"的蓝文印。除印章外,还有一些书的内封,贴有"胡适

---

① 胡适:《胡适留学日记》卷四,上海书店1990年版,第266页。

的书"藏书票。

一、胡适藏书的数量

关于胡适藏书的数量,由北京大学图书馆和台北胡适纪念馆联合编纂的《胡适藏书目录》(2013年)提供了较为可靠的信息。这部书"著录现存北京大学图书馆和台北胡适纪念馆的胡适藏书;北京大学图书馆庋藏者为1948年底之前胡适的主要藏书,胡适纪念馆庋藏者为1948年底胡适离开北平之后的藏书。此外,编者以附录的形式列出了1963年北京大学图书馆移交国家图书馆(当时的北京图书馆)书目清单,以及从北大图书馆藏书中发现的,胡适1948年底离开北平之前,陆续赠给北京大学图书馆的部分图书清单","书目先按文种分为中文、日文、西文三类;每类下又分为图书、期刊两类;图书类下再按装订形式分为普通书和线装书两类。期刊基本为普通装订,有两种日文线装期刊单独列出"。①

《胡适藏书目录》对胡适藏书进行了详细统计,其中北京大学图书馆藏胡适藏书共8699种,台北胡适纪念馆收藏的胡适藏书有3813种。为方便读者,本书根据《胡适藏书目录》提供的数据,列表如下(未列入1963年北京大学图书馆移交国家图书馆书目):

表2 北京大学图书馆馆藏胡适藏书

种类	图书		期刊		合计
	普通图书	线装图书	普通期刊	线装期刊	
中文书刊	2948	2993	77		6018
日文书刊	218	23	21	2	264
西文书刊	2404		13		2417

---

① 北京大学图书馆、台北胡适纪念馆编纂:《胡适藏书目录·编辑体例》,广西师范大学出版社2013年版,第13页。

表3　台北胡适纪念馆馆藏胡适藏书

种类	图书		期刊		合计
	普通图书	线装图书	普通期刊	线装期刊	
中文书刊	1831	329	546		2706
日文书刊	49	1	9		59
西文书刊	841		207		1048

由上表清晰可见，在北京大学图书馆和台北胡适纪念馆两处所藏的12017种胡适藏书中，以中文、西文书刊为多数，其中尤以中文书刊为大宗，共8724种，约占总数的七成。

对于胡适藏书的数量之多，他的学生和友人都有深刻印象。石原皋在《胡适的藏书和书斋》一文中写道：

> 研究学问的人都爱藏书，胡适更甚。他的藏书很多，约有四十书架（大书架），以线装书为主，外文书比较少些。他的藏书中，少数是他的父亲铁花公留下来的。
>
> ……
>
> 抗战前，胡适的藏书没有登记，没有编目，也没有钤记。大多数的图书在书架上，少数的放置书橱中。什么书，放在什么地方，他亲自放置，记得清楚，随时随手可以拿出。在北京，胡适四次搬家，第一次搬到钟鼓寺，第二次搬到陟山门，第三次搬到米粮库，第四次搬到东厂胡同。第二次和第三次搬家，他的图书都是我和他的从弟胡成之二人整理搬运的。我们事先将书架的书和它们的位置都记住，装在一木箱内，每个箱，编了号码，搬到新居后，依次打开，照原样放置。一九三七年日寇进逼，北京危险，他的藏书打包装箱，运到天津，保存在浙江兴业银行仓库。他在美国时，耽忧他的四十架图书，恐怕要丢失了。幸而浙江兴业银行保管得好，没有

遭受损失。抗战胜利，他到北京，这些图书也跟着搬到东厂胡同一号了。①

石原皋还谈及他所见到的胡适书房的情况：

> 我现在谈的是胡适住在钟鼓寺、陟山门、米粮库三处的书房。这几处的书房基本上是一样，大小稍有不同。房内有一张很大的写字台，一两个书橱，一张旋椅，几张小椅，四壁空空如也，没有悬挂字画。书桌上自然有文房四宝，有白锡包或大炮台纸烟一听，纸烟灰缸一只，火柴一盒，记事台历一本，此外，满桌都是书籍，看起来很紊乱。桌上的书籍，任何人都不去动它，稍为一移动，他就要费心去找了，佣人只将桌上面的灰尘拂去。他在书房中看书、写作时，我们都不进去打扰他……胡适认为，没有保存的价值和无关重要的书信，看过后随手丢掉。一九七九年，中国社会科学院近代史研究所编的《胡适来往书信选》，就是他自己保存，临行匆促，没有带走，留在北京家中的一些书信。②

胡适的学生罗尔纲在1930年夏天从上海的中国公学毕业后就到上海胡适家中。罗尔纲当时主要负责抄录胡适父亲胡铁花的遗稿，并在胡适的影响下专注于考证的学问。1934年，罗尔纲随胡适一家前往北平，在地安门内米粮库4号胡适家中共住了约五年。其间，胡适要求罗尔纲每天到当时的国立北平图书馆（现国家图书馆古籍馆）看书。罗尔纲"专看太平天国史料部分"，后来成为太平天国研究方面的专家。他在《师门五年记·胡适琐记》中也记述了当年胡适藏书的情况。

---

① 石原皋：《闲话胡适》，安徽人民出版社1985年版，第98—100页。
② 石原皋：《闲话胡适》，安徽人民出版社1985年版，第100页。

到北平后，胡适叫我做的第一件工作，是开书箱，把书取出来安排在书架上。先摆书架，客厅后过道大约摆三架，大厅把书架围成书城，胡适书房也摆三架，总共约二十架。

　　胡适每天指点我摆书。把书摆好了，他就可以随手取阅。他没有叫我编目，却叫我要本本都检阅过，凡没有写书头的，都要补上，以便一眼就看清楚。胡适记性非常好，那一部书放在那一架那一格都记得清清楚楚，全部的书目都在他的脑中。书房那三架是空架，留作放手头用书。迁平后在北平七年，逐渐买的书就放在那里。①

　　从这些叙述中，我们可以推断胡适藏书规模之可观。他的这些藏书，主要是他回国进入北京大学后慢慢购聚起来的。抗战期间至1947年后，他先任职海外，后任北京大学校长，这一时期他不再有闲暇专门大量购买图书，但他所存的日记、书信、手稿等档案有所增加。

二、胡适藏书的来源

胡适藏书的来源主要有购买和题赠两类。

　　第一种藏书来源是自购或由他人代购。因有"书癖"，胡适遇到自己喜爱的书，无论贵贱，一定收入囊中。经济拮据时，即使赊款，也没有停止购书的喜好。

　　《中国史话》韦休编著——上海：商务印书馆，1933
　　4册；19.1厘米
　　PKUL（馆藏号缺）
　　附注：

---

① 罗尔纲：《师门五年记·胡适琐记》，生活·读书·新知三联书店1995年版，第127页。

题记：第1册封面有胡适题记："廿三，十，廿，晚上和孟真，莘田、彦堂走书摊，买了这部书。适之。"

其他：本书分1、2、3、4册。①

《戴氏遗书》（清）戴震撰 清乾隆四十三年（1778年）曲阜孔氏微波榭刻本

1函2册；18.5厘米

微波榭丛书

PKUL（SB/817.734/4310.2）

附注：

题记：目录后有胡适题记："十一，四，十七，教育界正窘迫到极处了，我家也在借贷里过活，但这部书来了，我又不能不买。价三十四圆，是赊的。胡适。"

夹纸：序后有胡适附《孔刻戴氏文集》目录8页。

其他：本书存《东原文集》十卷。②

无论是在北平、上海，甚至海外（如纽约、日本等地），不管身在何处，胡适的购书从没有间断。这一点，我们可以从《胡适藏书目录》提供的藏书题记得到佐证。

《独秀文存》陈独秀著——上海：亚东图书馆，1937

4册；18.7厘米

PKUL（馆藏号缺）

---

① 北京大学图书馆、台北胡适纪念馆编纂：《胡适藏书目录》，广西师范大学出版社2013年版，第529页。
② 北京大学图书馆、台北胡适纪念馆编纂：《胡适藏书目录》，广西师范大学出版社2013年版，1167页。

附注：

题记：第1册封面有胡适题记："卅二年五月十五日在纽约唐人街买得此书。适之。独秀死在卅一年五月廿八日。适之。"

其他：本书为第11版。①

《独立评论》独立评论社编——北平：独立评论社

1932—：No.1-75

3册；27厘米

HSMH（HS-N10F6-003）

附注：

印章：钤有"胡适的书"朱文方印

题记：（1）第1册扉页有英文手写注记："Ph de Vargas June 9.1933。"（2）第1册书末有胡适的黑笔题记："1950年十月，我在美国纽约的一家旧书店里买到独立的前七十五期，是老朋友Ph.de Vargas 藏书一部分。胡适。"……②

《全相平话四种》著者不详——出版地不详：出版者不详，出版年不详

4册；像；19厘米

HSMH（HS-N01F5-015）

附注：

印章：各册钤有"胡适的书"朱文方印

题记：纸书套有胡适朱笔注记："一九五四年四月，在日本东

---

① 北京大学图书馆、台北胡适纪念馆编纂：《胡适藏书目录》，广西师范大学出版社2013年版，第69页。
② 北京大学图书馆、台北胡适纪念馆编纂：《胡适藏书目录》，广西师范大学出版社2013年版，第1917页。

京买得,不知是否盐谷温原影本?适之。"①

胡适还曾在自己四十周岁生日时购买图书,作为送给自己的生日礼物。

An Introduction to the Industrial and Social History of England/by Edward P.Cheyney. ——New York: The Macmillan Company, 1920

XII, 386p.; 19.5厘米

PKUL(馆藏号缺)

附注:

题记:扉页有胡适题记:"在旧书摊上买的此书,送给我自己做生日的礼物。适之,一九三一,十二,十七。"②

不仅胡适自己买书,其他一些人知道他喜欢收藏图书,于是代其购买。据石原皋回忆,"北京琉璃厂有许多古籍书店,他们常常搞些古籍,待高价再行卖出。这些书贾对于哪一家有书要卖出,哪一个人想买进,打听得一清二楚。他们都知道胡适收藏旧籍,他们就代他收集,送上门让他选购,选中即留下,不一定马上付钱,何时付钱都可以,书贾识趣不来催。有些朋友也帮他买书。如他有一部乾隆甲戌(一七五四年)钞本《脂砚斋重评石头记》残本十六回,就是友人帮他买的"③。高一涵在日本东京曾替胡适购买了《佛学大辞典》。

另一类藏书是朋友赠送的签名、题名本。胡适作为学者、思想家和社

---

① 北京大学图书馆、台北胡适纪念馆编纂:《胡适藏书目录》,广西师范大学出版社2013年版,第850页。
② 北京大学图书馆、台北胡适纪念馆编纂:《胡适藏书目录》,广西师范大学出版社2013年版,第2385页。
③ 石原皋:《闲话胡适》,安徽人民出版社1985年版,第99页。

会活动家，又在高等学校担任重要职务，其来往结交的亦多为学者或文学家。在胡适留学回国的最初几年中，他收到朋友的赠书很多。其中以高一涵的赠书较为引人注目。高一涵曾是《甲寅》杂志的重要撰稿人之一，他与李大钊被当时的人称为"甲寅派"作家，胡适对他的政论文评价很高。胡适与高一涵是同乡（皆属于皖南地区），又曾经同租一处房子，同在北京大学任教，两人关系颇为密切。高一涵先后向胡适赠送了《朱子大全》《二程全书》各一部。钱玄同、马裕藻、吴弱男等也多次赠书给胡适。他人赠书中，一些是同辈的赠书，还有一些是机构赠阅的图书，更有学生、门人及后学因慕胡适之大名而"敬呈"，请胡适"大正"的书。兹列举如下：

1.同侪学人赠书：

范文澜赠书：
《文心雕龙讲疏》范文澜著——天津：新懋印书局，1925
1册（28，58，102，48，66，54，34，70，30，42，34页）；24.7厘米
PKUL（馆藏号缺）
附注：
题记：封内有作者题记："适之先生教正，范文澜谨上。"

《文心雕龙注》范文澜著——北平：文化学社，1929—1931
3册；21.3厘米
PKUL（馆藏号缺）
附注：
题记：上册扉页有作者题记："适之先生教正，范文澜谨上。"[1]

---

[1] 北京大学图书馆、台北胡适纪念馆编纂：《胡适藏书目录》，广西师范大学出版社2013年版，第398页。

2.学生、门人敬赠：

《阿保机营建四楼说证误》陈述著——出版地不详：出版者不详，1947

127—138页；26.2厘米

辅仁学志第十五卷第一二合期抽印本

PKUL（馆藏号缺）

附注：

题记：封面有作者题记："适之先生教，后学陈述敬呈。"①

《稼轩诗文抄存》辛启泰原辑；邓广铭校补——上海：商务印书馆，1947

1册（3，66，2，15，1，20页）；20.5厘米

PKUL（馆藏号缺）

附注：

题记：题名页有作者题记："适之吾师诲正，受业邓广铭敬呈。卅七年三月十七日。"②

《宋元南戏百一录》钱南扬著——北平：哈佛燕京学社，1934

[8]，246页；26.3厘米

燕京学报专号

PKUL（馆藏号缺）

附注：

---

① 北京大学图书馆、台北胡适纪念馆编纂：《胡适藏书目录》，广西师范大学出版社2013年版，第3页。
② 北京大学图书馆、台北胡适纪念馆编纂：《胡适藏书目录》，广西师范大学出版社2013年版，第171页。

印章：封面钤有"南""扬"朱文方印。

题记：封面有作者题记："适之先生诲正，学生钱南扬谨呈。"①

3.公共机构或出版机构赠书：

《开滦煤矿概况》开滦矿务总局编——出版地不详：出版者不详，出版年不详

16页；26.3厘米

PKUL（馆藏号缺）

附注：

题记：封面有赠书者题记："胡校长"，印有"请指教，开滦矿务总局敬赠"字样。②

《化学命名原则》国立编译馆编订——南京：国立编译馆，1933

XIII，98页；26.5厘米

PKUL（馆藏号缺）

附注：

印章：封面钤有"赠阅"蓝文印。③

值得注意的是，胡适生日时，常有胡适的朋友、学生赠送图书来庆贺生日。如：

---

① 北京大学图书馆、台北胡适纪念馆编纂：《胡适藏书目录》，广西师范大学出版社2013年版，第362页。
② 北京大学图书馆、台北胡适纪念馆编纂：《胡适藏书目录》，广西师范大学出版社2013年版，第203页。
③ 北京大学图书馆、台北胡适纪念馆编纂：《胡适藏书目录》，广西师范大学出版社2013年版，第160页。

《中国近代史》李方晨著——台北：阳明出版社，1958

2册；表；21厘米

HSMH（HS-N07F5-028）

附注：

印章：钤有"胡适的书"朱文方印

题记：上册内封面有著者手写题赠："恭祝吾师六八华诞 生李方晨敬赠 四十七年十二月十七日。"

夹纸：上侧夹有信封残片1张。

内附文件：上侧夹有1958年12月17日李方晨致胡适信函1封，参见馆藏号：HS-NK05-031-010。

其他：再版。①

Ivanhoe/by Walter Scott.—London：J. M. Dent & Sons Ltd.，1906

XV，495，4p.；17cm

PKUL（馆藏号缺）

附注：

题记：扉页有胡适题记："五十三岁生日，纽约与华盛顿的朋友们——朱士嘉、王重民、冯家昇、吴光清、韩寿萱、张伯训、陈鸿舜诸位先生——买了九册司各德的小说送给我。诸公的盛意可感，我当继续买'人人丛书'的司各德小说，以作纪念。卅三年十二月十二日，胡适。"

批注圈划：书末有胡适批注："Dec. 12，1944.重读此书，颇嫌其拖沓。但仍感觉其魔力。我初读林琴南译本似在四十年前。今日

---

① 北京大学图书馆、台北胡适纪念馆编纂：《胡适藏书目录》，广西师范大学出版社2013年版，第1050页。

追忆似林译底本或是删节本？当更考之。胡适。"①

还有出版公司赠书以作贺礼。例如，在胡适四十岁生日时，上海亚东图书馆赠《胡适文存二集》一部：

《胡适文存二集》胡适著——上海：亚东图书馆，1930
2册；18.2厘米
PKUL（馆藏号缺）
附注：
其他：本书为7版精装2卷本。封面有烫金字"适之先生四十生日纪念，上海亚东图书馆谨赠，一九三〇年"。②

这类图书本身在版本上并无特殊，但因有签名题字等信息，即便是普通图书也具有了重要的文物和学术价值，成为后来的藏书家可遇而不可求的珍贵收藏。

三、胡适藏书的归属

胡适的大量藏书，在他1948年12月离开北平时，并未能带走，基本都留在了他北平家中。据统计，这部分图书有102箱，有一两万册，由次子胡思杜留下照看。他离开北平时，只带了一套甲戌本《红楼梦》以作纪念。后来，由胡思杜主持，毛准、王重民参加，由北京大学图书馆的郭松年、张光则、王幼忻等将全部102箱藏书和文档寄存在当时位于市内松公府的北京大学图书馆。胡适的学生和助手、与他在东厂胡同南

---

① 北京大学图书馆、台北胡适纪念馆编纂：《胡适藏书目录》，广西师范大学出版社2013年版，第2388—2389页。
② 北京大学图书馆、台北胡适纪念馆编纂：《胡适藏书目录》，广西师范大学出版社2013年版，第154页。

北相对而居的邓广铭，对胡适的生活和学术活动非常熟悉，他回忆说："胡适的藏书、手稿及来往的书信等等，一律存放在东厂胡同一号后院的五大间书库内。到一九四八年年底，当时北平和平解放的局势已定，但解放军尚未进城。北京大学派遣图书馆的管理人员郭松年等人到东厂胡同一号把胡氏书库中所藏的一切手稿、文件、书籍等一律装箱，共装了一百零二箱（木箱都是胡氏抗日战争期内，把所有藏书送往天津银行保险时做的了），全部送往松公府北大图书馆存放。此情此景因我当时仍然住在东厂胡同一号，所以全得亲眼目睹。"①

关于这段经历，胡适自言："十一年前我离开北平时，已经有一百箱的书，大约有一二万册。离开北平以前的几小时，我曾经暗想着：我不是藏书家，但却是用书家，收集了这么多的书，舍弃了太可惜，带吧，因为坐飞机又带不了。结果只带了一些笔记，并且在那一二万册书中，挑选了一部书，作为对一二万册书的纪念，这一部书就是残本的《红楼梦》，四本只有十六回，这四本《红楼梦》可以说是世界上最老的抄本。收集了几十年的书，到末了只带了四本，等于当兵的缴了械，我也变成一个没有棍子，没有猴子的变把戏的叫化子。"②

胡适离开北京后，旅居美国，他自知不会再回北京，于是在1957年6月4日，在纽约立下遗嘱，其中关于其藏书的一条是："确认中国北平北京大学有恢复学术自由的一天，我将我在一九四八年十二月不得已离开北平时所留下请该大学图书馆保管的一百零二箱内全部我的书籍和文件交付并遗赠给该大学。"另一方面，20世纪50年代初，北京大学曾就胡适寄存于北京大学图书馆的书籍和其他物品向北京市有关部门请

---

① 马嘶：《往事堪回首：百年文化旧案新解》，文化艺术出版社2007年版，第151—152页。
② 胡适：《找书的快乐》。该篇系作者1959年12月27日在台北图书馆学会年会的演讲，发表于1962年12月16日该会会报第14期。《不朽：胡适散文精选》，长江文艺出版社2012年版，第18页。

示。1954年7月，北京市人民法院批复北京大学公函："经报请市人民政府……胡适等物品暂由你单位保管。胡适等文物书籍在保管期间，可暂作你校教学科研之用。"

由北京大学图书馆保存的胡适藏书，在50年代中期批判胡适的运动中，曾被分割。当时，为了准备批判胡适的材料，中共中央宣传部从北大图书馆取走了大部分胡适的书信、文件和日记。中宣部资料室根据这些材料，编选了《胡适思想批判参考资料之一》和《胡适思想批判参考资料之四》，以"胡适思想讨论会工作委员会秘书处"的名义编印出版，内部发行，供全国各地批判用，还有《胡适日记选》《胡适书信选》等小册子。那时，胡适的藏书尚存于沙滩松公府老北大图书馆内，北大红楼则已经成为中宣部的办公楼，中宣部图书馆就在老北大图书馆书库的楼上，搬运这些书是很方便的。当时，也没有留下任何文字手续。至于为什么没有留下手续，后来据邓广铭教授推测："这很可能是因为当时北大图书馆的负责人认为继续保持这些东西是一个沉重包袱，必须甩掉而后快，所以当中宣部提取时，也不要求办任何手续。以后，中宣部从北大图书馆提取的这部分胡适藏书并未归还。到了1958年，中宣部资料室撤销，资料室负责人黎澍转到中国科学院近代史研究所（今中国社会科学院近代史所）工作，他便把胡适的藏书文件带到了近代史所。1962年下半年，中央文化部副部长徐平羽召集过一次会议，会议决定对胡适的藏书和书信文件进行分配，将105种善本古籍交北京图书馆（今国家图书馆）收藏，剩余的北大存的1924件胡适书信和文件交社科院近代史所，其他藏书继续由北大图书馆保存。"[①]也就是说，胡适在1948年12月之前的藏书现主要藏于北京大学图书馆，少部分在中国社会科学院近代史研究所图书馆和国家图书馆。

离开北平后，胡适在旅居美国以及1958年到台湾就任"中央研究

---

① 马嘶：《学人藏书聚散录》，清华大学出版社2010年版，第182页。

院"院长之职后，又陆续搜求了相当数量的藏书，其中也有一些亲友赠送的。因此，1949年之后的藏书数量也相当可观。但对于这部分藏书，胡适并不十分满意，从数量和质量上，都无法与1949年之前的藏书相比，常常需要靠"中央研究院"史语所或其他图书馆的藏书才能进行学术研究。胡适说，这十一年来，又蒙朋友送了我很多书，加上历年来自己新买的书，又把我现在住的地方堆满了，但是这都是些不相干的书，自己本行的书一本也没有。找资料还需要依靠史语所的图书馆和别的图书馆如台湾大学图书馆等救急。[①]1949年之后，胡适陆续购聚起来的这部分图书、期刊等，现在基本收藏于台北胡适纪念馆。

题记和批注

前文我们叙述了胡适藏书的概况及其特点。胡适藏书种类多，范围广，数量可观，其中很大一部分，他都认真读过，并留有批注文字或圈画过的痕迹，有些还附有该书的来历和相关故事。[②]借助这些批注或题记，我们可以了解胡适的交游活动及其思想观点。

一、题记

从《胡适藏书目录》提供的信息来看，胡适藏书中相当大的一部分皆有题记。这些题记有些是胡适所题，有些是赠书者所题，内容十分丰富，为我们提供了藏书的多种信息。

第一，题记记录了藏书来历。这类题记一般是赠书者所写，多为请胡适惠存或斧正之类的套语。前文在论述胡适藏书来源时已举例，这里不再赘述。

[①] 胡适：《找书的快乐》，《不朽：胡适散文精选》，长江文艺出版社2012年版，第18页。
[②] 耿云志：《〈胡适藏书目录〉面世》，《中华读书报》2013年5月29日第15版。

值得注意的是，有些题记是胡适自己所题，一般见于他自己的论著。这类图书往往还有大量胡适的圈画之处。如：

《新校定的敦煌写本神会和尚遗著两种》胡适著——台北："中央研究院"历史语言研究所，1958

827—882页；图；26厘米

庆祝赵元任先生六十五岁论文集"中央研究院"历史语言研究所集刊29

HSMH（HS-N18F6-005）

附注：

题记：（1）馆藏一册封面有胡适的蓝、黑笔注记："校本 适之自用。"（2）馆藏一册封面有胡适的黑、红笔注记二则："胡适自校本 四八，二，十二夜。二，十三夜校完"，"有误的页数：P.845、873、876、877"。（3）馆藏一册封面有胡适的绿笔注记"校本"。（4）馆藏一册封面有胡适的红笔注记："校本之一 重校定时须参考此本。适之。"

批注圈划：（1）"适之自用"本偶有胡适的黑笔校改。（2）"胡适自校本"多处有胡适的红、绿、蓝笔批注、校改与划线。（3）"校本"多处有胡适的红、绿、蓝、黑笔批注、校改与圈划。（4）"校本之一"多处有胡适的红笔注记、校改与划线。

相关记载：1959年2月13日胡适日记提及《新校定的敦煌写本神会和尚遗著两种》装订与校勘事。

其他：馆藏8册。[①]

[①] 北京大学图书馆、台北胡适纪念馆编纂：《胡适藏书目录》，广西师范大学出版社2013年版，第971页。

又如：

《中国哲学史大纲卷上》胡适著——上海：商务印书馆，1919

［9］，398页；23厘米

北京大学丛书

HSMH（HS-DS-023）

附注：

题记：封面有胡适黑笔手写题记："自校本。"

批注圈划：（1）内文有胡适的黑、红、铅笔校改、划线与注记。（2）扉页有手写黑笔与铅笔的正误表。

夹纸：（1）有夹纸数张。（2）页41夹有北京大学收发股挂号回执1张，上有铅笔记住址。（3）页194夹有手写纸1张，上有以毛笔题诗句两行。（4）页396夹有北京大学便笺残片1张，上有铅笔注记的正误表。（5）版权页后粘贴北京大学月刊用纸1张，上写有毛笔注记的正误表。

其他：（1）初版。（2）页157的黑笔眉批，末书"十一、三、廿八"；页340的眉批，末书"廿一、四、廿六"。可见此书是胡适于1949年携出北平的少数书稿之一。[①]

《中国中古思想史的提要》胡适著——北平：国立北京大学出版部，出版年不详

1册；29厘米

HSMH（HS-N06F3-017）

附注：

[①] 北京大学图书馆、台北胡适纪念馆编纂：《胡适藏书目录》，广西师范大学出版社2013年版，第1067—1068页。

批注圈划：内文有胡适的红、蓝、黑、铅笔校正和注记，所改内容，后大半已收进本馆据手稿影印行世的《中国中古思想小史》的附录部分。

夹纸：内文页前粘有一纸，题为"中国哲学史第二学期读书报告"。

其他：（1）排印本。（2）本册系胡适校改本。（3）本讲义即毛子水在《中国中古思想小史》书末跋中所提及的北大"讲义"，"讲义"当是胡适携出北平的少数书稿之一。（4）本讲义共分为12讲。①

胡适自己所做的这些题记，反映了他认真严谨的态度，即便论著已出版，他仍然关注相关学术问题，以求对书中内容不断完善。

第二，题记中记录了某些与图书相关的事迹，或者对图书内容的评论、感想等。

在胡适所藏戴震抄本明人周容《春酒堂诗集》的书末，有篇幅不短的题记，其中叙述了这一钞本的来历及其可贵之原因。同时，他也对作者周容的诗歌略作评价，认为"周容的诗确是很工"。另外，题记中也说明了这部书是他的长辈吕伯威所赠。

《春酒堂诗集》（明）周容著（清）戴震抄 清乾隆十六年（1751）钞本

1函2册；26.8厘米

PKUL（馆藏号缺）

附注：

印章：书末钤有"胡适之印"。

---

① 北京大学图书馆、台北胡适纪念馆编纂：《胡适藏书目录》，广西师范大学出版社2013年版，第1070页。

题记：书末有胡适题记："吕伯威丈赠此旧藏戴东原钞本周容《春酒堂诗集》两册。原题辛未暮春，是乾隆十六年，东原方廿九岁，是年才补休宁县学生。程瑶田《五友记》说他始识东原在乾隆十四年己巳，'当是时，东原方颛于小试，而学已粗成'。我们看此钞本，可知他在那时，不但治经学，还有此心力用工笔抄一个遗民的诗集，故此两册甚可宝贵。据全谢山的《周徵君墓幢铭》，周容生于万历己未，死于康熙十八年己未（1619—1679），有《春酒堂诗集》十卷，《文集》四卷，《诗话》一卷。谢山又有《春酒堂诗集序》，说'董户部次公谓其诗一，画二，书三，文四'。谢山又说，'吾闻先生之诗，其有关名节者，多以被焚不存，则今所存亦非其至者'。《墓幢铭》说：'先生少即工诗，钱牧斋称之，谓如独鸟呼春，九钟鸣霜。所见诗人无及之者，录其诗于《吾炙集》。'周容的诗确是很工。如《玉皇阁上作》，天在阁中看世乱，民皆地上作人难；如《于忠肃墓》，暗泉鸣坏道，干叶走空亭，都是好句。民国卅五年十一月五日，东原抄书后一百九十五年，绩溪胡适记于北平东厂胡同一号。"

夹纸：书内夹有胡适读书便笺2张；另有胡适赠书条1张，上书"赠与北京大学，胡适"。①

胡适藏《居延汉简考释六卷》书衣有其题记，其中提及了《居延汉简》及《考释》的来历与藏处。从他所说"细细读一遍"的记述看，胡适应当是对《考释》很感兴趣，且被其内容所吸引，所以才不知不觉到"半夜才完"。尤其胡适还称赞了傅斯年主持整理汉简之首功。

《居延汉简考释六卷》（释文之部四卷考证之部二卷）劳榦著 民

---

① 北京大学图书馆、台北胡适纪念馆编纂：《胡适藏书目录》，广西师范大学出版社2013年版，第1147—1148页。

国三十二至三十三年（1943—1944）国立中央研究院历史语言研究所油印本

1函6册；25.8厘米

PKUL（X/990.815/9948/C3）

附注：

印章：书衣及封面钤有"胡适"朱文方印。

题记：书衣有胡适题记："居延汉简原件由沈仲章先生冒险带出北平，今存国会图书馆。劳贞一先生考释六册，今年李惟果先生从国内带来，我始得读。今夜细细读一遍，到半夜才完。感念当年（十年前）若非傅孟真先生极力主持汉简应用青年学者合作整理，恐至今尚无劳贺诸君的整理成绩可报告于世人。贞一先生自序归功于孟真的'督导鼓励'，是最真实的致谢，要朋友们知道孟真十年前的提倡督促的大功。适之，卅四，十，十六。"

批注圈划：自序内二处有胡适批注。①

对于有些图书，胡适在批注中非常直白地表达了他对这种藏书的评价和看法，涉及书的内容、作者的写作技巧等。例如，对其所藏清初的一部世情小说《快心编》，胡适径评曰："技术是很幼稚的"，"小说技俩还不弱"。

《快心编初集五卷十回二集五卷十回三集八卷十二回》（清）天花才子编辑 清（1644—1911）上海申报馆铅印本

1函10册；13.7厘米

PKUL（X/813.336/1441.1）

---

① 北京大学图书馆、台北胡适纪念馆编纂：《胡适藏书目录》，广西师范大学出版社2013年版，第1330页。

附注：

题记：序后有胡适题记："看此书中的地名官名，似是明末清初之人作的，至晚不会在清康熙朝之后。文笔不很高明，但也还不很讨厌。技术是很幼稚的。十四，二，廿四，适之。"①

《快心编初集五卷十回二集五卷十回三集八卷十二回》（清）天花才子编辑 清（1644—1911）刻本
2函16册；19.5厘米
PKUL（X/813.336/1441.2）

附注：

题记：书衣有胡适题记："此书的白话不坏，见解虽然平凡，小说技俩还不弱。适之。"②

胡适藏书中的题记反映了他的学术观点、思想观点，有些题记中叙述的书籍来历和相关故事，有助于我们了解胡适的行事及某种见解。

二、批注

胡适藏书中多有批注，这些批注往往使用不同颜色的笔进行标记。批注一般见于胡适常用藏书，或与他所关注、研究的学术问题相关的书中。我们推断或胡适在不同时期使用不同颜色的笔，或这不同颜色表示了不同方面的内容。至于不同颜色的批注具体有什么区别，只有考察图书内容之后才能知道。

胡适书中的批注圈画，多为红、蓝、黑笔注记、画线或圈点。注记

---

① 北京大学图书馆、台北胡适纪念馆编纂：《胡适藏书目录》，广西师范大学出版社2013年版，1340页。

② 北京大学图书馆、台北胡适纪念馆编纂：《胡适藏书目录》，广西师范大学出版社2013年版，1340页。

内容多为其读书时的想法。

《中国思想名著》杨家骆主编；刘雅农总校——台北：世界书局，1958

12册；表；19厘米

世界文库四部刊要

HSMH（HS-N12F1-004）

附注：

印章：各册钤有"胡适的书"朱文方印；第1册钤有"杨家骆"朱文方印。

题记：第1册有毛笔题赠："恭祝适之院长六十七岁辰诞 后学杨家骆敬献。"

批注圈划：（1）第1册书名页后总目有胡适的红笔圈划；《荀子约注》重订叙言末有胡适的红笔笔记："杨序作于十八年（1929），高序作于廿三年（1934），此序之作在'二十余年'后，约当1953—1955，故世界书局删去作序年月。书中已有不少共产党统治下的时髦话，可能此序也有删去的话。适之"；《荀子约注》页162、163、220、222有红笔划线。（2）第4册《颜氏家训》《老子道德经》上篇偶有胡适的红笔划线与校改。（3）第5册书名页后总目、《庄子集释》、《列子注》有胡适的红笔注记与圈划。

夹纸：（1）第4册有夹纸1张。（2）第5册有夹纸数张。

相关记载：1958年12月13日有杨家骆致胡适赠书信函1封，参见馆藏号：HS-NK01-152-005，本书无版权页，出版年份系依据此信函。

其他：精装。①

---

① 北京大学图书馆、台北胡适纪念馆编纂：《胡适藏书目录》，广西师范大学出版社2013年版，第1056页。

《红楼梦新证》周汝昌著——出版地不详:棠棣出版社,1953

[21],634页;图;18厘米

中国古典文学研究丛刊

HSMH(HS-DS-016)

附注:

印章:钤有"胡适的书"朱文方印。

题记:(1)封面有胡适的黑笔注记:"再版","适之 校记自用本"。(2)内封面有毛笔题赠:适之校长惠存 学生程绥楚敬赠 一九五四年二月廿七日寄自香港崇基学院。

批注圈划:(1)全书多处有胡适的红、黑、蓝、朱笔注记、校改与圈划。(2)页632有胡适的长篇蓝笔注记:"跋中'一九四七年秋天种因'即是那时他发见了敦敏的懋斋诗钞稿本。他写了一篇文字(一九四七年十二月五日天津《民国日报》副刊七十一期),读了此文,我写信给他(一九四八年二月十四日天津《民国日报》副刊八十二期),他来看我,我把'脂砚斋评甲戌本'借给他,他拿回家乡去,同他哥哥缉堂两人合作,影抄了一本。四松堂集稿本也是我一九四八年十二月十五夜故意留赠北京大学,使他可以利用的。适之 一九五四年十二月十八夜。"

夹纸:夹纸数张。

内附文件:(1)书末跋后粘附1954年8月17日吴相湘致胡适的书信1封,其中论及对周汝昌《红楼梦新证》的感想,参见馆藏号:HS-NK05-035-001。(2)封底粘附1957年8月钱阶平叙述"胭脂米"事,上有胡适的红笔注记。

其他:(1)2版。(2)版权页有黑笔涂抹痕迹。①

---

① 北京大学图书馆、台北胡适纪念馆编纂:《胡适藏书目录》,广西师范大学出版社2013年版,第710—711页。

除了题记和批注外，胡适藏书中还有不少夹纸，用来标记该页中有所需之内容。"胡适不用卡片，他看过的书籍凡有用的地方，都用红、黄、蓝三色纸条夹在那里，到了要用时，一翻就得。有一次，那是一九三四年秋天，我写成《水浒传与天地会》那篇论文后，送去请他看。他看完后，带我去大厅靠东边一个书架，他举手把放在架上那套《大清律例》取下来，抽出一册，在有蓝纸条夹的地方翻开，就指出一条史料叫我加上，说：'你据《贵县修志局发现的天地会文件》说天地会以反清复明为宗旨，成立于康熙初年甲寅（1674年），还须有坚强有力的证据为之证明。这条康熙年间定的严禁异姓歃血订盟焚表结拜兄弟的律例，便能证明天地会确实成立于康熙初年，你把它加上去。'我照他的指示加了上去才发表。几十年来都推翻不了，到七十年代，台湾学者根据新发现的资料已完全证实。胡适不用卡片，只用三色纸条就能记牢，这已经奇了。他没有研究过天地会，他翻阅《大清律例》来研究《红楼梦》时，却能注意到与他研究无关的事件，并且已隔十多年，还能牢牢地记着它"。①

《独立评论》独立评论社编——北平：独立评论社

1932—：No.1-75

3册；27厘米

HSMH（HS-N10F6-003）

附注：

……

批注圈划：第1册多处有胡适的红笔校改、划线与注记；第2册偶有黑笔校改；第3册偶有红、铅笔划线与注记。

夹纸：（1）第1册有夹纸1张；第2、3册各有夹纸数张。（2）第1册扉页粘贴胡适手写笔记便条纸2张，一张注记各期期数与出刊时

---

① 罗尔纲：《师门五年记·胡适琐记》，生活·读书·新知三联书店1995年版，第129—130页。

间；另一张注记："顷查Columbia Univ.所藏独立始知229期是Nov. 29，1936出来的，中有张熙若的《冀察不应以特殊自居》，被宋哲元封了。230期是April 18，1937续出的。出到244期，July 25，1937出版，July 28，北平就丢了。"（3）第3册第55号页18夹有手写笔记1张，有胡适的蓝笔注记："此一卷里只有我的文两篇（51）独立评论的一周年，（52—52）保全华北的重要。"

与胡适的关系：各册均收录胡适所作的文章数则。

其他：（1）原书不只3册，馆藏仅3册（1—75号）。（2）精装。①

胡适藏书中的这些夹纸并非卡片，而只是小小的纸条，实际上是替代了折页的作用。用夹纸而不折页，也可见胡适对藏书的爱惜。

胡适藏书有特点

胡适作为学者、思想家和社会活动家，其藏书的目的、兴趣、范围等与狭义的藏书家的藏书有明显区别。从具体书目看，胡适藏书主要有以下几个特点。

一、为学术而藏书

学术研究是胡适的主要工作内容之一，"大胆假设，小心求证"是胡适所一向遵循的学术原则。在这一方法原则的指导下，胡适注重考据，重视版本和校勘。这一点从他藏书中的错处批注和圈画上可以得到证实。我们知道，考据需要有大量的文献资料作为基础，所以胡适搜求图书时不厌其烦，围绕其研究专题，尽量做到"购全"。例如，为了研究《红楼

---

① 北京大学图书馆、台北胡适纪念馆编纂：《胡适藏书目录》，广西师范大学出版社2013年版，第1917—1918页。

梦》，胡适特意购藏了一套《大清律例》以供参考。为了研究《水经注》，翻阅了60多种《水经注》的版本。胡适自己说："凡《水经注》的刻本，除宋元刻本外，我全收得了。"（1947年3月27日胡适日记）。

由于带有明显的目的性，胡适藏书的门类有所偏重，按照旧籍的经史子集的标准来考察，胡适藏书的种类并不齐备。胡适的学生罗尔纲说："他（指胡适）预备写中国哲学史的书确是很多的，《道藏》就有一部，连在清代不算著名的经学家王闿运的丛书都收有。但是文史的书却很缺乏了，史部只有一部殿本《廿四史》，编年类《资治通鉴》、政书类《文献通考》等一本都没有……文集部连《昭明文选》《杜工部集》《苏东坡集》都没有……从我所经历的情况，具体地说明了胡适文史书籍的缺乏。"①

查检《胡适藏书目录》，胡适藏书中传统目录学意义上的"集部"书籍数量的确不多，但也并不全如罗尔纲所言。例如，从《胡适藏书目录》中可以看到，胡适藏书中有《昭明文选》至少一种，《杜工部集》两种（其中一种为线装古籍），且其中都有胡适仔细阅读的记录。我们只能推测，也许罗尔纲在胡适家中时，由于种种原因，并没有见到这些书。

《六臣注文选》萧统选；李善等注——上海：商务印书馆，1936
5册（1128页）；22.8厘米
四部丛刊初编缩本399—403
PKUL（馆藏号缺）
附注：
夹纸：第1册页206、207间夹有纸条；第2册页390、391间夹有纸条；第3册530、531间夹有纸条。②

---

① 罗尔纲：《师门五年记·胡适琐记》，生活·读书·新知三联书店1995年版，第128—129页。
② 北京大学图书馆、台北胡适纪念馆编纂：《胡适藏书目录》，广西师范大学出版社2013年版，第228页。

《分门集注杜工部诗二十五卷》杜甫撰；佚名集注——上海：商务印书馆，1936

2册；23厘米

四部丛刊初编缩本集部143，144

HSMH（HS-N11F4-007）

附注：

印章：钤有"胡适的书"朱文方印

批注圈划：（1）第1册序，《年谱》，卷6、7有胡适的红、黑笔校改与圈划。（2）第2册卷18有胡适的红笔圈点。

夹纸：第2册卷18有夹纸1张。

内附文件：第1册卷7页141夹有剪报一则，上有胡适的黑笔校改。

其他：（1）初版。（2）扉页印有"HONG KONG"字样。（3）第1册牌记记载"上海商务印书馆缩印南海潘氏藏宋本"。①

《杜工部集二十卷卷首一卷》（唐）杜甫撰（清）钱谦益笺注 清乾隆五十年（1785）玉勾草堂刻本

1函8册；12.6厘米

PKUL（SB/811.144/8308.4）

附注：

印章：附录及卷端钤有"胡适之印章"朱文方印。②

胡适留学回国的最初几年（1917—1920），他自己购买和朋友赠送

---

① 北京大学图书馆、台北胡适纪念馆编纂：《胡适藏书目录》，广西师范大学出版社2013年版，第657—658页。
② 北京大学图书馆、台北胡适纪念馆编纂：《胡适藏书目录》，广西师范大学出版社2013年版，第1188页。

的书中，有不少小学方面的书籍。有钱玄同所赠章太炎著《文始》，自购的《小学钩沉》《广雅疏证》《钦定清汉对音字式》，马裕藻赠《说文通训定声》，胡翼谋赠《说文管见》等。这说明，胡适刚回国时，为了便于以后的研究，特别致力于充实自己小学方面的知识与功力。胡适很有自知之明，他在国内首发那篇鼓励文学革命的《文学改良刍议》时，专门避开"革命"的字眼，并强调"远在异国，既无读书之暇晷，又不得就国中先生长者质疑问难，其所主张容有矫枉过正之处。……伏惟国人同志有以匡纠是正之"。这些话，并非客套，乃胡适真实心理的反映。胡适深知自己的小学功底不厚，要在国内学界取得旧学方面的话语权，必须在小学上狠下一番功夫。①

这里我们仅就胡适学术研究中的某个专题进行了阐述。实际上，胡适一生学术兴趣广泛，在诗学、政治、哲学、白话文学史等不同的学术专题上皆有涉猎，所购相关图书数量多，范围广。可以说，胡适藏书既专精又广博。

二、胡适藏书中有一定数量的珍本、善本

胡适求购图书时，虽不以版本为第一要求，但如果遇到难得的珍本、孤本、善本，也会爱不释手，收入囊中。这类图书数量虽不十分多，但也颇值得一提。最引人注目的是胡适所藏甲戌本《石头记》。甲戌本《石头记》可谓海内孤本，藏书家多对其歆羡不已。由于胡适声名显赫，他在获取孤本、善本书时，也有许多便利。例如，甲戌本《石头记》就是书商主动送上门的。在购买明嘉靖黄省曾刻本《水经注》时，胡适称自己买不起太贵的书，来薰阁老板陈济川说："别人须出六十万元，胡先生买，我只要三十万元。"（胡适1947年3月27日日记）此外，他所收藏的程乙本《红楼梦》、稿本《四松堂集》、明刻本《欢喜冤家》、

---

① 耿云志：《〈胡适藏书目录〉面世》，《中华读书报》2013年5月29日第15版。

嘉靖刻本《二郎宝卷》等也都是罕见的秘籍。

胡适藏书注重实用性，对于手上有多种版本，其中藏而不实用的，他有时选择与别人进行交换。根据《胡适藏书目录》，北京大学图书馆藏明嘉靖四十二年刻本《罗念菴集》的叙前贴有胡适致皮宗石、单不广（庵）的一封信。全信内容如下：

宗石、不广两位先生：

顷奉手书，敬悉两位先生允以校中旧藏多部之《五礼通考》壹部和我交换一部《罗念菴集》。《罗集》我现有三部，今呈上明刻明印本，计八册。此本系用暗黑皮纸印的，天崇以后即无此种纸印书，故颇难得。但我生平不喜欢古董版本，收书总期于实用；今检此集，在实用方面要以雍正本（《四库》即此本）及光绪《文录》本为更方便，故此种明刻本奉赠图书馆，实为两便。《五礼通考》已收到。《书目》二册亦已收到，并谢。

胡适

十二，四，十八。

信中的主要内容，是胡适想用自己所藏比较难得的明刻本《罗念菴集》交换北大图书馆所藏的多份《五礼通考》。皮宗石和单不庵两位先生同意此事，在收到《五礼通考》后，胡适即将自己所藏《罗念菴集》送交北大图书馆，并将此信随书附上。大概图书馆在收到这部书之后，将信件粘贴在书内。①

对于十分罕见的珍本、善本古籍，胡适则十分珍视。据罗尔纲回忆说："但他（指胡适）却藏有一部明刻本《欢喜冤家》，已经破损了，书

---

① 林树帅、邹新明：《从新发现的史料看胡适与北京大学图书馆的书缘》，《大学图书馆学报》2017年第1期。

贾用最好的纸张把它装裱起来。胡适把它锁在书房藏要件的高柜内，秘不示人。有一天，我正在过道的书架理书，忽然，外面走进一个人，我还未见人，就闻大声嚷：'适之！适之！你有好书不给我看！'胡适听闻了，在书房里哈哈大笑。我看这人，就是胡适好朋友赵元任的夫人杨步伟。'好书'，便是这部《欢喜冤家》。曾经帮助过胡适做《醒世姻缘传考证》，以研究中国古典小说著名的学者孙楷第，在他所著的《中国通俗小说书目》(据1981年人民文学出版社补充本)《欢喜冤家》条里还说未见明刻本，可知孙楷第也不曾得见过胡适这部藏书呢。"[1]

三、重视通俗文学类书籍的收藏

在胡适藏书中，有相当数量的通俗文学书籍。这一点也应当在中国近现代藏书史上重重书写一笔。胡适曾说："只开风气不为先。"在通俗文学书籍收藏这一点上，胡适可以说是一马当先。胡适身体力行，在进行中国古代通俗文学研究的同时，进行此类图书的购藏，开启了通俗文学的收藏风气。在此之前，虽然也有一些藏书家如黄丕烈、钱曾等收藏通俗文学类书籍，但多出于个人爱好和兴趣，且偏重于宋元旧本，又不成规模。学者指出，五四新文化运动之后，随着胡适提倡的整理国故运动的展开，以学术研究为目的的通俗文学收藏成为一股新的藏书风气，改变了以往图书收藏偏重经史的格局，并出现了一些转收通俗文学的藏书家，如马廉、郑振铎、阿英等。一些公共藏书机构，如北京图书馆、北京大学图书馆等也开始注意通俗文学书籍的购藏。一时间，很多在以前不受重视的通俗文学书籍身价大涨，成为藏书家们争相购买的珍品。这又反过来促进了通俗文学的研究。

胡适本人于通俗文学购藏的热情亦不亚于经史类书籍。1920年，他以五十元的价格买了一套一百二十回的《水浒传》，后来有位朋友告诉

---

[1] 罗尔纲：《师门五年记·胡适琐记》，生活·读书·新知三联书店1995年版，第130—131页。

他：这本书买亏了，因为这是书商在黑市上以两元钱买的。但胡适并没有因此而懊恼，反而说："不然。只要有人知道我肯花五十元买一部古本《水浒》，《水浒》和其他小说的古本就会跑出来了。"①（致王重民）

四、藏书内容驳杂，种类繁多

胡适作为学者、社会活动家，身份贵重，且身居要职，加之他本人也有相当分量的学术成果，因此胡适在当时的文化界、政界有相当的影响，交游甚广。他所结交的朋友遍布于不同领域和专业，他们所赠送的图书自然也五花八门。也有一些专业机构赠书种类繁多，理工农艺、政法军事皆有涉及。如：

《中国粮政史》闻亦博著——上海：正中书局，1946

[4]，163页；20.4厘米

PKUL（馆藏号缺）

附注：

印章：封面钤有"闻亦博印"朱文方印

题记：封面有作者题记："适之先生赐政，后学闻亦博谨呈。"

《中国领事裁判问题》李定国著——昆明：云岭书店，1934

134页；18.7厘米

PKUL（馆藏号缺）

---

① 耿云志主编：《胡适遗稿及秘藏书信》第24册，黄山书社1994年版，第601页。鲁迅在1924年2月9日致信胡适：有人有一部百二十回本《水浒传》，板很清楚，但稍破旧，须重装，而其要卖五十元，"问我要否，我现在不想要。不知您可要么？"胡适购下，并向鲁迅致谢。但过了几日，出现了一个小插曲，有位朋友告诉胡适："此书是齐某人在黑市上用两元钱买的，你受冤了！"胡适却说："不然。只要有人知道我肯花五十元买一部古本《水浒》，《水浒》和其他小说的古本就会跑出来了。"（胡适《致王重民》）

附注：

题记：封面有毛笔书"赠阅"。①

《中国农业之改进》行政院农村复兴委员会编——上海：商务印书馆，1934

[10]，329页；22.7厘米

行政院农村复兴委员会丛书

PKUL（馆藏号缺）

附注：

印章：封面钤有"农村复兴委员会赠阅"朱文长方印。②

《中国铁路外债数字之估计》陈晖著——出版地不详：国立交通大学研究所北平分所，1936

48页；26.1厘米

铁道问题研究集第一册抽印本

PKUL（馆藏号缺）

附注：

题记：封面有作者题记："适之夫子赐教，学生陈晖敬赠，一九三六年十一月。"③

这里我们顺带提及，胡适逛书肆时，如果遇到自己论著的稀有或

---

① 北京大学图书馆、台北胡适纪念馆编纂：《胡适藏书目录》，广西师范大学出版社2013年版，第522页。
② 北京大学图书馆、台北胡适纪念馆编纂：《胡适藏书目录》，广西师范大学出版社2013年版，第526页。
③ 北京大学图书馆、台北胡适纪念馆编纂：《胡适藏书目录》，广西师范大学出版社2013年版，第530页。

早期版本也会购买留存,并且将其与后来的版本进行对比。例如,胡适曾在日本购买到自己所著的《戴东原的哲学》第一版。该版本后附有勘误表,胡适购书后,还特意查看了勘误表的内容,并与手中所持"自校本"校对,说这些错误已经在后来的版本中修正了。胡适在题记中略回忆了这本书出版的一些细节。

《戴东原的哲学》胡适著——上海:商务印书馆,1927

1,157页;19厘米

HSMH(HS-N06F3-007)

附注:

印章:钤有"胡适的书"朱文方印。

题记:扉页有胡适的红笔手写长篇注记:"……在东京山本书店买得这一本初版,我很高兴。初版(十六年十月)附有正误表,其中所举十四处,后来都已经修正了。商务印书馆对这书的排印校勘,都很用心。高梦旦先生特别鼓励这部小书的付印。今天重翻此书,不胜感念!胡适 四二,三,廿四 纽约。"

批注圈划:(1)有胡适的红笔校改与注记。(2)书末正误表有胡适划记。其他:(1)初版。(2)精装。(3)书末粘附正误表1张。[①]

《戴东原的哲学》胡适著——上海:商务印书馆,1932

1,157页;19厘米

HSMH(HS-N06F3-006)

附注:

印章:钤有"胡适的书"朱文方印

[①] 北京大学图书馆、台北胡适纪念馆编纂:《胡适藏书目录》,广西师范大学出版社2013年版,第627—628页。

题记：（1）封面有胡适朱笔题注："胡适自校本"。（2）扉页有胡适红笔手写长篇注记："此本末叶被撕毁了，所以不能考知版本次数及印行年月。但此是修正后的重印本，毫无可疑。初版（十六年十月）有我的正误表，指出的十四处，全都改正了。胡适 四二，三，廿四。"

批注圈划：全书多处有胡适的铅、绿、黑、红、蓝笔注记、圈划与校改。

其他：（1）国难后第2版。（2）版权页阙如、内页略破损。（3）馆藏另有同版本1册可资参考，参见馆藏号：N06F2-031。①

借书与搜书

胡适作为近代历史上著名学者、思想家和社会活动家，在当时社会有重要影响，时至今日仍是学人关注的对象。胡适藏书反映了他的思想、社会交往和学术见解。

一、学术方面

前文已述，胡适藏书的一个重要特点是为学术研究而搜求读书。这一点他自己也曾谈到过，他说：

> 有计划的找书更是其乐无穷。所谓有计划的找书，便是用"大胆的假设，小心的求证"方法去找书，现在再拿我找神会和尚的事做例子，这是我有计划的找书：神会和尚是唐代禅宗七祖大师，我从宋《高僧传》的慧能和神会传里发现神会和尚的重要，

---

① 北京大学图书馆、台北胡适纪念馆编纂：《胡适藏书目录》，广西师范大学出版社2013年版，第628—629页。

当时便作了个大胆的假设，猜想有关神会和尚的资料只有在日本和敦煌二地可以发现。因为唐朝时，日本派人来中国留学的很多，一定带回去不少史料，经过"小心的求证"，后来果然在日本找到宗密的《圆觉大疏抄》和《禅源诸诠集》，另外又在巴黎的国家图书馆及伦敦的大英博物馆发现数卷神会和尚的资料。知道神会和尚是湖北襄阳人，到洛阳、长安传布大乘佛法，并指陈当时的两京法祖三帝国师非禅宗嫡传，远在广东的六祖慧能才是真正禅宗一脉相传下来的。但是神会的这些指陈不为当时政府所取信，反而贬走神会。刚好那时发生安史之乱，唐玄宗远避四川，肃宗召郭子仪平乱，这时国家财政贫乏，军队饷银只好用度牒代替，如此必须要有一位高僧宣扬佛法，令人乐于接受度牒，神会和尚就担任了这项推行度牒的任务。郭子仪收复两京（洛阳、长安），军饷的来源，不得不归功神会。安史之乱平了后，肃宗迎请神会入宫奉养，并且尊神会为禅宗七祖，所以神会是南宗的急先锋，北宗的毁灭者，新禅学的建立者，坛经的创作者，在中国佛教史上没有第二个人有这样伟大的功勋。[①]

众所周知，胡适在中国近代哲学研究领域中占有重要地位。他的哲学成就固然在于他留美七年，师从杜威，"发愤尽读"杜威著作，亦与他哲学方面的藏书不无关系。篇幅所限，这里略举二三例。

《哲学史》杜威演讲——上海：泰东图书局，1920
3，80页；19厘米
HSMH（HS-N15F2-008）
附注：

[①] 胡适：《不朽：胡适散文精选》，长江文艺出版社2012年版，第22—23页。

其他:初版。①

《哲学概论》金子马治著——台北:启明书局,1958
[13],225页;18厘米
文化丛书
HSMH(HS-N10F1-057)
附注:
印章:钤有"胡适的书"朱文方印。
其他:初版。②

《自由与文化》杜威(John Dewey)著;林以亮,娄贻哲译——香港:人生出版社,1954
[17],172,8页;19厘米
人生学术丛书之二
HSHM(HS-N18F6-003)
附注:
印章:初版二册均钤有"胡适的书"朱文方印。
夹纸:初版一册有夹纸1张。
其他:初版。③

胡适哲学思想的重要性不在于他所提出的学术观点本身,而在于

---

① 北京大学图书馆、台北胡适纪念馆编纂:《胡适藏书目录》,广西师范大学出版社2013年版,第1029—1030页。
② 北京大学图书馆、台北胡适纪念馆编纂:《胡适藏书目录》,广西师范大学出版社2013年版,第1030页。
③ 北京大学图书馆、台北胡适纪念馆编纂:《胡适藏书目录》,广西师范大学出版社2013年版,第1095页。

他在思想史上的开创性及其深远影响。使中国传统哲学真正步入现代化进程的第一人，就是胡适。胡适于1919年2月出版的《中国哲学史大纲》（卷上）第一次突破了千百年来中国传统的历史和思想史的原有观念、规范和通则，成为一次范式性的变革。这一变革确实起了前驱的作用，具有典范的意义。它不仅给当时学术界以破旧创新的空前冲击，影响了一批学人如顾颉刚、郭沫若等，就是在以后的八十余年的风风雨雨中，甚至在今天，它仍然为人们所肯定。

胡适藏书不仅作自己研究之用，有时他也慷慨地将自己的藏书借与他人使用。例如周汝昌于1947年的秋天发现了《懋斋诗钞》，因而使得《红楼梦》作者曹雪芹的踪迹比从前丰富了很多。胡适在报纸上见到周汝昌的文章后，写回信给以肯定和鼓励。[1]两人"以此为始，通信频繁，讨论切磋"。就是因为这样的交往关系，周汝昌冒昧地借胡适珍藏的甲戌本《石头记》等珍本书。胡适欣然应允，并托孙楷第带给周汝昌阅读使用。不仅如此，胡适对周汝昌的《红楼梦》研究"许他一切可能的帮助"（见胡适在周汝昌1948年7月11日来信上的眉批）。在与周汝昌仅一面之交的情况下，慨然把甲戌本《石头记》借给他，并不再过问。后来周汝昌兄弟私自抄录了一个副本，胡适也没有怪罪，让周氏兄弟收藏了这一副本。这一胸襟为多数藏书家所不有。正如周汝昌当时所说，"慨然将极珍贵的书拿出，交与一个初次会面陌生的青年人，凭他携去，我觉得这样的事，旁人不是都能做得来的"，"我觉得学者们的学问见识固然重要，而其襟怀风度也同样要紧。我既钦先生前者，尤佩先生后者"（见周汝昌1948年7月11日、9月19日致胡适书信）。应该说，这才是一个藏书家应该具有的宽广胸怀。[2]

---

[1] 胡适在他自藏的《红楼梦新证》一书中有长篇注记提及此事。详见前文引文。
[2] 参见淮茗：《胡适藏书漫谈》，《中华读书报》2004年3月31日。

二、社会活动

除了为自己购买图书之外,胡适还曾为北京大学搜求藏书。《胡适遗稿及秘藏书信》中收录有单不庵致胡适的七封书信,其中有两封涉及胡适与北京大学图书馆的藏书。1924年3月24日的短信中,单不庵说:"《泾川志》已查过,校中却无是书,先生允为觅得一部,不胜感盼。"在3月29日,单不庵致胡适的信中又说:"《三鱼堂集》录毕奉缴,即希察入为荷。"①据《胡适藏书目录》载,胡适藏书中包括《三鱼堂文集》,为清康熙四十年刻本,书衣有胡适题记:"此本内凡关于吕留良的文句都挖出了。颉刚有补抄本,我借来写完全。(他有一书未抄,今无从补。)十三,三,廿三,胡适。"有学者指出,查北大图书馆古文献资源库,有《三鱼堂文集》七种,因此,单不庵信中说的"录毕",不是全书抄录,而是将刻本"挖出"文字抄录补全。大致为胡适抄补之后,又将此书借给北大图书馆抄补。②可见,胡适曾为北京大学图书馆搜购图书,或将自己的藏书借与北京大学图书馆使用。

此外,胡适还会从其他学者手中收购图书,用以充实北京大学的藏书。例如,1947年年初,胡适收购了一批陈寅恪的藏书,以作北京大学东方语言学系的研究之用。抗战结束后,清华在北平复校,陈寅恪偕家人随校迁回清华园。在"第七次交代稿"中他提到:"复员重返清华。天气很冷,常发心脏病。将所藏最好的东方语言学书籍全数卖与北京大学东方语言学系,以买煤取暖。"对于这件事情的细节,季羡林先生在《回忆陈寅恪先生》一文中写道:"在解放前夕,政府经济实已完全崩溃……到了冬天,他(按:陈寅恪)连买煤取暖的钱都没有,我把这情况告诉了已经回国的北大校长胡适之先生。胡先生最尊重最爱护确有成

---

① 耿云志主编:《胡适遗稿及秘藏书信》第37册,黄山书社1994年版,第244—245页。
② 林树帅、邹新明:《从新发现的史料看胡适与北京大学图书馆的书缘》,《大学图书馆学报》2017年第1期。

就的知识分子……适之先生想赠寅恪先生一笔数目颇大的美元。但是，寅恪先生却拒不接受。最后寅恪先生决定用卖掉藏书的办法来取得适之先生的美元。于是适之先生就派他自己的汽车——顺便说一句，当时北京汽车极为罕见，北大只有校长的一辆——让我到清华陈先生家装了一车西文关于佛教和中亚古代语言的极为珍贵的书。陈先生只有收二千美元。这个数目在当时虽不算少，然而同书比起来，还是微不足道的。在这一批书中，仅一部《圣彼得堡梵德大词典》市价就远远超过这个数目了。这一批书实际上带有捐赠的性质。"① 这批图书的购入证明胡适有精准的学术眼光，它们为后来北京大学东方语言学系的创建和发展起了至关重要的作用。在1947年5月12日胡适致张元济的信中，他说："北大新设东方语文学系，已成立的部门有梵文、藏文、阿剌伯文，下学年添设波斯文。今得尊处惠借藏文经藏，最近又可购得一批梵文与巴利文经典，此系大可有发展之望了。"② 这批外文藏书至今仍然被保存在北京大学东语系资料室中，以供研究者使用。

---

① 季羡林：《怀旧集》，北京大学出版社1996年版，第197—198页。
② 耿云志、欧阳哲生编：《胡适书信集》（中），北京大学出版社1996年版，第1099—1100页。

郑振铎

西谛藏书

郑振铎（1898—1958），字警民，笔名西谛、C.T.、郭源新、谷远等，福建长乐人，生于浙江温州。祖父郑承晟，字允屏，号绍平，曾任铜山岛海防官，"浙江试用从九品"。祖母陈氏。陈氏有三男三女，长子即郑振铎的父亲郑庆咸。郑振铎的母亲名叫郭宝娟，生二男二女，长子即郑振铎。郑振铎一生酷爱图书收藏，他节衣缩食，穷极毕生精力收藏了共17242部49441册中外文图书，其中数量最多，且最为珍贵的当数《西谛书目》所录7740种线装古籍文献，为后人研究和保护中国古代文学、中国传统文化积累了宝贵财富。

郑振铎自幼喜爱读书，1915年在浙江第十中学读书期间，由于父亲病故，家庭财力有限，郑振铎便借来他人图书手抄阅读。据他成年后回忆，自己"童稚时即手录《汉书·艺文志》及《隋书·经籍志》，时自省览。后得《八史经籍志》，乃大喜，类贫儿暴富"[1]。同样是在浙江第十中学读书期间，他看到同学买到一部《古今文综》，于是借来阅读，并

---

[1] 陈福康：《郑振铎年谱》（上），三晋出版社2008年版，第10页。

"把其中有关于讨论文艺的文章,不论论说、书疏等,都抄了下来,集成两厚本,名为《论文集要》"。直到1921年5月郑振铎进入上海商务印书馆编译所担任编辑后,这种"无钱购书"的窘况方才有所改变。

笔者通过梳理相关材料发现,郑振铎的藏书可以分为以下三个时期:第一个时期是1920年至1937年。这一时期也是郑振铎藏书的发轫期。1920年,郑振铎与沈雁冰等人发起成立文学研究会,并担任上海商务印书馆编辑后,经济上终于有了一定的保障,其购书、藏书活动亦自此开始。叶圣陶在《西谛书话·序》中曾经提到郑振铎当时下班之后"常常拉朋友去四马路的酒店喝酒",中途经过书铺时往往"两条腿就不由自主地踅了进去",一旦有所收获,便"兴冲冲地捧着旧书出来,连声说又找到了什么抄本什么刻本",欢喜之情可谓溢于言表。①此外,叶圣陶还特别指出,郑振铎藏书的特点在于"讲究版本","注重书版的款式和字体,尤其注重图版——藏书家注重图版的较少,振铎是其中突出的一位"。②由此亦足见其在藏书之始即非常重视书籍的版本问题。关于20世纪20年代至全面抗战爆发之前的访书、购书情况,郑振铎曾在其《失书记》中有着这样的记述:

> 二十多年来,因为研究的需要和个人的偏嗜,收购了不少古书。一部部的从书店里挟在腋下带回来,都觉得是有用的。……书一天天的堆积得多了。书箱由十二只而二十余只,而五十余只,而至一百余只,放在箱子里的书还有不少。……十年前,得到不少的弹词,宝卷,鼓词和平津到潮汕的小唱本。那些小唱本一批批的购入,或由友人们的赠贻,竟积至二万余册之多。③

---

① 郑振铎:《西谛书话》,生活·读书·新知三联书店2005年版,"序"第1页。
② 郑振铎:《西谛书话》,生活·读书·新知三联书店2005年版,"序"第2页。
③ 郑振铎:《西谛书话》,生活·读书·新知三联书店2005年版,第200页。

由此可见，此时郑振铎访书、购书的主要途径包括书店收购、友人赠送两种，藏书数量达两万册之多，藏书类型则以弹词、宝卷、鼓词、唱本等俗文学书籍为最。此外，他还在1927年游学欧洲之际遍访散佚海外的珍贵古籍，撰写了《剧作家索引》《巴黎国家图书馆中之中国小说与戏曲》等书目类专论，对于开拓国内学者的学术视野、推进当时学界在相关领域的深入研究具有重要启示意义。1928年回国后，郑振铎曾一度继续供职于上海商务印书馆，主编《小说月报》，后兼任复旦大学、中国公学等学校的教职，讲授"中国文学史"。1931年，郑振铎离沪入京，担任燕京大学中文系教授，同时在清华大学兼职。在此期间，他出版了诗集《雪朝》，小说集《家庭的故事》《取火者的逮捕》，散文集《山中杂记》《海燕》等，并撰写了《插图本中国文学史》四大册以及《元曲叙录》《元明以来杂剧总录》《宋金元诸宫调考》《西游记的演化》等一批颇具影响的专著和论文。

1932年，"一·二八"事变爆发，商务印书馆遭到日军炮火猛烈轰击，郑振铎已经编好的所著诗集、短评杂感各一册，译述的《伊利亚特》《奥德赛》两大史诗，编译的《民俗学概论》等书稿全部被毁[①]；是时郑振铎正在燕京大学任教，其在上海东宝兴路的寓所则彻底沦入日军之手，损失惨重，全部弹词、鼓词、宝卷及小唱本均丧失无遗。这也是郑振铎经历的第一次失书之痛。

第二个时期是1937年至1945年，这既是郑振铎访书、藏书最为艰难的时期，又是其凭借胸中"一团浩然之气"，散尽家财，通过收书、藏书来抢救古籍文献，避免国宝落入日寇之手"狂胪文献"的时期。自"八一三"淞沪会战后，江南许多著名藏书楼毁于战火，大批珍本典籍亦因此而毁于一旦，即便偶有侥幸得以保存者，亦多被藏家的后人拿到市场上变卖，以此换取生活的必需品。据相关资料记载，当时流落于上

---

① 陈福康：《郑振铎年谱》（上），三晋出版社2008年版，第236页。

海书市中的古籍"颇有可观",甚至常有人"挑着担子沿街叫卖破烂旧书"。这些散佚于市的珍本典籍亦吸引了各地书商纷纷抢购,其中有不少珍籍善本"被英、美、日、德等外国人买走",民族文献面临着前所未有的浩劫。面对这种情况,郑振铎忧心如焚,并开始以一己之力投入到紧迫的文献抢救工作当中。其子郑尔康在叙述这段"狂胪文献"的困难时期时,曾这样描述郑振铎面对国宝文献流失海外的痛惜之情:

> 他虽然还是竭尽全力地买着书,但是,以他一介寒士之力,纵使勒紧裤带,举家食粥,也不过是杯水车薪,所能抢救下来的古书,充其量不过九牛之一毛而已。3月8日,他偶从报纸上读到的一条路透社华盛顿的电文,说美国国会图书馆东方组主任宣称:许多从战火中保全下来的"极珍贵的中国古书",现已"纷纷运入美国"……看完这段电文,他已不知涕之何从![1]

而关于这一时期的搜书、购书以抢救国宝的藏书活动,郑振铎《劫中得书记》中有着更为详细的叙述:

> 余迫处穷乡,栖身之地,日缩日小;置书之室,由四而三而二;梯旁榻前,皆积书堆。……然私念大劫之后,文献凌替,我辈苟不留意访求,将必有越俎代谋者。史在他邦,文归海外,奇耻大辱,百世莫涤。因复稍稍过市。果得丁氏所藏《脉望馆钞校本古今杂剧》六十四册,归之国库。复于来青阁得丁氏手抄零稿数册。友人陈乃乾先生先后持明刊《女范编》《盛明杂剧》及孙月峰朱订《西厢记》来。余竭阮囊,仅得《女范编》与《西厢记》。……余力有未逮,……至今憾惜未已。……但于戊寅夏秋之交,余实亦得隽品

---

[1] 郑尔康:《星陨高秋:郑振铎传》,京华出版社2002年版,第268页。

不鲜。万历板《蓝桥玉杵记》，李玄玉撰《眉山秀》《清忠谱》，程穆衡《水浒传注略》，螺冠子《咏物选》，冯梦龙《山歌》，萧尺木《离骚图》以及《宣和谱》《芙蓉影》《乐府名词》等，皆小品中之最精者，综计不下三十种。……及今追维，如嚼橄榄，犹有余味。①

恰如郑振铎在《求书日记》中所回忆的那样，他在1932年后的四年里，"耗尽心力于罗致、访求文献"，除了在上海暨南大学授课外，每天最重要的工作就是接待南来北往的各色书商，并从他们带来的各种书籍中筛选出好书、奇书购买并收藏。结合引文可见，他既欣慰于丁氏藏《脉望馆钞校本古今杂剧》、明刊《女范编》、万历版《蓝桥玉杵记》等一批珍贵典籍在自己的不懈努力下得以保全而不致流失海外；又常常痛惜于自己财力有限，虽节衣缩食、倾其所有亦无法将这些流落于街市的古籍珍本全部纳入自己的收藏范围，甚至不得不放弃一些已经见到的文史典籍，故"至今憾惜未已"。而在这批郑振铎抢救下得以"存于国土"的珍贵典籍中，丁氏藏《脉望馆钞校本古今杂剧》可谓其中最为珍贵者，这部"戏曲中的宝库"的发现为中国戏曲研究增添了二百多种之前从未见过的元明杂剧，其意义和价值"不下于'内阁大库'的打开，不下于安阳甲骨文字的出现，不下于敦煌千佛洞抄本的发现"②。郑振铎自述，自己为了收购和保护这部"戏曲中的宝库"可谓"费尽了心力，受尽了气，担尽了心事，也受尽了冤枉"，却依旧为这一发现而感到喜悦，"这喜悦克服了一言难尽的种种艰辛与痛苦，战胜了坏蛋们的诬陷"。针对这一重大发现，郑振铎还特别撰写了《跋脉望馆钞校本古今杂剧》一文，详细叙述了自己访书的经过，同时将其与此前所知的各家曲类选本或藏书加以对比，突显其"更大的一个元明杂剧的宝库"及"变更种种

---

① 郑振铎：《西谛书话》，生活·读书·新知三联书店2005年版，第208页。
② 郑振铎：《西谛书话》，生活·读书·新知三联书店2005年版，第205页。

研究观念的起点"的重要价值。

值得注意的是,这一时期郑振铎不仅为个人研究需要而藏书聚书,亦为设在战时大后方的中央图书馆收书聚书,避免珍贵书籍文献流失海外。据《郑振铎年谱》记载,1939年底,在郑振铎的倡议下,郑振铎、张元济、何炳松、张咏霓等人数次联名致电重庆当局,争取到一笔专款用以民族文献的抢救。①在他们的努力下,截至1940年冬,共征得善本古籍3800余种,其中宋元刊本300余种,可谓成绩斐然。郑振铎在后来回忆起这一成绩时亦颇感自慰。

1941年12月8日太平洋战争爆发后,战时"孤岛"上海彻底沦陷,郑振铎不仅处境更为危险,经济状况亦急转直下;但即便是在如此极端困难的条件下,郑振铎依旧坚持留在上海,继续以一己之力搜集和保护古籍文献。自1942年开始,郑振铎将关注的重心转向清代文集,特别是嘉庆道光年间朴学家文献的求访、搜集和保护工作。到1944年夏,他已收集到830多种清代文献,甚至不惜采用"拆东补西"的办法,通过出售自己的部分藏书以筹措资金。在此期间,他主要撰写了《晚清文选序》《清代文集目录序》《清代文集目录跋》等一系列研究中国古典文献的专论文章。

令人痛惜的是,淞沪会战期间,郑振铎再次经历了难以释怀的"失书之痛"。郑振铎曾将部分藏书寄存于开明书店图书馆,因"八一三"淞沪会战期间虹口成为战区,这批藏书亦未能幸免于难,"所失者凡八十余箱,近二千种,一万数千册的书",最为可惜的当数其20年间费尽心血搜集的"关于《诗经》及《文选》的书十余箱竟全部烬于一旦……尚有清人的手稿数部,不曾刊行者也同归于尽"。②1939年秋末,迫于生活困难和兵连祸结,郑振铎不得不忍痛将自己历年所藏之善本戏

---

① 陈福康:《郑振铎年谱》(上),三晋出版社2008年版,第357—358页。
② 郑振铎:《西谛书话》,生活·读书·新知三联书店2005年版,第201页。

曲的一部分让渡于北平图书馆，两次共出让书籍84种262册，"曲藏为之半空"。①而太平洋战争爆发后，由于此时日军已全面占领租界，为避免日军挨家搜查时遭遇不测，郑振铎不得不忍痛烧毁了"许多报纸、杂志及抗日的书籍——连地图也在内"②。此外，由于生活日渐艰难，郑振铎亦不得不出售部分藏书以换取果腹之资。关于这一点，其《售书记》中有颇为详细的记述：

> 谁想得到，凡此种种，费尽心力以得之者，竟会出以易米么？谁更会想得到，从前一本本，一部部书零星收得，好容易集成一类，堆作数架者，竟会一捆捆，一箱箱的拿出去卖的么？……最伤心的是，一部石印本《学海类编》，我不时要翻查，好几次书友们见到了，总要怂恿我出卖，我实在舍不得。但最后，却也不得不卖了。卖得的钱，还不够半个月花。③

总之，目前我们已经无法得知这一时期郑振铎丢失、损毁藏书的详细数字，但结合引文材料可知，眼见自己辛苦求访、搜集来的书籍或因战火摧毁而亡失，或因生活所迫而不得不出售，郑振铎是非常痛心的。他曾自述自己这一时段"心头像什么梗塞着，说不出的难过"，甚至不止一次地为失书而"红了眼眶"。这一时期郑振铎出版了诗集《战号》、小说集《桂公塘》、散文集《西行书简》以及《中国俗文学史》《困学集》等学术专著，同时还撰写了《〈词林摘艳〉里的戏剧作家及散曲作家考》《索引的利用与编纂》《玄鸟篇》等论文和大量的藏书题跋（包括《跋脉望馆钞校本古今杂剧》等）。

---

① 陈福康：《郑振铎年谱》（上），三晋出版社2008年版，第356页。
② 郑振铎：《西谛书话》，生活·读书·新知三联书店2005年版，第391页。
③ 郑振铎：《西谛书话》，生活·读书·新知三联书店2005年版，第398—399页。

第三个时期是1946年至1958年。1945年抗战胜利后，为了实现自己编印《中国历史参考图谱》的计划，郑振铎再次开始大量搜购书籍，在各位友人的鼎力支持下，几个月之内即顺利搜集到了很多考古学、历史学的文献，其中还有很多英文和日文资料，更显珍贵。自1947年3月到1951年5月，他前后共刊行《中国历史参考图谱》24辑。据刘哲民回忆，为完成这部耗时五年之久的巨著，郑振铎"以渊博的学问从多少图籍中搜罗有关仰韶、小屯文化，安阳甲骨，商周铜器，西陲汉简，乐浪漆画，武梁刻石，北魏造像，正仓唐器，敦煌壁画，宋元书影名画，明代的刊本磁皿，清朝人物画像墨迹，以及各个时代有关生活文化、工艺美术、建筑衣冠等，从几倍的图片中，花了多少不眠之夜，取精用宏，披沙拣金地一页页编成这部巨编"①。这一时期郑振铎还先后求访并购得了汲古阁刊本《唐人八家诗》、明许自昌编《前唐十二家诗》、明潘是仁编《宋元诗六十一种》、明黄贯曾编《唐诗二十六家》、元王祯《农书》、明熊大木《唐书志传通俗演义》等大批珍贵善本古籍。

1949年新中国成立后，努力保护中华民族的文化瑰宝、继承并弘扬中华民族优秀的传统文化是郑振铎的工作重心之一。1950年，他倡议成立古典文艺整理委员会，并亲自力邀一批著名学者参与其中，为促进古典文艺作品的整理和普及工作的开展做出了重要贡献。同年5月，鉴于此前国民政府任由珍贵文物和古籍流失海外的惨痛教训，在郑振铎的建议下，政务院明令颁发《古文化遗址及古墓葬之调查发掘暂行办法》《禁止珍贵文物图书出口暂行办法》等②。此外，在郑振铎的介绍和积极促成下，以常熟瞿氏铁琴铜剑楼藏书等为代表的一批珍本古籍得以陆续实现"价购归公"，避免了"散入私人手中"或流失海外的命运。③这一

---

① 陈福康：《郑振铎年谱》（下），三晋出版社2008年版，第755页。
② 陈福康：《郑振铎年谱》（下），三晋出版社2008年版，第724页。
③ 陈福康：《郑振铎年谱》（下），三晋出版社2008年版，第715页。

时期郑振铎先后出版了《劫中得书记》《中国文学研究》等著作，主持编纂了《中国古典文学》丛书，刊印了《古本戏曲丛刊》（影印本）第一到第四辑，发表了《为做好古典文学的普及工作而努力》《中国绘画的优秀传统》《文物保护与历史发展》等论文，并撰写了大量藏书题跋。

对于自己的藏书爱好，郑振铎曾有这样的叙述："我有一个坏癖气，用图书馆的书，总觉得不大痛快，一来不能圈圈点点，涂涂抹抹，或者折角划线做记号；二来不能及时使用，'急中风遇到慢郎中'，碰巧那部书由别人借走了，就只好等待着，还有其他等等原因。宁可自己去买。"①（《劫中得书记·新序》）郑振铎一生聚书甚多，其中尤以线装古籍珍本为最。据赵万里《西谛书目序》记载，其古籍线装书的主要类别包括"历代诗文别集、总集、词曲、小说、弹词、宝卷、版画和各种政治经济史料等，范围十分广泛"。②从其藏书版本来看，其中"明清版居多数，手写本次之，宋元版最少，仅陶集、杜诗、佛经等数种。就数量和质量论，在当代私家藏书中，可算是屈指可数的"。③1959年2月，遵照郑振铎生前的嘱托，郑振铎的家人将其生前收藏的2万余种91700余册古今中外图书捐献给国家，并由文化部交付北京图书馆保存。1963年10月，文物出版社出版了由王树伟、朱家濂等合编的《西谛书目》。该书目所收录的书籍皆为郑振铎收藏的线装古籍珍本，按四部分类法进行分类，不全之书于书名下注明所存卷数，以便查考。地方志于书名上冠以纂修年代，但1912年以后的地方志不加标记。凡著者皆录其本名。后附西谛书跋，按《西谛书目》类别顺序编排。

---

① 郑振铎：《劫中得书记》，上海古籍出版社2006年版，"新序"第3—4页。
② 北京图书馆编：《西谛书目》，北京图书馆出版社2004年版，第1页。
③ 北京图书馆编：《西谛书目》，北京图书馆出版社2004年版，第1页。

古典文学研究与藏书

郑振铎学术研究的成果是非常丰富的。作为中国现代学术史上最早倡导中国古典文学整理和研究的学者之一，郑振铎主要致力于中国文学史特别是中国古代文学的整理和研究，其出版的以古典文学研究为主题的学术专著主要包括《文学大纲》、《插图本中国文学史》、《中国俗文学史》、《郑振铎古典文学论文集》（全二册）等。关于西谛藏书与其学术研究的关系，郑振铎曾有这样的论述："我不是一个藏书家，我从来没有想到为藏书而藏书。我之所以收藏一些古书，完全是为了自己的研究方便和手头应用所需的。有时，连类而及，未免旁骛；也有时，兴之所及，便热衷于某一类的书的搜集。总之，是为了自己当时的和将来的研究工作和研究计划所需的。"[1]由于郑振铎的治学成就主要集中在词学、戏曲、小说几个方面，本书据此分为三个部分，分别讨论西谛藏书与郑振铎词学研究、戏曲研究、小说研究的关系。

一、西谛藏书与郑振铎的词学研究

作为我国现代学术史上著名的古典文学研究专家，郑振铎在中国古代文学研究上取得的成就是多方面的，词学研究就是其中非常重要的一个方面。诚如孙克强、杨传庆《试论郑振铎的词学研究》一文中总结的那样，通过一系列相关论著的撰写，郑振铎"对词的起源、词史分期及词派等唐宋词研究的关键问题作出了精彩的阐释"[2]。

笔者通过梳理相关资料发现，若我们从西谛藏书与郑振铎词学研究的关系而论，则主要可以总结为以下四个要点：

第一，这种紧密的联系体现在郑振铎对于唐宋词人词作的全面叙述上。

---

[1] 郑振铎：《西谛书话》，生活·读书·新知三联书店2005年版，第203—204页。
[2] 孙克强、杨传庆：《试论郑振铎的词学研究》，《求是学刊》2011年第5期，第123页。

以《插图本中国文学史》为例，较之于同时代其他词学史在论及词的发展历史、唐宋词人词作之高下优劣等问题时或受传统观念影响，仅以是否谐律作为品评准绳（刘毓盘《词史》），或以时间为轴线，在细致梳理词体演变过程的同时着重介绍唐宋诸位名家词作（胡云翼《中国词史略》）等书写方式而言，郑振铎在叙述唐宋词的发展历程时能够做到以词人词作为中心，通过词史分期呈现出词这一新兴文体在不同时期的发展及其特点。特别是在叙述每一阶段具有代表性的词人词作时，郑振铎能够在详尽叙述"大家"词作风格特点的同时亦兼顾那些名不见经传的"小家"，从而更为准确地还原这一时段词坛发展的真实情况；而他的叙述之所以如此细致，与其藏书的助力作用有着非常密切的关系。如在谈到北宋词人李之仪的词作特点时，《插图本中国文学史》中有着这样的叙述：

（论李之仪词）他的小词，殊"清婉峭蒨"……然像《卜算子》："我住长江头，君住长江尾，日夜思君不见君，共饮长江水。此水几时休？此恨何时已？只愿君心似我心，定不负，相思意。"直是《子夜辞》《读曲歌》中的最好之作。①

在郑振铎收藏的众多宋人词集中，明毛晋编《宋名家词》89卷（明崇祯毛氏汲古阁刊本）是非常重要的一种。该书又名《宋六十家词》，原分6集，除第6集收11种外，其余5集各收10种，故该书实收61家词人词集，各集后均附有毛氏跋文。郑振铎所藏李之仪《姑溪词》一卷即为这一版本。若我们将引文中郑振铎对李之仪词作特点的叙述与毛晋《姑溪词跋》进行对比就会发现，二者之间其实存在着非常密切的关联：

---

① 郑振铎：《插图本中国文学史》（上），岳麓书社2013年版，第486页。

（姑溪词）中多次韵、小令，更长于淡语、景语、情语……至若"我住长江头，君住长江尾，日日思君不见君，共饮长江水。"直是古乐府俊语矣。①

通过对比可见，郑振铎将《卜算子》（我住长江头）视为李之仪词作的代表，并称其"直是《子夜辞》《读曲歌》中的最好之作"，无疑是受到了毛晋《姑溪词跋》中"直是古乐府俊语矣"的影响，并在此基础上将笼统的"古乐府"具体落实到"《子夜辞》《读曲歌》"这类作品上，这就更明确地体现出擅长"淡语、景语、情语"是李之仪词作的最大特点。此外，"清婉峭蒨"一词亦非郑振铎独创，而是来源于《四库全书总目提要》对李之仪词的评价，《提要》云："之仪以尺牍擅名，而其词亦工，小令尤清婉峭蒨，殆不减秦观。"郑振铎的书目类藏书中有清武英殿刊本《清四库全书总目》200卷（首4卷），由此更足见藏书在郑振铎词学研究中的助力作用。

另一个典型例证是郑振铎对柳永词的评析。笔者通过梳理相关资料发现，在郑振铎收藏的所有北宋词人词集中，柳永词集的种类是最多的（共七种）。而郑振铎《插图本中国文学史》对柳永词的叙述也是众多北宋词人词作中最为详尽的。郑振铎在书中不仅将柳永视为北宋词人的典型，更将北宋词坛发展的第二个时期直接命名为"柳永的时期"；而在谈到柳永词作的特点时，郑振铎充分利用其丰富的词类藏书资源，除引述时人"凡有井水处，皆能歌柳词"、李之仪"耆卿词，铺叙展衍，备足无余。较之《花间》所集，韵终不胜"、孙敦立"其词虽极工致，然多杂以鄙语"及黄昇"耆卿长于纤艳之词，然多近俚俗"等评价外，还穿插了"奉旨填词柳三变"和俞文豹《吹剑录》中"（耆卿词）真要

---

① （宋）李之仪：《姑溪词》一卷，（明）毛晋编《宋六十家词》89卷（西谛藏），明崇祯毛氏汲古阁刊本。

十七八女孩儿按，执红牙拍以唱之"的故事，全方位展现出柳永词"文辞上'异常浅近谐俗'"的特点。此外，郑振铎还结合毛晋《乐章集跋》中对柳永词"音调谐婉，尤工于羁旅悲怨之词，闺帏淫媟之语"的评价，指出柳永词的妙处恰在于其能够以"千样不同的方法、千样不同的词意"来传达"几乎千篇一律的'羁旅悲怨之词，闺帏淫媟之语'"[1]，并认为"这是他慢词最擅长之一点，也是他最足以使我们注意的一点"。这就方便后学者在学习过程中从前人纷繁复杂的评价中抽离出来，进而更为准确地理解和体会柳永词作在文辞、表现手法、情感表达等方面的特征。同时亦可以使后学者通过横向（柳永与同时代其他词人）和纵向（柳永词与《花间集》《尊前集》词）的比较来明确柳永在两宋词史上的重要地位，可谓提纲挈领、周到详尽。

需要指出的是，在涉及品评词人词作之高下这一问题时，郑振铎有时亦并非完全依照其藏书所涉及的前人观点加以评述。这一点可以从其对题为欧阳修所作《醉翁情趣外编》的评价中得以体现。按《西谛书目》中所列，郑振铎收藏的欧阳修词集共有两种。其一为明吴讷编《百家词》（130卷，商务印书馆1940年铅印本）中收录的《六一词》。据郑振铎《西谛题跋》所言，该书"旧藏天津图书馆，……此复印本，并虎贲中郎之似而无之，然绝难得。盖植板京华，而由香港刷印，印成后即逢沪变，存书都作一炬，仅有数部运平"[2]，其文献价值自然不言而喻。其二为明毛晋编《宋名家词》（89卷，明崇祯毛氏汲古阁刊本）中收录的《六一词》，其版本和文献价值前文已有介绍，此处不再赘言。笔者通过梳理相关资料发现，上述两个版本的《六一词》中均附有前人跋语：

---

[1] 郑振铎：《插图本中国文学史》（上），岳麓书社2013年版，第474页。
[2] 北京图书馆编：《西谛书目》（下，附《西谛题跋》一卷），北京图书馆出版社2004年版，第26页。

> 公（欧阳修）性至刚，而与物有情，盖尝致意于诗。为之《本义》，温柔宽厚，所谓深矣。吟咏之余，溢为歌词，有《平山集》盛传于世，曾慥《雅词》不尽收也。……其甚浅近者，前辈多谓刘煇伪作，故削之。①
>
> 罗泌《六一词跋》
>
> 然集中更有浮艳伤雅，不似公笔者，先辈云疑，以传疑可也。②
>
> 毛晋《六一词跋》

由罗、毛二人跋语可见，他们对题为欧阳修所作《醉翁情趣外编》中那些以"浅近"为特点的"艳词"多持否定态度，或谓其系"刘煇伪作"，"当是仇人无名子所为"；或谓其"浮艳伤雅，不似公笔"。而在郑振铎看来，这些词作虽然"似和《六一词》的作风，太不相同了，显然不是出于同一词人的手笔，当便是所谓刘煇的伪作罢"③，但这类词作"实在不坏，在《花间》《阳春》里，我们找不到那末真情而朴质的东西"④。总之，郑振铎《插图本中国文学史》之所以能够对涉及的词人词作做出比较公正的评价，特别是能够在充分辨析前人观点的基础上提出自己的不同意见，而非人云亦云，正是有赖于西谛藏书中的词类珍本古籍这一"资源宝库"的助力作用。赵万里在《西谛书目序》中指出："西谛很早就开始收集唐宋以来词人的著作。记得一九三○年夏天，我在他上海虹口东宝兴路寓所中，看到他新收的天一阁旧藏的几种明版词

---

① （宋）欧阳修：《六一词》一卷，（明）吴讷编：《百家词》（西谛藏），商务印书馆1940年铅印本。
② （宋）欧阳修：《六一词》一卷，（明）毛晋编：《宋名家词》（西谛藏），明崇祯毛氏汲古阁刊本。
③ 郑振铎：《插图本中国文学史》（上），岳麓书社2013年版，第470页。
④ 郑振铎：《插图本中国文学史》（上），岳麓书社2013年版，第470页。

集。……纸墨俱佳，十分漂亮，但作品功力不深，风格不高，值得一读的寥寥无几。……解放后，他又在北京收得明代石村书屋蓝格抄本《宋元明三十三家词》，前后有清初浙派词人朱彝尊竹垞老人藏印，又有竹垞亲笔题识和眉端评语。……此外，他为了全面评介明清人词，采取双管齐下办法，除了搜集孙默编的《留松阁名家诗余》、聂先和曾王孙合编的《百名家词》……等总集外，又广收明清人词别集。"①可见这一特点不仅适用于唐宋词人，明清词人亦然。

第二，这种紧密的联系还体现在郑振铎对词派问题的论述上。

以宋代词人词派研究为例，在论及这一问题时，同时代其他学者多以某一词人代表性的写作风格为依据，将两宋三百年间的词人划分为"豪放""婉约"两派。同时代其他文学史类著作亦多依据这一划分方法，将晏殊、柳永、李清照等作家归为"婉约派"词人，将苏轼、辛弃疾等作家归为"豪放派"词人。郑振铎《插图本中国文学史》则没有按照这个思路进行划分。如在谈到苏轼词作的特点时，《插图本中国文学史》有着这样的叙述：

> 东坡词实有两个不同的境界；这两个境界，固不同于《花间》，也有异于柳七。一个境界是"横放杰出"，不仅在作"诗"，直是在作史论，在写游记；例如《念奴娇》[举《念奴娇》（大江东去）为例]……诸词皆是。这一个境界，所谓"横放杰出"者，诚不是曲中所能缚得住的。②

> 然东坡的词境，还有另一个境地，另一种作风。这便是所谓"清空灵隽"作品，这使东坡成了一个绝为高尚的词人。黄庭坚谓

---

① 北京图书馆编：《西谛书目》（上），北京图书馆出版社2004年版，第1—2页。
② 郑振铎：《插图本中国文学史》（上），岳麓书社2013年版，第477—478页。

东坡的《卜算子》一词,"语意高妙,似非吃烟火食人语。"胡寅谓:"词在东坡,一洗绮罗香泽之态,使人登高望远,举首浩歌,超乎尘埃之外。于是《花间》为皂隶,柳氏为舆台矣"。……这些好评,非在这一个境界里的词,不足以当之。①

郑振铎此处摆脱了同时代其他文学史著作惯用的思维模式,从东坡词作的整体特征出发,通过对东坡词作"两个境界"的细致分析,不仅为后学者呈现出苏轼"随物赋形","常行于所当行,止于所不可不止"的创作特点,亦有助于更加深入地理解苏轼词作风格的多样性,而非简单地将"东坡词"视为"豪放"的代名词。而郑振铎之所以能够如此全面而细致地分析东坡词作的特色,亦是其充分学习、借鉴西谛藏书中前人词评的结果:

缺月挂疏桐,漏断人初定。时见幽人独往来,缥缈孤鸿影。
惊起却回头,有恨无人省。拣尽寒枝不肯栖,寂寞沙洲冷。
东坡道人在黄州时作,语意高妙,似非吃烟火食人语。非胸中有万卷书,笔下无一点俗尘气,孰能至此?②

《山谷题跋》卷二

东坡先生长短句既镂板,复得张宾老所编,并载于蜀本者悉收之。江山秀丽之句,樽俎戏剧之词,搜罗几尽矣。传之无穷,想象豪放风流之不可及也。绍兴辛未孟冬,至游居士曾慥题。③

曾慥《东坡词拾遗跋语》

---

① 郑振铎:《插图本中国文学史》(上),岳麓书社2013年版,第478页。
② (宋)黄庭坚撰,(明)黄嘉惠编:《苏黄题跋尺牍合刻·山谷题跋》(西谛藏),明刊本。
③ (宋)苏轼:《东坡词》二卷(附拾遗一卷),(明)吴讷编:《百家词》(西谛藏),商务印书馆1940年铅印本。

> 东坡诗文不啻千亿刻,独长短句罕见。近有金陵本子,人争喜其详备,多混入欧、黄、秦、柳作,今悉删去。至其词品之工拙,则鲁直、文潜、端叔辈自有定评。古虞毛晋记。①
>
> 毛晋《跋东坡词》

若我们将引文诸评与郑振铎《插图本中国文学史》加以对比就会发现:毛氏《跋东坡词》中提到了"鲁直、文潜、端叔辈自有定评",而郑振铎在叙述东坡词"清空灵隽"的境界时即直接引用黄庭坚之评;曾慥《东坡词拾遗跋语》则将东坡词的特点总结为"江山秀丽之句"与"樽俎戏剧之词"兼备,"想象豪放风流不可及也",可见在曾慥看来,"豪放"确实是能够体现东坡词风的重要特征,但并非是唯一特征,而郑振铎《插图本中国文学史》亦将东坡词作风格特征总结为"两个境界"。可见在郑振铎看来,既然当时及后世的批评家都没有简单地将"东坡词"总结为"豪放"二字,那么自己在谈到这一问题时亦应该在参考前人评价的基础上对东坡词作特点进行全面细致的考察,这样才能得出一个更加契合客观事实的结论。诚如孙克强、杨传庆《试论郑振铎的词学研究》一文指出的那样,这种不着意强调东坡"豪放词风"的观点充分体现了郑振铎"对词体本色内涵的把握,也可视为对一些新派词学家鼓吹豪放词为词坛主流学者论调的一种拨正"②。郑振铎的这种观点虽然在相当长的一段时间内得不到应有的重视,却最终被证明更能够真实反映整个宋代词史的发展过程。

第三,这种紧密的联系体现在郑振铎对词学文献的重视上。

专注并致力于词学文献的整理是郑振铎词学研究的主要特点之一。较之于同时代其他新派词学家较少关注这一问题而言,郑振铎可谓别具

---

① (宋)苏轼:《东坡词》一卷,(明)毛晋编:《宋名家词》(西谛藏),明崇祯毛氏汲古阁刊本。
② 孙克强、杨传庆:《试论郑振铎的词学研究》,《求是学刊》2011年第5期,第128页。

一格。在郑振铎看来,唯有以全面、扎实的词学文献为基础,才能在具体的研究过程中秉持客观、理性的态度,也才谈得上在词学研究领域有所进步、有所收获。恰如他在《中国文学研究的重要书籍介绍》一文中指出的那样,"我们读书,第一要紧的是读全部的书"①。笔者通过梳理《西谛题跋》中的相关资料发现,这种严谨的治学方法在郑振铎词类藏书的题跋中亦有着非常明确的体现:

久欲购此书,今日始到博古斋将他买回,同时并得纳书楹一部。②

西谛一九二三年三月十七日《跋宋六十名家词》九十卷

《汇选历代名贤词府全集》九卷,后附《中原音韵》一卷,钞本不旧,然极罕见,故亟收之。编者为新都鯆溪逸史。有嘉靖丁巳一得山人跋。一九五七年四月十三日购于北京来薰阁。西谛。③

《跋汇选历代名贤词府全集》九卷(附《中原音韵》一卷)

是书初出时,意不欲购,以多可商处也。今发愿读词,乃以六百金得之来薰阁,较前不啻二十倍余。余藏词满一小室,无一书昂过于此者。予所藏明清精刊不下数百,独无宋元本,亦一憾事也。幽芳阁主。九月三日④

《跋全宋词》三百卷(附录二卷,索隐一卷)

---

① 《郑振铎全集》第6卷,花山文艺出版社1998年版,第33页。
② 北京图书馆编:《西谛书目》(下,附《西谛题跋》),北京图书馆出版社2004年版,第26页。
③ 北京图书馆编:《西谛书目》(下,附《西谛题跋》),北京图书馆出版社2004年版,第26页。
④ 北京图书馆编:《西谛书目》(下,附《西谛题跋》),北京图书馆出版社2004年版,第26页。

结合引文可见，为了保证自己在进行词学研究的过程中能够更为全面地掌握材料，郑振铎不仅非常重视古籍珍本的搜集，对于那些"钞本不旧，然极罕见"的线装古籍，虽然"多可商处"却能够较为全面地反映整个宋代词坛创作情况的铅印本书籍，亦非常重视。从文献学的角度来看，这种对于版本多样性的重视特别有助于其在具体的研究实践中做到去伪存真，甄别善本。郑振铎《跋图书集成词曲部》一文就典型地体现了这种"去伪存真"的考辨功夫。在郑振铎看来，"对于《图书集成》，明钞暗袭之者尤多。一般纂书的人，好走捷径，不查原书……而不知从此'间接'的来源撷取而来的东西，根本上是很不可靠的"[①]。随后便从自己最为熟悉的"词曲部"入手，在详细列举词曲部文献来源之后，对其中"触目皆是"的"疏谬之处"予以严厉批判：

> 最不能原谅的一点是，编者取材的谫陋与疏忽；忽略了（或未见到）第一道的来源而采用了辗转钞袭的谫陋的著作。如关于"词"，张炎的《词源》，陆辅之的《词旨》均易得；沈义父的《乐府指迷》也附于《花草粹编》后。《诗余图谱》，为张綖所著，明代刊本也甚多。……今《集成》乃独从《三才图会》录得《诗余图谱》三卷，可谓"间接"的了；而《词源》一书，乃混名为《乐府指迷》，陆辅之《词旨》乃亦混名为《乐府指迷》，而沈氏的《指迷》则独遗之。此可见编者未见原书，而徒知从明人的很谫陋的辑本里间接取材（盖系从陈眉公《秘笈》本之误。《秘笈》总名《乐府指迷》，而以《词源》为上卷，《词旨》为下卷），故致杂乱无章如此。[②]

[①]《郑振铎全集》第5卷，花山文艺出版社1998年版，第3页。
[②]《郑振铎全集》第5卷，花山文艺出版社1998年版，第5—6页。

若我们将以上引文中提到的书籍与《西谛书目》对比就会发现,西谛藏书中不仅有清刊本沈义父《乐府指迷》一卷、张炎《词源》二卷、陆辅之《词旨》一卷,还有1918年北京大学铅印本张炎《词源》二卷。郑振铎正是以此为基础,才能一针见血地指出《图书集成》中词类书籍的最大谬误。诚如郑振铎所言,编者之所以会出现这样的错误,其根本原因还在于"忽略了(或未见到)第一道的来源而采用了辗转钞袭的谫陋的著作",由此亦更加突显出词学文献整理这一基础工作的重要性。

词学书目的整理编订是郑振铎词学文献整理工作中的又一重要内容。诚如郑振铎在《三十年来中国文学新资料发现记》一文中指出的那样,"今日所要走的,乃是就许多新的资料的出现而将文学史的局面重为审定的一条大道。……有许多已久被忘却在尘土堆里的要籍,如今是开始被发现其重要"[①]。而在这些被发掘的典籍中,"宋、元词集的搜集和刊布,是这时代最早的,最成功的工作之一"[②]。这些词集的大量刊布亦引发了一个新的问题,即后学者如何才能在入门伊始便于众多书籍中选择校刻精良的善本进行阅读。如果说扎实的文献基础是开展古典文学研究的第一步,那么相关书目的整理和编订便是引导后学者走好第一步的"指南针"。有鉴于此,郑振铎特意撰写了《中国文学研究的重要书籍介绍》一文,并在文章开篇即申明自己的写作目的在于"把最好的、最易购的关于中国文学的书籍,介绍给平素对于中国文学没有系统的研究的诸君"[③]。文中虽然"仅举其最有影响、最为伟大并有易得的单行本者",但就词学部分而论,已囊括了当时所有可见的善本,并对其中尤为重要者进行了简明介绍。如文中在列举清朱彝尊编《词综》一书时提示初学者"此书选录唐、五代、宋词,通行本常合王昶的《明词综》及《清词

---

① 《郑振铎全集》第5卷,花山文艺出版社1998年版,第487页。
② 《郑振铎全集》第5卷,花山文艺出版社1998年版,第489页。
③ 《郑振铎全集》第6卷,花山文艺出版社1998年版,第11页。

综》而为一书";在列举王鹏运编《四印斋所刊词》时特别称赞"此书校勘极精";提到"朱古微编《彊村丛书》"时则称此书"搜罗极博,校刻亦极精,计有总集四种,唐词别集一家,宋词别集一百十二家,金词别集五家,元词别集五十家。为'词'的最大的丛刊本"。[①]从这些提纲挈领式的简介中我们不难发现,郑振铎之所以能够准确地挑选出这些校刻极精的善本推荐给后学者,正是以其藏书资源中数量庞大、种类丰富的词类藏书为基础的。

第四,这种紧密的联系还体现在郑振铎的词学批评上。

按赵万里《西谛书目序》所言,西谛藏书的最大特点便在于其"从诗经、楚辞到戏曲、小说、弹词、宝卷,面面俱到,齐头并进"[②]。这一特点亦使得郑振铎在开展词学批评特别是在批评术语的选择上能够做到灵活多变,针对不同作者的词作风格,选取最为生动而恰当的批评术语进行评价。以《插图本中国文学史》为例,此书对于100多位两宋词人词作风格的评价中有些直接撷取自前辈批评家的论述,如以"高丽"评陈克词(陈振孙《直斋书录解题》:"子高词格高丽,晏、周之流亚也"),以"婉媚深窈"评价吕渭老词(黄昇《花庵词选》:"圣求词婉媚深窈,视美成、耆卿伯仲"),以"婉媚"评赵鼎词(黄昇《花间集》谓赵鼎词作"词章婉媚,不减《花间》")等;有些是其在综合前人评价和自身阅读体验后的精辟总结,如以"作风颇带些激昂豪放之气"评韦骧词,将王观词的风格特点归纳为"受到柳词的不少影响"(综合黄昇、陈振孙二人的评价),称张孝祥词"颇饶自然之趣"(参考汤衡《紫薇雅词序》)等;更有一些是对戏曲、小说中常用语言的直接引用或借鉴,如在论及秦观的词作风格时,郑振铎认为"他是一个谨慎小心的作者,是一个深刻尖俊的诗人,最善于置景藉辞,遣情使语的",其中

---

① 《郑振铎全集》第6卷,花山文艺出版社1998年版,第19—20页。
② 北京图书馆编:《西谛书目》(上),北京图书馆出版社2004年版,第2页。

"尖俊"一词即化自明凌濛初评订的《南音三籁》。《南音三籁》云:"陆天池亦作《南西厢》,悉以己意自创,不袭北剧一语,志可谓悍矣;然元词在前,岂易角胜,况本不及。其所为《明珠记》,工俊宛展处,在当时固为独胜,非梁梅辈派头,……故《南西厢记》较不及远甚耳。"①结合其上下文可知,陆氏所作《明珠》之"工俊宛展处"是其"在当时固为独胜"的重要原因,可见作者此处所云"工俊"应该是用以形容《明珠》一剧在风格上有别于其他剧作的新颖俊秀之处。而若我们在此基础上进行扩展,就会发现,郑振铎的其他词类藏书中亦不乏对秦观词作之"新"与"俊"的评价。如王灼《碧鸡漫志》即有"张子野、秦少游俊逸精妙"之论,陈廷焯《白雨斋词话》中"少游词最深厚,最沈著"一条亦称秦观词作"思路幽绝,其妙令人不能思议",沈雄《古今词话》则有"子野词胜乎情,耆卿情胜乎词,情词相称,少游一人而已"的说法。郑振铎此处以"尖俊"一词来评价秦观的词作风格,不仅契合了上述各前辈批评家对于秦观词作"俊逸精妙""思路幽绝""令人不能思议"的评价,更生动形象地展现出秦观词作风格中善于创新、情辞俊逸的一面,可谓中的之评。

又如书中对于赵令畤词作风格的论述,笔者通过梳理相关资料发现,前辈批评家在谈到赵令畤词作的特点时或取其《蝶恋花》(卷絮风头寒欲尽)为例,称其"陡健圆转",或从"同为东坡客"的角度出发,将其词作与李廌词进行对比,得出"赵婉而李俊,各有所长"的结论。郑振铎《插图本中国文学史》则认为:"德麟词轻圆娇憨,很有些传诵人口之作。"如果说"轻圆"是受沈雄"陡健圆转"的影响,意在突出其词作之"声音和谐",那么以"娇憨"一词来评述赵令畤的词作风格,却是郑振铎的独创。按《汉语大词典》的解释,"娇憨"一词多用以形容年轻女子"天真可爱而不解事",是戏曲、小说中的常用语言。

---

① (明)凌濛初评订,(清)袁志学辑:《南音三籁》,郑振铎藏清康熙七年刊本。

如沈德符《万历野获编·词曲·拜月亭》中有"即旦儿'髻云堆'小曲，模拟闺秀娇憨情态，活脱逼真"。而郑振铎《插图本中国文学史》中将《会真记凤栖梧》视为体现赵令畤词作风格的代表，其"强出娇嗔无一语，绛绡频掩酥胸索"数句不仅形象生动地刻画出闺中女儿的娇憨情态，更突显了赵令畤词作之"婉"，因此，郑振铎选用"娇憨"一词加以概括，可谓贴切之评。总之，郑振铎不论是直接撷取前辈批评家的论述以为己用、综合数位前辈批评家的意见加以总结概括，还是直接引用或借鉴戏曲、小说中的常用语言，都能够准确而生动地展现两宋不同词人词作独有的风格特征。这也从另一个侧面表现了郑振铎对两宋词人词作风格多样化的赞赏。而郑振铎之所以能够准确捕捉不同词人风格中的特色所在，并选取准确的批评术语加以总结和概括，丰富的藏书资源在其中扮演的重要角色是不应被忽略的。

二、西谛藏书与郑振铎的戏曲研究

中国古代封建正统的文学观念素来将戏曲视为"不登大雅之堂"的"鄙俗""淫艳"之物，这样的观点可以清乾隆年间官方修纂的《四库全书总目》之词曲小序为代表。以当时官方正统的文学观念来看，"词曲二体，在文章技艺之间，厥品颇卑。作者弗贵，特才华之士，以绮语相高耳。……究厥渊源，实亦乐府之余音，风人之末派，其于文苑，同属附庸，亦未可全斥为俳优也"[①]。有鉴于此，编者采取了"曲则惟录品题论断之词及《中原音韵》，而曲文则不录"的处理方式，将大量的杂剧、传奇排除在外。而在郑振铎看来，这些封建正统文人眼中的"淫哇之声"虽然"不为学士大夫所重视"，却同样是"文学上极其伟大的资产"，"不容得我们不加以特殊的研究"。由此，他较早即开始系统收藏戏曲类图书。戏曲类藏书是西谛藏书中所占比重最大的一部分，也是郑

[①] 王培军撰：《四库提要笺注稿》，上海大学出版社2019年版，第204页。

振铎藏书中最为著名者。

按赵万里《西谛书目序》所言,"西谛藏曲,可分两个时期。一九三九年以前为第一期,一九三九年起直到全国解放后为第二期。他曾经把第一期藏曲中的精本,编为西谛藏曲目刻写出版。刘龙田本《西厢记》、玩虎轩本《琵琶记》、浣月轩本《蓝桥玉杵记》和孟称舜编定的酹江、柳枝二集是其中白眉。抗日战争期间,为了解决生活问题,他把这批藏曲的一部分作价售去……稍后又重整旗鼓,大事补充。那时从徽州、苏州、扬州、浙东等地流到上海的杂剧传奇中的精本,十之六七都归西谛所有"①,而其所收藏的散曲本子"不但是很有名的,而且是非常罕见的"。此外,作为"提倡搜集和研究俗曲的第一人",郑振铎不仅将那些俗曲集中的精品"作价收归己有",从中发掘那些"内容比较清新健康的作品",还"怂恿书主排版重印","给中国俗文学增添了许多光辉的篇幅"②。

郑振铎在《中国俗文学史》一书中将"戏曲"分为"戏文""杂剧""地方戏""讲唱文学"四类,故本书亦基本按照上述分类③,分别探讨西谛藏书与郑振铎戏曲研究的关系。

(一) 西谛藏书与郑振铎的戏文研究

按郑振铎《中国俗文学史》一书中的定义,所谓"戏文",是"受了印度戏曲的影响而产生的,最初有《赵贞女蔡二郎》及《王魁负桂英》等,到了明代中叶,昆山腔产生以后,戏文(那时名为传奇)更大量的出现于世"④。可见郑振铎所说的"戏文"就是指宋元南戏和明清传奇⑤。

---

① 北京图书馆编:《西谛书目》(上),北京图书馆出版社2004年版,第2页。
② 北京图书馆编:《西谛书目》(上),北京图书馆出版社2004年版,第3页。
③ 由于"地方戏"与西谛藏书之间关联较少,故本书不再进行论述。此处仅讨论"戏文""杂剧""散曲""讲唱文学"与西谛藏书的关系。
④ 郑振铎:《中国俗文学史》,上海古籍出版社2013年版,第5页。
⑤ 郑振铎《中国古典文学中的戏曲传统》一文即采用这种说法,将"戏文"定义为"南方的戏曲,或叫南戏,也就是后来的传奇"。

若我们进一步结合西谛藏书中的戏文加以考察，就会发现，这种联系首先体现在郑振铎对戏文故事梗概的叙述和文献的梳理上。以《插图本中国文学史》为例，此书在谈到"今存的宋人戏文"时首先引述徐渭《南词叙录》中关于"宋元旧篇"的记载，说明"这一类戏文，除了《琵琶记》盛行于世外，其余皆湮没无闻"；并以此为基础，结合自身藏书资源，将"我们研究宋元戏文所知的材料"罗列出来（包括《永乐大典》中发现的"戏文三部"、沈璟《南九宫谱》、张禄的《词林摘艳》、无名氏《雍熙乐府》中的戏文残文）；最后说明"我们所确知的最早的宋人所作的戏文，不过下列数种而已"[①]。而在叙述每一种"宋人戏文"时，郑振铎均从作者姓名、当时的流传情况、后世演变、戏文残存情况等多个方面加以详细梳理，使后学者更加清楚地了解这些"宋代戏文"的渊源流变及保存情况。值得注意的是，书中还特别选取了西谛藏书中明凌氏刊本《琵琶记》中《赵贞女》戏画和明刊本《焚香记》中《王魁负桂英》戏画作为配图，使读者能够更为直观地了解到这些"宋代戏文"的大略面貌，较之于同时代其他文学史可谓独树一帜，由此亦突显出此类藏书在其研究过程中起到的重要作用。在《插图本中国文学史》"戏文的进展"一节中，郑振铎开篇即对"有残文留存于今的重要的若干本元戏"加以考述，而这一考述过程所参考的主要资料之一便是郑振铎以其西谛藏书为基础撰写的《宋元戏文辑逸》。

对明清传奇中新资料的发掘同样是郑振铎戏文研究中的一大亮点。在《钞本百种传奇的发现》一文中，郑振铎详细记述了在一家旧书店待售的"抄本的传奇"中发现百十种珍贵传奇钞本的经过。对于这种发现新资料的喜悦之情，郑振铎在文章中有着这样的描绘：

> 在归途中，我的心满盈盈的如占领一国一城似的胜利的骄傲。

---

① 郑振铎：《插图本中国文学史》（下），岳麓书社2013年版，第510页。

但同时又有些恐慌，不知有没有人比我更早的得到了这个消息，或更捷足的获得了它们。……在专心的搜求着古传奇杂剧的十余年间，几曾在同时见到过像这一种大批的待售的名目呢？那一夜，在大半夜的惊喜态度中过去，并不曾合眼。①

郑振铎之所以会如此兴奋，主要还在于这些传奇钞本所具有的文献价值。按文中所言，这些钞本不仅"并不易得"，而且其中不乏"从来不曾有过刻本，有的连名目也是初次见到"的；"更可喜者，沈璟之作有三种，汪廷讷之作有二种，朱素臣之作有五种，张大复之作有三种，毕万侯、朱佐朝之作各有二种"②。这些都是明清戏曲史上的著名作家，且其中亦不乏颇具影响力者（如当时流行的京剧《九更天》就是根据朱素臣《未央天》改编而来）和赖以保存传世者（如毕万侯所作传奇仅有六种传世，其中《报三恩》《竹叶舟》即赖此钞本得以保存）。由此更足见郑振铎发现的这批钞本具有非常高的文献价值。

另一个典型的例子是郑振铎为集齐《古柏堂传奇》所做的努力。这一颇为艰难的访书过程在其为西谛藏书中清嘉庆刊本《古柏堂十四种曲》（16卷）所作题跋中有着颇为详尽的叙述：

偶检架上《古柏堂传奇》，见只有十四种，阙第十五种。忆昨晚在隆福寺大雅堂，睹其从山东购来书中有《镫月闲情》第十五种《双钉案》一册。因即驱车至大雅堂，携此册归，恰好配成全书，大是高兴。一书之全，其难如此，岂坐享其成之辈所能了然乎？③

---

① 《郑振铎全集》第4卷，花山文艺出版社1998年版，第588页。
② 《郑振铎全集》第4卷，花山文艺出版社1998年版，第590页。
③ 北京图书馆编：《西谛书目》（下，附《西谛题跋》一卷），北京图书馆出版社2004年版，第27页。

就其艺术特点而言，鲜明的独创性是唐英《古柏堂传奇》中最具特色之处。《古柏堂传奇》中有相当一部分是建立在前人剧作基础之上的"补易、翻改"之作。在具体的创作中，唐英或在戏文辞藻翻新出奇，使之更加郎朗上口；或从演唱唱腔上做出变化，将原来的梆子改为昆腔，尽显"新时派"；或在"排场"上做文章，通过"重把排场摆"现新意，可谓灵活多样。据相关资料记载，吴梅在郑振铎家中看到此书后立即要求借阅，郑振铎爽快借出，毫不私藏，成为藏书史上学人之间互通有无的一段佳话。

值得注意的是，郑振铎对于明清传奇中"新资料"的发掘并不仅仅止于文字层面，对于那些因插图精美而著称的罕见刊本，郑振铎亦有着极大的收藏热情。《劫中得书记》所载明末刊本《韩晋公芙蓉影传奇》就是代表。在郑振铎看来，书中的戏文故事不过是"佳人才子传奇"的老套路，并无特别之处，但其特色恰在于书中"首附图十二幅，作圆形，与一笠庵原刻本'一人永占'之图相同，皆明末清初流行之版式也"[①]，而这一点也正是其"殊罕见"之处。

这种藏书与戏文研究之间的密切关系不仅体现在郑振铎对作品源流的考辨和新资料的发掘上，亦体现在其对戏文刊本中所配插图的细致考辨上。这一点在郑振铎《元刊本琵琶记》一文中有着非常典型的体现：文章开篇即提出疑问，指出这部由"武进董氏用珂罗版印行"的"元刊《琵琶记》"虽然"大类元刊的本相"，但其卷首所附"笔致潇洒，镂刻精工"的十幅插图，却"甚似明万历以后的作品"。而这一疑问在随后作者见到明末凌濛初刊本《幽闺记》后得以进一步证实——"其插图的调子与董印的琵琶插图十分相同，即图幅边上所引本文句子的题词，其笔法也是相类的"，由此他得出了"元刊琵琶的插图也是凌氏本的琵琶

---

① 郑振铎：《西谛书话》，生活·读书·新知三联书店2005年版，第217页。

上的"①，这一结论亦在其见到凌氏刊本后得以坐实。笔者认为，若我们结合西谛藏书中同类作品的收藏情况进行考察就会发现，这一严谨细致的考辨过程亦离不开郑振铎丰富的戏曲类藏书资源的助力作用。这种通过刊本中的插图对刊本年代进行考证的方法，在郑振铎为其收藏的明天启年间会稽张氏著坛校刻本《清晖阁批点玉茗堂还魂记（二卷）》所作题跋中亦有非常典型的体现。按郑振铎跋语所言，世人所见的《还魂记》均为"冰丝馆删本"，"暖红室所刊亦是翻冰丝馆本"，"明万历原本则见者益少矣"；而自己的收藏中恰好有"万历刊石林居士序本"，较之于世人所见的通行本，书中插图便是其最为出彩之处——"插图出虬村诸黄手，尤流丽可爱，线条细如毛发，而人物神态活跃有声色，他本皆不及远甚"②。诚如前文所引赵万里《西谛书目序》中所言，这些"校刻精良且插图精美"的戏曲类藏书资源不仅使郑振铎于日常生活中练就了一双善于辨别刊本插图的"火眼金睛"，更是其开展戏曲研究，开展文化遗产保护工作的重要助手。

此外，郑振铎一生编纂了许多戏文研究的相关书目，这些书目的编制亦多以其藏书资源中的戏文类书籍为基础。由于中国古代正统文学价值观的局限性，"中国的剧本极不容易搜集，而研究戏剧的书籍，更是极难购求"③。有鉴于此，郑振铎自20世纪20年代起便开始着力于戏曲研究书目的整理和编订工作，戏文研究的相关书目亦自然成为其关注的重心。如郑振铎的《关于中国戏曲研究的书籍》一文罗列了《传奇研究》等戏文类书籍供后学者参考；20世纪30年代郑振铎自行影印《清人杂剧初集》《清人杂剧二集》时亦将《西谛所印传奇杂剧目录》附于书后。抗日战争时期，在经历了两次失书之痛后，郑振铎撰写了《中国戏曲史

---

① 郑振铎：《西谛书话》，生活·读书·新知三联书店2005年版，第9页。
② 郑振铎：《西谛书话》，生活·读书·新知三联书店2005年版，第489页。
③ 《郑振铎全集》第6卷，花山文艺出版社1998年版，第387页。

资料的新损失与新发现》等论文,详细记述了毁于日军炮火的涵芬楼、周氏言言斋等处的戏曲类藏书,其中亦有颇多涉及戏文资料的内容。

(二)西谛藏书与郑振铎的杂剧研究

在郑振铎留下的80多篇(部)研究戏曲的相关著作、论文中,以元明清杂剧研究为主题的专著和论文占了很大比重。若我们结合西谛藏书中的戏曲类藏书进行考察,则郑振铎的杂剧研究与其藏书之间的密切关联主要体现在以下几个方面:

首先,这种密切关联体现在郑振铎对杂剧刊本的搜集和整理上。在元杂剧研究刚刚起步的20世纪20年代,不论是作为研究对象的元杂剧刊本还是与之相关的参考资料都十分匮乏,大部分研究者手中除臧懋循编纂的《元曲选》外,几乎找不到任何可资参考的有效资料。此外,研究资料的匮乏导致相当一部分研究者在研究过程中存在概念不清、分类不明的问题,或将散曲与杂剧相混,或将杂剧与小说、传奇并列。正是痛感于上述种种问题的出现,郑振铎自涉足杂剧研究起即致力于杂剧刊本的搜集和整理工作,力图正本清源,从根本上解决这些问题。郑振铎以西谛藏书中的丰富资源为基础,先后撰写了《关于中国戏曲研究的书籍》《巴黎国家图书馆中之中国小说与戏曲》《中国戏曲史资料的新损失与新发现》《元曲叙录》《西谛所印传奇杂剧目录》《元明以来杂剧总录》等一系列涉及杂剧研究的相关书目。其中,《元明以来杂剧总录》是继姚燮《今乐考证》、王国维《曲录》、任中敏《曲录补正》后出现的又一部较为完整的杂剧总录。全书旨在"编辑一部较《曲录》更为有用的戏曲总录"[①],为研究者"供给一部分比较重要的研究资料"。全书"以作者为纲,体别为纬……于每书的序跋凡例,假如有的话,也必载之。有未见者,

---

[①] 《郑振铎全集》第6卷,花山文艺出版社1998年版,第742页。

则从诸总集及文集里钞辑出来"。①虽然我们现在仅能见到《元明以来杂剧总录》的序文、第一卷和第二卷（全书原计划为五卷），但对于当时及后来的研究者而言，这些辑录翔实、考据严谨的材料确实堪称其初涉戏曲特别是杂剧研究时不可或缺的重要资料。《元曲叙录》则主要采取作家生平与作品故事梗概相结合的提要式写法，在充分利用其藏书资源的基础上对关汉卿、马致远、王实甫、纪君祥、郑光祖等32位作家及其作品进行介绍。值得注意的是，较之于一般书籍"提要式"的内容介绍，《元曲叙录》中"内容提要"是细化到剧目中每一折的故事梗概、登场人物和所唱曲牌的。这就在很大程度上方便了那些并未见到某些剧目全本的研究者充分了解其概貌，并在此基础上继续进行相应研究。总之，郑振铎之所以能够编纂像《元明以来杂剧总录》《元曲叙录》这样内容丰富、资料翔实的大型书目，西谛藏书在其中所起到的助力作用是毋庸置疑的。

除整理和编纂书目外，郑振铎亦十分重视对杂剧刊本和相关研究资料的求访和搜购。除前文所述为国家抢救《脉望馆钞校本古今杂剧》外，郑振铎还曾于1931年于孙祥熊家访得明蓝格钞本《录鬼簿》（后附续编一卷）。由于"其中戏剧资料均为第一手的，少纵即逝"，于是他向主人"力请一假，约以次日归赵"，并在当夜即与同行的两位好友合作，三人"通夜无眠"地抄写完成，这部抄本后来"由北京大学付之影印"②。对于当时及后世的研究者来说，郑振铎的这一发现有助于推进元明文学史及相关研究的深入发展，其文献价值、参考价值亦是非常重要的。后郑振铎于上海书市见此明蓝格钞本钟撰《录鬼簿》无名氏《续录鬼簿》，不能不动心，"索六十万金，乃举债如其数得之"③。其访书之执

---

① 《郑振铎全集》第6卷，花山文艺出版社1998年版，第743页。
② 北京图书馆编：《西谛书目》（下，附《西谛题跋》），北京图书馆出版社2004年版，第28页。
③ 北京图书馆编：《西谛书目》（下，附《西谛题跋》），北京图书馆出版社2004年版，第32页。

着,爱书之心切,堪称一代学人之楷模。

这样的贡献同样体现在郑振铎对清人杂剧的搜集整理和出版刊印上,其中《清人杂剧初集》和《清人杂剧二集》的辑刻尤为典型。在刊刻此书的过程中,郑振铎不仅辑录了过去流传甚少的诸多杂剧刊本,为清人杂剧研究提供了新的资料,还在《清人杂剧初集序》中对整个清代杂剧的发展历程做出述评。在他看来,清人杂剧的优点在于其"无不力求超脱凡蹊,屏绝俚鄙"①,缺点则在于"失之雅,失之弱"。他将整个清代杂剧的发展历程划分为四个阶段,即"顺、康之际,实为始盛……雍、乾之际,可谓全盛……降及嘉、咸,流风未泯。然豪气渐见消杀,当为次盛之期……下逮同、光,则为衰落之期"②,并在每一阶段选取几位最具代表性的作家及其作品加以简要述评。对于当时及后世研究者来说,这样的资料辑刊和述评均具有非常重要的参考价值。值得注意的是,无论是这两本书的辑录刊印还是郑振铎在序言中对清代杂剧发展所做的述评,西谛藏书中的丰富资源同样是不可或缺的重要助力。如《清人杂剧初集》收录了张韬《续四声猿》,该书流传极少,刊本更是极为罕见,而西谛藏书中有此书的清刊本,可见郑振铎在辑刊过程中充分应用了自己的藏书资源。不仅如此,郑振铎还以其藏书资源为基础,在该集跋语中对张韬的创作成就予以高度评价,称其"杂剧尤为当行","精洁严谨,无愧为纯正之文人剧。清剧作家,似当以韬与吴伟业为之先河"③。这就从整个清代杂剧发展史的角度肯定了张韬个人的创作成就及其贡献,对当时及后来的研究者亦多有启迪。

其次,这种密切的关联还体现在郑振铎对杂剧理论的研究上。以元杂剧研究为例,在谈到元杂剧的起源问题时,郑振铎认为,元杂剧是

---

① 《郑振铎全集》第4卷,花山文艺出版社1998年版,第730页。
② 《郑振铎全集》第4卷,花山文艺出版社1998年版,第730—731页。
③ 《郑振铎全集》第4卷,花山文艺出版社1998年版,第738页。

继承前代多种艺术发展而来，恰如其在《宋金元诸宫调考》一文中所指出的那样："从宋的大曲或宋的'杂剧词'而演进到元的杂剧，这其间必得要经过宋、金诸宫调的一个阶段。"①而在详细论析诸宫调与元杂剧在体制、演唱形式、歌曲等方面的传承，并通过举例来说明"诸宫调给予元杂剧的不可磨灭的痕迹，那便是，组织几个不同宫调的套数，而用来讲唱（就元杂剧方面说来，便是搬演）一件故事"时，董解元《西厢记诸宫调》便成为文中引用频率最高的例证。笔者通过查阅相关资料发现，西谛藏书中有明黄嘉惠本《董解元西厢记》二册。按书中题跋所言，是书系郑振铎"偶过修绠堂"所得，"虽夺去序、图，犹神采动人"，故"亟为收得之"②。此外，按书中题跋所言，郑振铎"初读西厢记诸宫调，乃用坊间排印本。再读则用西厢十则本。后得西厢六幻本，则未遑三读之矣。曾见朱墨本，又见海阳适适子本，今复得黄嘉惠本，共凡六本"③，可见郑振铎经眼的《西厢记诸宫调》版本更为丰富。他之所以会如此频繁地使用《西厢记》特别是董解元《西厢记诸宫调》中的相关内容，亦是其藏书资源、阅读经历使然。

此外，在分析和讨论元杂剧某一剧目的渊源流变时，西谛藏书中的相关资源同样具有非常关键的作用，这一点在郑振铎对《西厢记》的研究中有着尤为典型的体现。笔者通过梳理《西谛书目》中的相关资料发现，郑振铎共有24种以"西厢"命名或带有"西厢"二字的藏书。较之于同类题材的其他元杂剧刊本而言，这一主题的藏书可以说是最多的。从杂剧研究的角度来看，郑振铎曾先后撰写过《西厢记的本来面目是怎样的？》《重刻元本题评音释西厢记》两篇以《西厢记》为主题的文章。

---

① 《郑振铎全集》第5卷，花山文艺出版社1998年版，第127页。
② 北京图书馆编：《西谛书目》（下，附《西谛题跋》），北京图书馆出版社2004年版，第27页。
③ 北京图书馆编：《西谛书目》（下，附《西谛题跋》），北京图书馆出版社2004年版，第26—27页。

其中《西厢记的本来面目是怎样的？》一文围绕"何为《西厢记》古本"这一问题展开讨论，从杂剧体例、演唱体制等角度入手进行分析，详细考述了王实甫《西厢记》从"真正最古的"明嘉靖郭勋辑《雍熙乐府》中的《西厢记》到通行本《西厢记》的流变过程，最终得出如下判断："第一，原本《西厢记》当有分为五卷的可能，或竟不分卷，全部连写到底；第二，假如分为五卷，每卷也当连写到底，并不分为若干折；第三，原书在现在的本子（即凌本）的每本（除第五本外）之末，皆有题目正名；第四，原书在现在的本子（即凌本）的每本（除第五本外）之末，皆有《络丝娘煞尾》，第一本之《络丝娘煞尾》当是脱落去的；第五，第二卷之《端正好》'不念《法华经》'一套，当是很重要的正文的一部分（因为在王伯良、凌初成诸本里，其第二段的题目正名里，皆有'莽和尚生杀心'一句，可见其地位的重要），决非'楔子'"；以及"《西厢记》的宾白，大部分也当是后人的补撰"等。[①]他还将《雍熙乐府》所辑《西厢记》与凌濛初本（即"现在的本子"）加以对比，认为《雍熙乐府》本在某些情节的安排上更合情理，堪称"'古本'胜于'近本'的一例"。文中所引述的材料几乎全部来自西谛藏书中的相关资源，再次突显出郑振铎的藏书资源与其学术研究之间的密切关系。

（三）西谛藏书与郑振铎的散曲研究

散曲是继词之后流行于金元文坛的诗歌体裁，散曲研究虽然在20世纪初成为专门之学，但较之于诗、文、小说等其他体裁而言，一直备受冷落。作为现代散曲研究的拓荒者之一，郑振铎藏书与其散曲研究的密切关系首先体现在散曲类书籍的搜购和专题书目的编制上。与前文提到的戏文、杂剧研究一样，郑振铎对于散曲类书籍的求访和搜购亦抱有极大的热情，这一点从其相关藏书的题跋上可以略窥一二。他曾在为其所

---

① 《郑振铎全集》第4卷，花山文艺出版社1998年版，第578—579页。

藏明万历三十三年陈氏继志斋刊本《新镌古今大雅北宫词纪六卷南宫词纪六卷》的跋语中叙述其求访此书的艰难过程：

> 初收的几部，但求其少烂板断板而已。后乃进而求其初印无缺字者，但终不免每卷均有缺页、并页之处。《北宫词纪》卷五及卷六的目录中，间有各附插图一页的。得之，已为之惊喜不置。不意最后乃获初印的《北宫词纪》和《南宫词纪》各半部……数年之后，复得一初印的残本，恰好配成全书。……于是，这本百衲衣式的南北宫词纪，终于成为一部完整无缺的本子了。①

恰如郑振铎多次提到的那样，这种曲折而艰难的求书过程是一般人很难理解的，但对于他来说，并非"没甚意义地玩弄版本"，而是为了能够更好地开展相关研究工作——既然研究元明文学的人不能"舍散曲而不谈"，那么"作为科学研究的必备之书，其能没有最完整不缺的好本子作为研究的根据么？"②类似的例子还有郑振铎对于明嘉靖刊本《乐府余音》的求访。虽然此前他已经收藏了不少明刊本散曲，但"独无廷和此作"，而其为之四处求访的过程，亦颇费周章：

> 《乐府余音》一卷，明杨廷和撰，明嘉靖刻本。……二十年前尝于北京图书馆见到此本一部，欣羡不已，即钞录一部，存于行箧。文奎堂从粤东购得莫天一、李文田旧藏书不少，予仅得其数种。此虽非莫、李所藏，然实罕见善本也，亟收得之，为玄览堂中

---

① 北京图书馆编：《西谛书目》（下，附《西谛题跋》），北京图书馆出版社2004年版，第30页。
② 北京图书馆编：《西谛书目》（下，附《西谛题跋》），北京图书馆出版社2004年版，第30页。

的妙品之一。①

正是以其丰富的藏书资源为基础，郑振铎亲自辑钞了《西谛所藏散曲目录》。这也是自散曲研究成为专门之学以来的第一部专门目录，对于当时及后来的研究者们均具有非常重要的指导意义。此外，郑振铎还充分利用其藏书资源，撰写了《跋图书集成词曲部》《盛世新声与词林摘艳》《元明以来女曲家考略》等专题研究论文。其中《跋图书集成词曲部》一文旨在指出《图书集成》（词曲部）在文献搜集、编纂体例等方面的"错谬之处"，避免后学者"以这一部分的材料作为'南针'"而误入歧途；《盛世新声与词林摘艳》一文重在梳理和考辨《盛世新声》与《词林摘艳》这两部"在《雍熙乐府》未刊行前，选录南北曲最富的曲集"的版本源流，其中还特别提到了自己寻访、搜购这两本书的经历，更加突显其散曲研究与藏书的密切关系。另外郑振铎的《中国俗文学史》中专列"元代的散曲"一节，其中钟嗣成《录鬼簿》、杨朝英《太平乐府》《阳春白雪》、周德清《中原音韵》是书中考述作家作品时引用频率最高的书籍，而西谛藏书中仅钟嗣成《录鬼簿》一书就有明抄本和普通抄本两种，周德清《中原音韵》则有清刊本一册和元周德清撰、明王文璧增注明刊本四册两种。可见《中国俗文学史》对于元曲作家作品的详细考述亦是以郑振铎丰富的藏书资源为基础的。

（四）西谛藏书与郑振铎的讲唱文学研究

按郑振铎《中国俗文学史》中的论述，所谓"讲唱文学"，就是"以说白（散文）来讲故事，而同时又以唱词（韵文）来歌唱之"的一种文学形式，其主要类型包括变文、诸宫调、宝卷、弹词和游戏文章

---

① 北京图书馆编：《西谛书目》（下，附《西谛题跋》），北京图书馆出版社2004年版，第31页。

等。以中国传统的文学价值观而论,这部分文学作品较之戏曲、小说而言更属"下里巴人",可谓"末流中的末流"。而在郑振铎看来,这些作品在中国俗文学史上恰恰"占了极重要的成分,且也占了极大势力",具有非常独特的研究价值。诚如赵万里《西谛书目序》中提到的那样,郑振铎自年轻时代"就对宝卷、弹词、鼓词等讲唱文学发生浓厚的兴趣",并竭力求访、搜集与此相关的各类书籍。他曾以其藏书为基础,自编过所藏弹词、宝卷、鼓词的目录。在《西谛所藏弹词目录》中,他更是在文章开篇直接表明自己编纂这一目录的根本目的在于唤起大家对这一类文艺著作的重视,"希望同志能在各处搜罗,或以购得之书见让,或以目录见示,俾将来能成一更完备的目录,且能为一番有系统的研究"①。此外,他还撰写了《佛曲俗文与变文》《佛曲叙录》《从变文到弹词》《再论民间文艺》《民间文艺的再认识问题》等专题论文,《中国俗文学史》中亦专列"宝卷""弹词""鼓词与子弟书"三章来详细阐述各类讲唱文学的起源、发展及各类型中颇具代表性的作品。他在"宝卷"一章中特别谈到自己"在北平得到了不少明代(万历左右)的及清初的梵箧本宝卷",并列出尤为重要的21种。不仅如此,他还特别善于从自己的藏书中发掘资源,将《目连救母出离地狱升天宝卷》作为其中"最早且最好的一个例子",在详细介绍其版本样式的同时,引用大量原文说明其主要内容和特色所在,这就使得后学者能够更为全面而直观地认识"宝卷"这一类型的讲唱文学。对于当时及后来的研究者来说,上述论著中的相关章节或专题论文都具有"导夫先路"的特殊意义。试想如果没有郑振铎的大量收藏和潜心研究,"这些民间艺人的文学创作,……怕早就湮没无闻了"②。

---

① 《郑振铎全集》第5卷,花山文艺出版社1998年版,第256页。
② 北京图书馆编:《西谛书目》(上),北京图书馆出版社2004年版,第4页。

三、西谛藏书与郑振铎的小说研究

从20世纪中国小说研究学术史的角度来看，郑振铎可谓一位具有承上启下作用的关键性人物。作为继胡适、鲁迅之后又一位中国古典小说研究的开拓者，他不仅在研究方法上积极引进和学习西方学术研究的新方法、新思路，而且在古典小说的研究内容上亦有进一步的深化和扩展，取得了丰硕的研究成果。按中国古代传统的文学价值观，小说和戏曲一样，都是不登大雅之堂的"小道"而已。不仅历朝时有禁毁，中国古代的藏书家们亦多囿于传统观点，将其视为"闲书"，"随手弃置，辗转湮灭，亡佚无存者不知凡几"[①]。因此，对于20世纪20年代的研究者而言，如何更为全面地搜集第一手的研究资料便成为小说研究中必须解决的首要问题。

郑振铎的小说研究工作始于20世纪20年代，由于相关研究资料的缺乏，他在研究伊始亦曾经走过一段"盲人骑瞎马，乱闯乱摸"的曲折之路。对于自己的访书经历，他曾在《再说我的藏书生涯》一文中有过这样的回忆："在三十多年前，除了少数人之外，谁还注意到小说、戏曲的书呢？这一类'不登大雅之堂'的古书，在图书馆里是不大有的。我不得不自己去搜访。"而其最初做的搜集工作，亦不过是"节省着日用，以浅浅的薪入购书，而即以购入之零零落落的破书，作为研究的资源"。后来在鲁迅先生的指点和引导下，他的搜藏和研究之路才得以步入正轨，并逐步发展成为体系比较完整的专门性收藏。按《西谛书目》中的记载，其藏书中《子部·小说家类》共收入小说类书籍94种，《集部·小说类》共收入681种，另有小说类类目（《宝山楼通俗小说书目》）一种。其收藏小说种类之多、数量之大，在现代藏书家中可谓首屈一指。与郑振铎在其他领域的研究一样，西谛藏书中的小说类书籍在郑振铎的小说研究中亦扮演着非常重要的角色，具体来讲，主要体现在以下几个方面：

首先，西谛藏书中的小说类书籍是郑振铎编制相关书目的重要参

---

① 胡从经：《中国小说史学史长编》，上海文艺出版社1998年版，第137页。

考。早在1924年，郑振铎即以"子汶"为笔名，在《小说月报》上发表了《中国文学研究的重要书籍介绍》一文。文章全面介绍了涉及中国古代文学各方面研究的参考书。虽然此时郑振铎的藏书资源中小说类书籍尚不够全面，但文中已经介绍了《红楼梦》《儒林外史》等六种古典小说以及鲁迅先生《中国小说史略》等四种能够反映当时学者研究成果的参考书供大家选择。1925年，郑振铎以"Y.K"为笔名，在《时事新报·鉴赏周刊》上连载《中国小说提要》一文。从其当时的自述看，他已经有志于"对于中国小说做一番比较有系统的研究"，可惜后来因故未能完成。文章共著录《开辟演义》《五代平话》等20种"讲史类"小说，对每一种小说的作者、故事内容和流变情况、版本、艺术特点等进行详细介绍。这也成为20世纪小说研究史上"第一份古代通俗小说专科目录"。1931年，郑振铎在其主编的《小说月报》第二十二卷上分七、八两期发表了《明清二代平话集》。文章主要介绍了《清平山堂话本》《京本通俗小说》等29种明清话本集，对于每一种话本的作者、故事内容和流变情况、版本等亦加以详细介绍，并在文章引言中详细论述了话本的历史及其特征。按郑振铎为这篇文章所作的跋语中的观点，"今所已知的明清话本，本文所述，大略已尽其要"。胡经之称其为"第一份有关明清话本集的书目提要"，足见其对于当时及后来研究者的指导意义。此外，郑振铎还在《记一九三三年间的古籍发现》《劫中得书记》《劫中得书续记》等专题论文和著作中记述了自己1933年和全面抗战期间求访购得或友人赠送的小说类古籍，从中亦可窥见其在小说研究中对基础文献工作（特别是研究书籍的求访和相关书目的编制）的重视。

其次，西谛藏书中的小说类书籍是郑振铎研究小说版本问题时的重要助力。对小说版本的考述和梳理是郑振铎小说研究中贡献最大的工作之一。在郑振铎看来，对"小说本身的种种版本的故事与变迁"进行梳理和考辨是研究中国古典小说的重要基础，如果研究者忽视这一工作，就会在进一步探讨"小说之'史'"或"小说之内容"时遇到困难甚至发生偏差,"是有多少的不方便甚至不正确的"。因此,较之于胡适、鲁迅等前辈学者而言,郑振铎在小说版本的研究上可谓用力颇多,除撰写了《嘉靖本三国志演义的发现》《关于游仙窟》《论元刊本评话五种》《列国志传》等一系列旨在介绍、梳理和考辨各种中国古典小说版本的专题论文外,在《插图本中国文学史》"长篇小说的进展"一章中亦花费大量笔墨对《水浒传》和《西游记》的版本源流进行详细论述。如书中在谈到"《水浒传》的改编"问题时,首先说明其祖本"虽创作于施耐庵,编纂于罗贯中,然使其成为今样的伟大的作品的,则断要推嘉靖时代的某一位无名作家的功绩"①,继而通过"简本的《水浒传》"与"嘉靖时出现于世的繁本的'水浒传'"加以比较,指出其"不同者约有数点,第一是,添加了一部分的'题材'进去……那便是征辽的故事的一大段。……第二是,扩大了原文的叙述,往往原文十字,嘉靖本可以扩大而成为百字。……盖其高出于原本远甚之处,便在于这种'游词余韵,神情寄寓处'"②,以此说明"嘉靖本《水浒》之对于原本《水浒》,不仅扩大、增饰、润改之而已,简直是给她以活泼泼的精神,或灵魂,而使之焕然动目……由平常的一部英雄传奇而直提置之第一流的文坛的最高座上"③。按《西谛书目》的记载,郑振铎所藏的《水浒传》版本多达22种,有被郑振铎判定为"现存水浒传版刻中,再没有比它更早"的明刊本《忠义水浒传》(存五回),还有虽然耗费巨资,"以一百二十金从中国得之",但文献价值极高("惟此本每回有引诗"),"传世最为寥寥","足以傲视诸藏家"的明嘉靖刊本《忠义水浒传》(存四十四回,存卷之十一册)④,以及郑振铎1958年为"水浒研究工作亟待进行,此书乃是绝不可少的一个版本"而"尽倾囊中所有"购得的清杨定见刊本

---

① 郑振铎:《插图本中国文学史》(下),岳麓书社2013年版,第887页。
② 郑振铎:《插图本中国文学史》(下),岳麓书社2013年版,第888页。
③ 郑振铎:《插图本中国文学史》(下),岳麓书社2013年版,第887页。
④ 郑振铎:《西谛书话》,生活·读书·新知三联书店2005年版,第309页。

《忠义水浒全书》（一百二十四回），更有如日本享保刊本《忠义水浒传》（十回）这样的海外孤本。结合上文所引《插图本中国文学史》对于《水浒传》版本源流的梳理可见，正是以其丰富的藏书资源为"宝库"，郑振铎才能够在面对这一问题时做出如此清晰、透彻的论述。

另一个典型的例子是郑振铎在《西游记的演化》一文中对吴承恩本《西游记》地位问题的探讨。文章在"新证据的发现"一节中详细列举了"明刊吴本《西游记》"的各种不同版本，通过不同版本之间的相互比较及其与《永乐大典》中《西游记》残文的比较，说明"《永乐大典》本《西游记》之为吴承恩本的祖源"，并由此进一步推断出古本《西游记》的存在；且这个古本"文字古拙粗率，大类《元刊全相平话五种》和罗贯中的《三国志演义》，……当是元代中叶（或至迟是元末）的作品"。随后文章又通过朱鼎臣本《西游释厄传》与杨致和本《西游记传》在章节回目、叙事内容和叙事方式等方面的比较，说明在古本《西游记》与吴承恩《西游记》之间"是别有一部杨氏书介于其间的"，《西游记》故事的演化问题亦由此得以勾勒出一个更加清晰的轮廓。在这一系列细致入微的考辨过程中，郑振铎既有对图书馆的公共藏书资源（如在北平图书馆查阅到日本村口书店明版《西游记》二种，其中有四大套"明刻吴本《西游记》"）的利用，又不忘对自身藏书资源（文中提到其曾在访书过程中，"在某书封皮的背面，发现明刻本《西游记》一页，诧为奇遇。后此页由赵荜云先生送给了我，这一页万历写刻本《西游记》的发现，便是这四大套明刻吴本全书发现的先声"[①]）的充分发掘，充分体现了藏书资源在其小说研究过程中具有"指南针"的作用。

值得注意的是，在西谛藏书中占有一定比例的小说版画资源同样是郑振铎研究小说版本问题时的"得力助手"。据郑振铎自述，其最初对于小说版画的关注完全是出于个人兴趣，"喜欢搜集某一类玩意儿……

[①] 《郑振铎全集》第4卷，花山文艺出版社1998年版，第248页。

后来，突然热心于有彩色的画片——特别是《三国》人物像，《岳传》的人物像等的纸烟画片——的搜集。曾为了一张不经见的画片，而破费了新年时压岁钱的一半"；后逐步转为有计划、有目的的专业性收藏，特别是在与鲁迅合作编印《北平笺谱》《十竹斋笺谱》后，郑振铎开始逐步形成了将版画纳入其研究视野的学术意识。具体到郑振铎对小说版画的研究而言，他一方面从艺术史的角度出发，对小说版画的艺术价值和美学价值进行深入挖掘和阐释；另一方面他还将对小说插图的研究纳入小说研究的范围之内，在一定程度上拓展了中国古典小说的研究视野。如其在《劫中得书记》中述及明万历刊本《新刻皇明开运辑略武功名臣英烈传》时，特别提及"其插图形式，大类罗懋登《三宝太监下西洋记》及周曰校本《三国志演义》，自是同时代之产物也"[1]，可知书中的版画插图亦成为郑振铎断定其"注为嘉靖刊本，实则为万历间所刻"[2]的有力证据之一。而在叙述清雍正甲寅句曲外史序刊本的金圣叹评点《第五才子书》时，郑振铎特别指出，该书的特色在于"首附人物图四十幅，笔致及赞语均臻上乘"，同时根据这一特点"颇疑即为翻刻老莲《水浒叶子》者"。后来他又将自己收得的原刻老莲《水浒叶子》与这一版本的图像相较，指出"原刻本所缺刘唐、秦明二像可以此本补之。惟此本将武松、戴宗二赞互易，大误。李逵亦易为手执二板斧，与原作异"，进而得出"原作神采奕奕，此本则形似耳"[3]的结论。既从古典小说文献研究的角度厘清了原刻本与清雍正甲寅本之间的关系，又从美学价值的角度对二者笔法之高下进行了比较。以当时学界对于古典小说的研究情况来看，这样的研究视角可以说是比较新颖而独特的。

再次，西谛藏书中的小说类书籍亦是郑振铎开展古典小说校勘工作

---

[1] 郑振铎：《西谛书话》，生活·读书·新知三联书店2005年版，第234页。
[2] 郑振铎：《西谛书话》，生活·读书·新知三联书店2005年版，第234页。
[3] 郑振铎：《西谛书话》，生活·读书·新知三联书店2005年版，第256页。

的重要基础。关于古籍的校勘整理，郑振铎曾在《〈世界文库〉发刊缘起·编例》中有过这样的论述："所谓'整理'，至少是有两项工作是必须做到的。第一，古书难读，必须加以标点符号；第二，必须附异本之校勘记。新序和必要的注释也是不能免除的。"[①]而要想做好这两项工作，校勘书籍版本的选择便显得尤为重要。诚如前文所述，郑振铎一生致力于中国古典文学的传播和普及事业。早在1925年5月，他便在《时事新报·鉴赏周刊》第一期上发表了《评日本人编的支那短篇小说》一文，在简要介绍书中所选中国古典短篇小说的同时亦直接指出其存在的三大问题——遗漏佳作过多，特别偏重"传奇派"而忽略"平话派"，所列作者姓名错舛颇多。有鉴于此，郑振铎开始着手进行中国古典短篇小说的选编工作，并于1925年5月、1925年8月、1926年6月、1926年9月先后出版了《中国短篇小说集》三集（共四册）。从郑振铎所作总序及各册序言可知，他在选编过程中不仅注意到了"小说的艺术性与内容性"，"小说对当时社会生活的反映"等问题，在版本的选择上亦可谓慎之又慎。如他在《中国短篇小说第一集序言》中谈到唐人小说时指出："唐人小说，大都为《太平广记》《唐代丛书》《龙威秘书》《古今逸史》所采录。《唐代丛书》诸书，谬误极多，惟《太平广记》成于北宋人之手，最为可靠，故本书所选，大都依据于《广记》。"[②]而郑振铎之所以能够在版本选择问题上做到广泛比较、严选善本，其藏书资源的助力作用是不可或缺的。

此外，诚如前文所论，自新中国成立后，对数量众多的中国古典小说进行系统地校勘整理，并以此促进古典文艺作品的广泛普及和深入研究便成为郑振铎的工作重心之一。如他曾在1950年夏与王利器、吴晓铃等一起参加了一百二十回本《水浒全传》的整理校勘工作。该工作于

---

① 李今主编，樊宇婷编注：《汉译文学序跋集》第11卷，上海人民出版社2022年版，第22页。
② 郑振铎：《西谛书话》，生活·读书·新知三联书店2005年版，第7页。

1953年完成①。同年11月，郑振铎亲自为《水浒全传》作序。序言不仅简要概述了各种《水浒传》版本的流变情况，还在比较其优劣的基础上对本次整理校勘的版本选择做了详细说明。全书"用天都外臣序刻本作底本，再用郭勋本残卷、容与堂本、芥子园本、钟伯敬评本、杨定见本、贯华堂本等七种本子来作细致的校勘"②，而这些本子中的大部分亦可见于西谛藏书的"水浒"类书籍中，可见丰富的藏书资源亦是其能够顺利完成《水浒全传》整理校勘工作的重要保障。又如1955年文学古籍刊行社出版了《大唐秦王词话》，其出版说明特别强调该书"传本甚少，本社现根据郑振铎所藏明刊本作底本，并用傅氏碧蕖馆藏明刊本订补了底本中的残缺，影印出版，以供研究者的需要"③，而这也成为郑振铎直接利用其藏书资源，为古典文学的普及工作做出贡献的又一例证。

写尽藏书的悲欢

郑振铎一生创作了大量的诗歌、小说、散文、札记等。其中比较有代表性的包括诗集《雪朝》《战号》，小说集《家庭的故事》《取火者的逮捕》《桂公塘》，散文集《山中杂记》《蛰居散记》，学术随笔集《民族文话》等。就本书所论藏书资源与其文学创作的关系而言，主要体现在以下几个方面：

一是以自己的访书、藏书的经历为原型，进行小说创作。诚如前文所述，郑振铎一生致力于善本古籍的保护和收藏，而其访书、藏书的各种经历亦成为触发其小说创作的重要源泉之一。1926年1月，《文学周报》上发表了郑振铎的短篇小说《书之幸运》，故事即取材于其自身的

---

① 陈福康：《郑振铎年谱》（下），三晋出版社2008年版，第803页。
② 《郑振铎全集》第6卷，花山文艺出版社1998年版，第740页。
③ 陈福康：《郑振铎年谱》（下），三晋出版社2008年版，第849页。

购书生活。主人公仲清爱书成癖，为了能够将自己撰写《中国小说考》的计划早日落实，他从书局将书"一大包一大包地买进家"，将"房间里都堆得满满的"，"四面的墙壁都被书架遮没了"，甚至为买书而倾尽所有，不仅"把薪水用得一文都不剩"，有时还不得不向亲友借贷救急。面对妻子的抱怨，仲清内心亦曾有过懊悔，但每当想到这些妻子眼中毫无实用价值的小说、传奇尚未有人系统研究，而上海的图书馆却没有一所向公众开放，想到这些珍贵的古籍已经被东洋人看中，随时可能流落异邦而再无归国之日，心中的爱书之情和"保存国粹"的责任感又促使其再次走进书局，用借来的120元购得三本插画精美的明刊本古籍。从仲清这一人物形象中，我们首先直观感受到的便是其爱书之心切、访书之艰难、得书之欣喜，及其为研究工作而进行专门性收藏所付出的种种努力。据其子郑尔康日后撰文回忆，父亲"在觅得一部或几部好书时……那副心满意足，得意洋洋的神情，不亚于一位占领了一座城池的将军"；为了买书，父亲"花完了他全部的积蓄，母亲也为了支持父亲几乎把当年陪嫁的首饰细软变卖殆尽"。而小说中亦有多处描写主人公仲清为购书而耗尽积蓄，借贷亲友，甚至多次与妻子发生争执的情景，上述特征和情景的描写无一不是郑振铎本人访书、藏书生活的真实写照。

　　二是在散文中详细记叙自己的藏书经历和失书之痛。对自身藏书经历的记叙是郑振铎散文创作中的常见题材之一。特别是在抗战期间，郑振铎为收集、保护珍贵古籍而坚持留守"孤岛"上海，经历了两次刻骨铭心的失书之痛。这些经历都被郑振铎写入《蛰居散记》中，成为体现西谛藏书与郑振铎文学创作紧密关联的又一例证。按郑振铎1945年8月《序言》中所言，他"从'八·一三'事变之后，便过了好几次流离迁徙的生活；从'一二八'以后，便蛰居于一小楼上，杜绝人事往来。虽受着不少次的虚惊，幸而未作'楚囚'，未受刑迫"，自己提笔叙写这段经历的目的则在于"痛定思痛……也许可以使将来的史家们有些参考"。而在《蛰居散记》收录的十篇散文中，《烧书记》《"废纸"劫》《售书记》三篇均与藏书有关。其中《烧书记》主要记述了1941年太平洋战争爆发，上海这座"孤岛"彻底沦陷后为避免在日军挨家搜查时遇到麻烦，不得不忍痛将自己多年以来精心收藏的"许多杂志、报纸、抗日书籍"等"违碍"书籍一一焚毁。眼见辛苦求访得来的书籍难逃付之一炬的命运，其内心的伤痛、愤懑之情可谓溢于言表。《"废纸"劫》主要叙述了他亲眼目睹世人迫于日寇高压政策，不得不将"违碍"书籍贱卖于纸商，"作为所谓还魂纸之原料"。眼见随意堆积在中国书店门前"废纸破书"中不乏江刻《五十唐人小集》《两浙輏轩录》《杨升庵全集》《十国春秋》《水道提纲》《艺海珠尘》等珍贵古籍，毅然决定"以六千金付之，而救得此七八百种书"。对于生活早已陷入困境的郑振铎来说，自己这样做其实是在"以一家十口之数月粮，作此一掷救书之豪举"，也就必然会出现面对"废纸"之劫而"不能尽救之"的情况。故其在文章结尾感叹"文献之浩劫，盖莫甚于今日也！目击心伤，回天无力，惨痛之甚，几有不忍过市之感"，流露出一种压抑愤懑却又无可奈何的伤感之情。《售书记》则重在叙写自己困居"孤岛"，为应付不断飞涨的物价不得不忍痛割爱，将自己辛苦求访、收藏的部分图书卖掉，换取一些生活的必需品。对于"爱书如命，每见可欲，百方营求"的郑振铎来说，做出"售书"的决定无疑是非常艰难且万分痛苦的。在他看来，自己出售的早已不再是简单的一部部书籍，而是"我的'感情'、我的'研究工作'，我的'心的温暖'"。作者以"心情的阴晦"贯穿全篇，爱书惜书之情尽现于笔端。

《访笺杂记》是郑振铎对自己求访版画经历的记叙。由于文章写作时全面抗战尚未开始，较之于上文所述《烧书记》《售书记》等文章中充溢的痛楚与无奈而言，《访笺杂记》中作者的情感表达上显得较为平静。文章在展现作者"求书之趣"与"访书之波折"的同时亦将自己对明清雕版画的研究心得融入其中，使读者能够于字里行间感受作者经过辛苦搜访最终得偿所愿的欣喜，以及求访、刊印过程中遭遇种种辛酸的同时亦有知识上的收获，抒情性与知识性兼具。

三是将藏书资源作为撰写各类文艺随笔、杂谈的"宝库"。诚如前文所述,郑振铎一生致力于中国古典文学、中国古代传统文化的普及、研究教育工作,撰写了大量文艺随笔和杂谈。而从这些兼具通俗性与知识性的"小文章"可见,对于郑振铎来说,丰富的藏书资源不仅是其开展学术研究、探索未知领域的重要助力,更是其撰写各类文艺随笔、杂谈时的"宝库"。这一点在郑振铎的多篇随笔或杂谈中均有着突出的体现,《民族文话》就是一个颇具代表性的例子。书中收录了郑振铎于1938年春夏之间发表的15篇文艺杂谈,"前七则发表于《申报》的《自由谈》上,后八则,则发表于《鲁迅风》上",是郑振铎抗战期间文艺杂谈的裒辑。按郑振铎自序所言,其撰写《民族文话》的目的在于以"往哲先民们的故事"唤起大家"为'大我'而牺牲'小我'","先天下之忧而忧,后天下之乐而乐"的坚定信念,为整个民族的解放和生存而斗争[①]。从内容上看,作者在每一篇文章中都力图围绕着"为民族而奋斗的不屈精神的颂扬"这一主题展开叙述,以"浅易之辞复述"一则"往古的仁人志士、英雄先烈们"的抗争事迹。而无论是事迹本身的选取还是对其中相关背景知识的阐释,都离不开西谛藏书这座"资源宝库"的支持。如《周民族的史诗》一篇重在叙述周民族的逐步发展壮大,其中除涉及《诗经》中有关周民族起源、发展的《生民》《公刘》《绵》《皇矣》,歌颂文王、武王功绩的《灵台》《文王》《大明》诸篇外,还提到了《今文尚书》《古文尚书》关于武王伐纣的记载,《汲冢周书》中《酆谋解》《寤儆解》《和寤解》《武寤解》《克殷解》等相关篇目。结合《西谛书目》可知,作为西谛藏书中的重要组成部分,郑振铎收藏的《尚书》类书籍多达11种,《诗经》类书籍更有51种之多。正是以这些丰富的藏书资源为基础,才使得读者能够通过这篇杂谈全面了解周民族的起源、迁徙以及发展壮大的整个过程。又如《殷之"顽民"》在叙述殷之

[①]《郑振铎全集》第4卷,花山文艺出版社1998年版,第44页。

遗民"苦斗二年的复国运动"时，郑振铎不仅引述了《史记》《诗经》中的相关资料，还特别提到了《列国志传》和元人郑光祖《周公辅成王杂剧》中对于这段故事的叙述。虽然作者认为这种后人的创作"全都是以'周公'为中心的"，"所写的也不怎么高明"，但这种对于戏曲、小说中相关材料的关注和重视却是同时代学者中不多见的。由此亦可见西谛藏书中丰富的戏曲小说类资源在郑振铎写作过程中发挥的重要作用。

《漫步书林》亦是能够体现这一特点的典型例证。作者在序言中即以亲切的笔触鼓励读者走进书林，在欣赏其中"景色无边，奇妙无穷"的同时体味"众里寻他千百度，蓦然回首，那人却在灯火阑珊处"的求索之趣。继而从"民以食为天"的视角出发，向读者介绍了自己"漫步书林"时收获的几部中国古代的农业书籍。较之于同类题材的随笔类作品，《漫步书林》对于这几部农业类书籍的介绍可谓颇具特色。以元王祯《农书》为例，郑振铎不仅概述其编写体例和主要内容，盛赞其"语语翔实，通俗合用，不仅总结了古代农业科学的好的经验，而且，更有新的见解和新的创造"，还从版画研究的视角出发，对该书独具特色的插图（"书中插图，浑朴有力，气象甚为阔大，是木刻画里的上乘之作"）予以特别关注。从阅读者的角度来看，郑振铎对于《农书》的介绍不但是从最为贴近自己日常生活的"身边事"出发，知识性与趣味性兼具，同时又能够使自己了解到这部书的编纂体例、主要内容及其文献价值，在一定程度上弥补了日常阅读体验中的短板。从写作者的角度来看，对于《农书》的介绍既充分表达了郑振铎"漫步书林"后有所收获的喜悦，又从另一个侧面体现出西谛藏书"面面俱到、齐头并进"以及郑振铎"为研究而藏书"的特点。若没有郑振铎对于中国古代政治经济史料的关注，对于中国古代版画的深入研究，像《农书》这样兼具实用价值与版画研究价值的珍贵图书恐怕只能埋没在故纸堆中了，又何谈将其纳入研究视野，并且在《漫步书林》这样的学术随笔中进行详细介绍呢？

四是在藏书题跋中展现其昂扬向上的"赤子情怀"、质朴率真的"诗人气质"。纵观《西谛题跋》所录跋语，郑振铎为其藏书所作的题跋既有对所藏古籍内容、版本源流的详细考述，亦不乏对自己访书过程的详细记录，既充分展现其学者藏书家的严谨细致，又常常流露出昂扬向上的"赤子情怀"、质朴率真的"诗人气质"。如其为所藏李贺《昌谷集》（四卷）所作跋语云："李长吉诗想象奔放，奇语叠见。世人情思每苦涩，若读长吉诗便知天才诗人是如何文思沛旺，像长江大河之不可竭尽。其遣词用字，又是如何破天心、揭地胆。凡宇宙间物无不可捉入诗里，而为之尽忠肆力。予非诗人而素喜长吉诗，今得曾益释本，纸墨精良，甚足怡悦，复增诵吟之趣矣。"[1]在短短百余字之内，郑振铎既从古典文学研究者和藏书家的视角出发，详细概述了李贺诗歌"想象奔放，奇语叠见"的艺术特点及其所藏《昌谷集》的文献价值，又以一位诗人特有的敏锐眼光，将自己对李贺诗作"文思沛旺，像长江大河之不可竭尽"，"其遣词用字，又是如何破天心、揭地胆。凡宇宙间物无不可捉入诗里，而为之尽忠肆力"的钦佩之情现诸笔端。若我们进一步联系郑振铎的创作实践可知，无论是其早年创作的《我是少年》《生命之火燃了》，还是抗战时期创作的《卢沟桥》《保卫北平曲》，其中所蕴含的昂扬向上、努力奋发之情与李贺诗作中那些"破天心、揭地胆"，"想象奔放"的作品颇有相似之处。虽然他在跋语中自谦"予非诗人"，却在字里行间展现了一个诗人内心的欣赏与喜悦。又如其为所藏清杨翰撰《归石轩画谈》（十卷）、《息柯杂著》（六卷）所作跋语云"《息柯杂著》六卷、《归石轩画谈》十卷，北平杨翰著。传本罕见，予得之京肆。秋日照古松上，苍翠可喜，展卷略读，殊自怡悦也"，在说明其文献价值（"传本罕见"）的同时特别提到了自己秋日"展卷略读"的喜悦心情。较之于同时代其他藏书家，这样的叙述使整个跋语平添了几分清新流畅的韵味，作者质朴率真的"诗人气质"亦跃然纸上。

---

[1] 北京图书馆编：《西谛书目》（下，附《西谛题跋》），北京图书馆出版社2004年版，第14页。

后　记

在本书的序中，笔者说过，本书及关于现代作家藏书研究的作品，都来自笔者主持的国家社科基金项目"中国现代作家藏书文化研究"。这项研究工程浩大，历时4年完成，成果的总字数达到了65万。研究成果的问世，得到了学界和出版界的积极回应。一方面，本研究的阶段性成果在一些权威期刊陆续发表，有不少文章被转载或高频次引用。另一方面，也得到了一些高层次出版社的垂爱，先后有几家出版社索稿。由于字数过于庞大，先后的联络、商谈也很费周折。最终，与三联书店达成了出版意向。众所周知，三联书店有近百年的历史，一直是享有盛誉的文化出版重镇。

在出版过程中，由于文稿规模过大，考虑到传播的效果，故对篇幅进行了删减，并分作两册出版。其中，中国传媒大学冯佳老师的《中国现代作家藏书形态研究》、暨南大学赵普光教授的《中国现代作家书话创作研究》等若干文字没有收录，容在以后的成果出版时纳入。

应该说，在整个项目的研究过程中，课题组的成员们都以令人敬佩的热情投身其中，笔者深深地感谢大家！而且，在两本书后期的定稿、编辑过程中，课题组成员仍然投入了相当多的时间和精力。在这里，我将本书各位作者的参与情况说明如下：

后　记

　　张鸿声承担国家社科基金项目"中国现代作家藏书文化研究"的总体设计，负责总体思想、研究构想、章节设计、部分章节撰写，并提出修改建议，进行统稿、定稿。冯佳负责国家社科基金项目"中国现代作家藏书文化研究"的设计、申报书撰写，并提出部分研究思路。

　　董晨撰写第一、第二、第七部分（与张鸿声合作）；杨秋红撰写第五部分；王克家撰写第三、第四、第六部分。

　　在本书编辑、出版的过程中，人民出版社的张文勇先生给予了很大的帮助。三联书店方面，何奎副总编辑时常关心着编辑、出版情况，在这里，要向各位表示深深的谢意！当然，因我个人的事情，耽误了一些时日，也深表歉意。同时，本书的出版，得到了中国传媒大学本科生院教学改革项目、中国传媒大学校级科研项目（编号CUC210T006）的出版资助，在这里，也向时任中国传媒大学副校长段鹏教授、中国传媒大学本科生院院长王晓红教授、本科生院副院长贺小飞教授、时任中国传媒大学科学研究处处长贾秀清教授表示感谢。

　　现在，本书即将出版。如果能够对于相关领域的学术研究有若干参照作用，能够为读者提供关于中国现代文化的一个侧面，我会感到欣慰。

张鸿声

2024年2月9日